和聪明的投资者一起学习投资

十年十倍

散户也可以学习的量化投资方法

金伟民（@持有封基）著

没有天才的数学头脑和“高大上”的投资工具不用怕

借助Excel以及互联网量化投资平台，“小散”也能轻松做量化

中国经济出版社
CHINA ECONOMIC PUBLISHING HOUSE

·北 京·

图书在版编目（CIP）数据

十年十倍：散户也可以学习的量化投资方法 / 金伟民著．
北京：中国经济出版社，2017.7（2022.3 重印）
ISBN 978-7-5136-4742-7
Ⅰ.①十… Ⅱ.①金… Ⅲ.① 投资—基本知识 Ⅳ.①F830.59
中国版本图书馆 CIP 数据核字（2017）第 111047 号

责任编辑　燕丽丽
责任印制　巢新强
封面设计　任燕飞

出版发行　中国经济出版社
印 刷 者　北京富泰印刷有限责任公司
经 销 者　各地新华书店
开　　本　710mm×1000mm　1/16
印　　张　20
字　　数　240 千字
版　　次　2017 年 7 月第 1 版
印　　次　2022 年 3 月第 4 次
定　　价　56.00 元
广告经营许可证　京西工商广字第 8179 号

中国经济出版社 **网址** www.economyph.com **社址** 北京市东城区安定门外大街 58 号 **邮编** 100011
本版图书如存在印装质量问题，请与本社销售中心联系调换（联系电话：010-57512564）

推荐序

20 世纪中叶以来，投资正从艺术逐渐演变为科学。量化投资立足于数量分析、系统化和流程化，已经深刻地改变了投资市场的理论和实践。

目前，基于量化理论的投资产品越来越多。近些年来增长最快的一类基金——指数基金，本身就来自量化。而对冲基金、战略贝塔 ETF 等，更为投资者提供了丰富的选择。不幸的是，大多数个人投资者对科学的投资方法还很陌生。随着量化理论的发展和更多新产品的推出，这个认知差距还在不断扩大。不管读者是在积极管理个人的投资，还是把资产交给职业管理人（选择管理人本身也是个投资决定），都需要了解一下这些新的投资选择到底是什么，是怎么运行的，以及如何判断它们的收益和风险关系。

举一个简单的例子，十几年来在成熟股票市场最流行的一种观点是，投资者（包括机构在内）没有可能跑赢平均市场，所以最好的选择就是购买全市场指数基金。这个建议适合所有人吗？任何时候都是合理的吗？我们看一下 2008 年，在次贷危机爆发前，金融行业已经占全市场权重的 28%，而且市场风险的 44% 集中在金融板块，这两个数字都大大高于历史平均水平。在那段时间，投资全市场指数显然不是一个很安全的选择。如果投资者了解指数基金是什么、哪些指标可以用来判断其价值和风险这些基础的量化知识，就能更好地做出投资决策或选择投资产品。

量化投资之所以长期以来保持着神秘，一个重要原因是在于目前还没有一本能让普通投资者读懂的量化书籍，并且这本书不是停留在讲故事、晒收益上，而是进一步地展现出量化过程的实质与细节。金先生的书正好填补了这个空白。2015 年 12 月底的一个下午，我们还在杭州的一间民居办公，果仁网也才上线几个月，金先生第一次找到我们办公室来。听完他近十年时间，投资于封闭式基金、债券、分级基金的量化经历，我的的确确被震撼到了。一是因为先生毫无保留的态度，二是他把一个复杂的问题说得简明易懂的能力。后来听说先生打算写一本关于量化的书籍，自然觉得再适合不过了。

被称为量化投资“圣经”的《主动投资组合管理》一书的作者，根据对量化能否实现主动收益问题的态度，曾把量化研究者分为三类。这个分类用在个人投资者身上也一样合适，我在这里引用一下。第一类人认为成功的主动管理是不可能的。他们无论多么聪慧，都难以成事。因为你若不相信目的地的存在，就不可能到达那里。第二类人认为这很容易。因为不清楚自己的无知，所以很危险。第三类人认为这很难。他们兼具洞察力和谦逊，认定目标的存在，也清楚道路的艰辛。

金先生显然就属于第三类人。十年来经历风雨、见到彩虹的投资经验；以及更早在职业生涯中，以量化为工具的绩效管理，使他对量化有从不动摇的信心。而一年多前，先生决定开始量化选股的研究，他所表现出来的努力也是惊人的。在果仁网，他是最早对所有因子进行系统研究的用户之一。在本书的例子中我们也能看到，先生的研究过程，从不会停留在发现一个高收益因子上，而是不断从所有可能的维度去实验和观察。比如说，调整策略的起始日期观察结果波动，研究每一个因子的最优最差平均表现，将因子在各种组合下的表现一一进行比较，等等。

尽管取得了十年十倍的傲人投资成绩，金先生总坚持说他是个业余量化爱好者。这一方面表现出先生的谦逊，另一方面也揭示了个人投资者在量化上，因为策略容量、投资的自由度、风险承受力等原因，有着自己独特的优势和机会。金先生的这本书，不仅普及了量化的基本知识，更是一本 DIY 手册，引导读者发现适合个人投资者、适合自己的原创性量化策略。

对于期待着开始量化探索之旅的读者来说，我认为这本书能带来的最大价值，不是某个具体的量化结论，而是有机会近距离地去感知一位沉浸于量化思维的投资者的思路、方法和脚步。

果仁网联合创始人、CEO

冯迅

阅读提示

本书涉及大量图表和数据，鉴于篇幅限制，部分图表字体较小。为方便读者阅读与使用，原始数据与图表都放置于果仁网平台，读者可以自行下载使用，地址如下：www. guorn. com/ten。

相关量化投资的模板，读者也可以在上述平台下载，根据自己的需求和偏好，输入数据，自行测试。

有关通过果仁网做量化投资的章节，初次使用者可能会对具体操作方法与公式有所困惑，建议读者朋友按照书中所写，对照网页操作。首次使用需注册，在邀请码处填写“AAHGQ”，可获得相应礼包。如有疑问，也可通过雪球、集思录或果仁与作者交流，地址如下：

雪球网站：https：//xueqiu. com/　　网名：持有封基

集思录网站：https：//www. jisilu. cn/　网名：持有封基

果仁网站：https：//guorn. com/　　网名：持有封基

目　录

| 第一章 |

为什么选择量化投资

第一节　受伤的总是散户

散户的宿命："七输二平一赢"

作为一个散户，不管是新股民还是老股民，从整体上说都无法逃过"七输二平一赢"的魔咒。从我2006年底进入股市，到2016年12月30日，共10年时间，上证指数才涨了16%，年化收益率为1.50%，正好和现在一年期银行存款利率持平。再加上期间的分红，估计和年化收益率差不多，所以这样加起来总的年化收益率约3%。关键是股民平均还无法获得这个收益率，因为股民实际收益还需要扒掉四层皮。

（1）交印花税，历史上最高是双向0.6%。2008年9月19日后改为单向0.1%。

（2）券商的佣金，历史上最高是0.3%，现在大部分都在0.03%左右。

（3）拥有资金、信息、技术优势的机构对手，他们的超额收益唯一来源就是"小散"的亏损，更别说偷看底牌的、造谣生事的中国A股市场屡见不鲜的"老千"。2016年有个统计数据，亏损比例最高的是资金在10万元以下的散户。

（4）据统计，散户开户数最高的时候几乎和指数的高位同步，这就导致了即使买的是好股票，但涨幅和你无关，因为高潮已经过去了，你是高潮的“接盘侠”。

除了个别“小散”因为天赋、幸运等因素，还能在中国A股盈利外，“七输二平一赢”成为散户的宿命。表1－1为上证指数十年涨幅。

表1－1　上证指数近十年涨幅

时间	收盘	涨幅
2006－12－29	2675.47	
2007－12－28	5261.56	96.66%
2008－12－31	1820.81	－65.39%
2009－12－31	3277.14	79.98%
2010－12－31	2808.08	－14.31%
2011－12－30	2199.42	－21.68%
2012－12－31	2269.13	3.17%
2013－12－31	2115.98	－6.75%
2014－12－31	3234.68	52.87%
2015－12－31	3539.18	9.41%
2016－12－30	3103.64	－12.31%
累计		16.00%
年化		1.50%

那么，“小散”们能否避免“七输二平”，争取“一赢”呢？

散户的局限性

投资股票，有些人是靠听消息，有些人靠跟牛人，有些人采用价值投资，有些人采用趋势投资，但对大部分“小散”来说，都有些局限。

听消息，且不说内部消息涉及违规，也不说有人故意散布谣言，就算是真的消息，等传到你耳朵里，时效性也过期了。退一万步说，就算是非常及时的消息，你按此操作盈利了，那你能保证下次还有这样的消息吗？

跟牛人，我们且不讨论假牛人，用各种手段欺骗粉丝的所谓牛人，就说真的牛人吧，都是经历了九死一生剩下来的，你能真正学会他们的方法吗？笔者见过一个牛人，就是盘感特别好，看着盘面基本能说对涨跌，但绝大部分“小散”们的结果是邯郸学步，连自己本来有的一点本事都给丢掉了。

上述两种散户常用的方法，可谓注定失败。

价值投资需要量化

说起价值投资，人们第一个想到的就是巴菲特。但巴菲特成功有很多原因，其中一个重要的原因是他生活在美国这个商业高度发达的社会，公司的价值在股市得到了充分体现。但A股还没有完全市场化，价值投资的路还非常漫长。巴菲特的老师格雷厄姆说：股市短期是投票机，长期是称重机。但关键这个长期在中国不知道是哪年？跌幅有多深？下面通过一个简单的例子，来说明价值投资在A股市场的局限性。

PE是价值投资一个重要的指标，PE，即Price to Earning Ratio，也就是市盈率，指在一个考察期（通常为12个月）内，股票的每股价格和每股收益的比值。剔除ST、日成交额小于1000万元的股票，佣金、印花税及冲击成本算单边千二，持有PE最小的10只股票，每5个交易日换一次，从2007年1月4日到2016年12月30日，年化收益率30.03%，最大回撤70.71%。从2007年9月8日到2008年11月4日，亏损了整整70.71%，一直要到2010年4月13日才刚刚回本，2年7个月颗粒无收，在这个时候你是否还能坚持？估计大部分人可能都承受不了。或者“割肉”，美其名曰止损；或者不敢再坚持原来的PE换股策略，躺倒不动。表1-2为持有10只PE最小股票近十年轮动收益。

表1-2　持有10只PE最小股票近十年轮动收益

	上证指数涨幅	PE策略涨幅	超越
2007/12/28	96.66%	332.35%	235.69%
2008/12/31	-65.39%	-62.15%	3.25%
2009/12/31	79.98%	162.40%	82.42%
2010/12/31	-14.31%	3.01%	17.33%
2011/12/30	-21.68%	-4.00%	17.67%
2012/12/31	3.17%	30.91%	27.74%
2013/12/31	-6.75%	4.96%	11.71%
2014/12/31	52.87%	73.16%	20.29%
2015/12/31	9.41%	37.27%	27.85%
2016/12/30	-12.31%	-0.78%	11.52%
累计	16.0%	1276.09%	1260.09%
年化	1.5%	30.03%	28.53%

趋势投资：刻舟求剑“红三兵”

所谓趋势投资，也就是按照各类技术指标来指导操作。在笔者看来，所有的技术指标，都是过去K线的经验总结。将来有可能重复过去的情况，也有可能发生变化。例如，2010年之前，很简单的均线系统就非常有效，但2010年后这种情况发生了很大的变化，那是因为2010年在A股发生了一件大事——股指期货上市了，可以做空的股指期货对股市发生了很大的负反馈，使得K线变得复杂起来，简单的均线效果就下降了。

另外，即使某个技术指标特别有效，大家都相信了，那么对手盘哪里来？所以过去有效的技术指标，越有效大家越相信，就会失效越快。至今没有一个指标一统江湖，其原因就在这里。这种悖论是大家始料未及的事情。所以，我自己做了10年的量化投资，反而不相信市场上这种标注着S点、B点的所谓的智能软件。这有点类似赵括的纸上谈兵，哪怕是短期有效，也是不能长久的。

再举个趋势投资的例子，“红三兵”是过去常用的一个进场的技术指标，所谓“红三兵”策略，就是连续三个交易日上涨买入，假定盈利5%卖出，直到下一次再次出现这个机会为止。我们来回算一下，1990—2016年，结果如表1－3所示，每一年有跑赢、跑输，看不太清楚。中国股市大概7年里会至少有个牛熊周期，那么再次统计一下每7年的情况，1990—1996年作为第一个周期，1997—2003年为第二个周期，2004—2010年为第三个周期，2011—2016为第四个周期。结果如表1－3所示，第一个7年指数涨了817.19%，而策略涨1734.95%，跑赢了惊人的717.76%！但后来的3个周期中，“红三兵”策略都跑输了。这个回算还没算上成本，如果算上成本，将跑输更多。

这个例子告诉我们，任何技术指标都不是“圣杯”，刻舟求剑带来的是始料未及的损失。我们应该用量化来更好地利用这些技术指标。

表1-3 “红三兵”算法年化收益率

年	上证指数	红三兵	跑赢
1990-12-31	27.64%	11.40%	-16.23%
1991-12-31	129.41%	170.03%	40.62%
1992-12-31	166.57%	354.67%	188.10%
1993-12-31	6.84%	21.52%	14.68%
1994-12-30	-22.30%	-6.29%	16.01%
1995-12-29	-14.29%	-2.15%	12.14%
1996-12-31	65.14%	7.28%	-57.86%
1997-12-31	30.22%	-2.49%	-32.71%
1998-12-31	-3.97%	0.65%	4.62%
1999-12-30	19.18%	7.28%	-11.89%
2000-12-29	51.73%	29.61%	-22.12%
2001-12-31	-20.62%	1.30%	21.92%
2002-12-31	-17.52%	-6.64%	10.88%
2003-12-31	10.27%	-0.66%	-10.92%
2004-12-31	-15.40%	7.46%	22.86%
2005-12-30	-8.33%	-2.81%	5.51%
2006-12-29	130.43%	17.27%	-113.16%
2007-12-28	96.66%	1.99%	-94.67%
2008-12-31	-65.39%	-9.50%	55.89%
2009-12-31	79.98%	-2.22%	-82.20%
2010-12-31	-14.31%	-4.44%	9.88%
2011-12-30	-21.68%	-0.29%	21.38%
2012-12-31	3.17%	-5.10%	-8.27%
2013-12-31	-6.75%	-3.10%	3.65%
2014-12-31	52.87%	12.65%	-40.21%
2015-12-31	9.41%	1.60%	-7.82%
2016-12-30	-12.31%	4.55%	16.86%
1990—1996	817.19%	1534.95%	717.76%
1997—2003	63.25%	28.21%	-35.05%
2004—2010	87.52%	5.64%	-81.88%
2011—2016	10.53%	9.72%	-0.81%

量化是投资科学的里程碑

传统的投资方法，不管是价值投资还是趋势投资，都是过去这个时代的总结。在中国这个整体盈利情况不高的市场，一个静态的系统已经很难应付这个瞬息万变的投资世界。空间和时间的变化，使得传统方法迎来巨大的挑战。任何学科从定性到定量都是一个质的变化，如最近几年的诺贝尔经济学奖，基本都是和计量经济学相关的。同样，量化投资并不是和价值投资、趋势投资对立的，而是在原来价值投资、趋势投资的基础上，用了量化这个武器，使原来偏定性、偏静态的价值投资、趋势投资得到完善。

让我们带上数学这个武器，一起去探索量化投资的奥秘吧。

第二节 初识量化

量化基础概述

举个最常见的例子，掷硬币是一个最简单的概率问题，只要学过一点概率知识的都知道，当掷硬币的次数足够多的时候，正反面出现的概率会接近 50%。但你有没有想过，如果改变一点条件，会使这个概率发生变化呢?

美国斯坦福大学教授 Persi Diaconis，对硬币出现正反面的概率进行了一项研究，结果显示，硬币朝上的那一面，在它停止旋转回到同样位置时，概率为 51%，朝上的那面与朝下的那面概率为 51% 比 49%。很多人重复了这个实验，并验证了这个结果。至于原因，是物理的还是心理的或者别的原因，至今没有一个定论，但这些不影响我们利用这个现象进行对赌。我们假定投掷次数可以足够多，而且对方不知道这个规律，并且我们能知道掷硬币前哪一面朝上，那么我们就永远赌那一面。在次数足够多后，我们的胜率就会接近 51%。

当然，这毕竟和我们的投资还是有区别，但从这个例子中我们可以得到一些启发。

建模

首先找到哪些因子和最终结果是相关的，在实际过程中，有些因子是已知的，但我们更希望发现未知因子，就像掷硬币的例子一样。其实，这里面根本没有涉及高深的数学知识，但涉及想象力。想象力是人类前进的动力，也是量化投资建模的动力。任何看起来不合常理的想象都不要否认，如果要否认，那要到下一步才否认。

下面具体谈谈散户最常用的量化模型。

（1）量化选股，就是根据基本面或者技术面选出股票。例如，我们可以根据基本面因子选出 PE 最小的股票；或者技术面因子 MA（均线）选出 60 天均线线上的股票，等等。当然实际并不那么简单，后面章节还会详细展开。

（2）量化择时，同样是根据基本面或者技术面，但不是选股或者选基金，而是选择仓位。例如，根据 PE 来决定仓位大小，或者根据 MA60 来决定仓位大小，可以是满仓/空仓两个状态，当然也可以是部分仓位。

（3）量化统计套利，这其中的典型例子就是掷硬币，刚开始只是一个猜想，统计结果后得出结论。再例如，在一天、一周、一月甚至一年中什么时间段价格最高，什么时间段价格最低，有些是有统计规律的。

（4）量化折价套利，它通过空间和时间差套利。空间差：如不同的两个交易场所的差价，最典型的是当年杨百万倒国库券；时间差：封闭式基金的折价，到期折价消除。这些都是利用空间差和市价差，经过精密计算套利的实例。

（5）量化定投，定投是一种比较特殊的投资方式，经过精确的量化计算能帮助投资者取得更好的收益。

（6）其他量化，如债券投资中利用不同的票面利息、ytm（到期收益率）、修正久期做的量化轮动投资等。

回算

这些基本面因子也好、技术面因子也好，或者就是一个猜想，不管是哪个牛人提出的，哪怕是巴菲特提出的，都要经过实践的检验。实践是检验真理的唯一标准！但如果真的要通过实盘检验，一是代价高，二是时间长，所以，我们采用了历史数据回算这个方式。先假定这些因子有效，在历史上能取得什么样的收益，用回算就可以一清二楚了。这好比战争中的沙盘演练，现代战争几乎都是通过沙盘演练的战争，通过演练或者回算，至少能发现很多问题。回算（或者沙盘演练）盈利在量化投资中是实战盈利的必要不充分条件，也就是说，回算不成功的，基本上大概率实战不会成功；回算成功的，实战也有可能不成功。但即使这样，回算还是非常重要的一环。

回算用的工具和平台主要有下面几种：

- 软件：Matlab、Python、Excel 等，其中 Excel 是笔者在量化中用了 10 年的工具。虽然土了点，但因为积累了丰富的模块和经验，基本上也足够了。

- 平台：优矿、聚宽、米筐、果仁等，特别是果仁，是目前比较实用的一个非编程平台，对不懂编程的非专业人员是一个很好的平台工具。下面还有专门的章节来介绍如何使用果仁这个平台去回算量化策略。

经过回算优选和实战，100 个想法可能最后只剩下 2 ~ 3 个能真正在实战中帮助我们赚钱，所以量化不是一个点石成金的工具，而是一个经过艰苦付出才能获得丰硕成果的工具。

实战

即便回算再好，没经过真正的实战，都不能说是有效的。为了防止损失过大，为验证而做的实战操作，可以小仓位试试，就像派出一支侦查小分队一样。

失效或者收益率大幅度下降的原因有多种，例如下述 4 个方面。

（1）资金量越大越容易在买卖时偏离回测数据。也就是说，因为你的参与，改变了回测时的价格。为了避免这个问题，我们一般选择成交量大的股票和基金、分散持股、拆分买卖。从广义来说，自动拆分也是量化交易的一种，但其主要目的是为了降低冲击成本。

（2）实际情况和历史规律发生偏离，如 2010 年开始的股指期货，第一次在中国 A 股有了做空的力量，很多在 2010 年前有效的规律，可能就发生了变化。

（3）黑天鹅。黑天鹅是极端事件，在历史上哪怕回测 100% 成功的事情，也不能保证不出黑天鹅。举个笔者的惨痛教训，2014 年，当年打新还是需要冻结资金的，经过统计发现，过去所有的打新后释放资金，只要在 3000 亿元以上的，当天大盘 100% 涨，而且绝大部分都是大涨。当时觉得好像找到“圣杯”了。下一次打新释放资金的前一天，我就满仓了 10 只分级 B，第二天果然大涨，当天的浮赢是我历史上最高的一次！但是，天有不测风云，在第二次想复制时，偏偏大盘在下跌，我按照既定策略还是满仓分级 B，第二天一开盘就下跌，于是我匆匆忙忙“割肉”，谁知道到了收盘的时候，又神奇地涨了上去，结果差不多把我上一次的收益全部还给了市场。

（4）心理因素。这是一个很重要的因素，至少在中国投资，很多都是需要逆人性的——大部分人看涨的时候可能偏偏跌，大部分看跌的时候可能偏偏涨。你以为找到了反向规律，在大部分人看跌的时候买入，可能就偏偏跌了。量化需要在交易时心无旁骛，“无脑”操作，这是很多投资者很难做到的；而一些没什么思想的、只是把指令变成“无脑”操作的操作员，反而操作量化更好。

在一般情况下，暴跌容易产生不按照策略“割肉”现象，特别是跌幅过大过长时，所以在量化中，最大回撤和最长亏损时间也是两个重要的指标。一般而言，超额收益大的容易伴随回撤大，亏损时间长。收益是和风险成正比的，回测的意义在于提前知道一个大概亏损的范围，做好心理准备。

即使没有了以上的因素，未来实战的收益率也不一定和回测收益率成正比，只能说这个概率比较大，一段时间的跑输甚至亏损都是量化投资中经常会遇到的。这是因为涨跌在短期都是由于资金推动的，而只要是人操作的，市场就不会100%有效，直到今天，所有的策略，不管是价值投资还是趋势投资，没有一个策略是能用数学公式来证明的。比如说价值投资中的PE，按理说PE越小涨的概率越大，但即使市场100%有效，你也不能保证PE会一成不变。即使像茅台这样的股票，你也不能保证中国人的饮酒习惯永远是喜欢喝白酒。

即使这样，实战还是量化投资中非常重要的一环。

改进

经过实战发现问题，或者在新的回测中发现问题，肯定需要改进。市面上出售的所谓的量化软件，操作简单，只有两个点：B点，是买点；S点，是卖点。开发商告诉你只要“无脑”操作就能赚钱，实际上能依靠这个赚钱的少之又少，倒不是开发商完全欺骗你，而是因为外界的变化永远是一条不变的真理。

（1）为什么要改进？那是因为外界条件的变化。例如，很多策略在2010年前后的表现迥异，其主要原因就是2010年A股推出了股指期货这一当时唯一能做空的工具。如果刻舟求剑，肯定只能埋怨系统策略问题，而不知道其过去是有效的，只是外界条件发生变化导致失效。再举个例子，小市值策略在A股非常有效，但如果我们实施了注册制，那么今天的小市值策略就会受到很大影响。如果不相信，可以看看香港的小市值，很多股票别说涨，连成交量都没有。

（2）怎么改？一般而言，短期的收益率差，或者跑输目标值，也是非常正常的，没必要去调整。但如果回撤过大，或者长期不达标，则是需要进行修正的。通常三个月到半年可以修改一次，太短或者太长时间都不适合。

整个建模—回算—实战—改进的过程，不是一蹴而就的，而是一个不断改进、不断轮动的过程，这有点像企业管理中的 PDCA 循环（戴明环），不断增加或者减少量化因子和相应的权重，不断进行回算，不断实战，最终得到不断改进。

量化投资历史

量化投资最早可以追溯到 1952 年由哈里·马科维茨（H. M. Markowitz）提出的风险度量模型，把风险定义为期望收益率的波动率，首次将数理统计的方法应用到投资组合选择的研究中。

1965 年，美国芝加哥大学金融学教授尤金·法玛（Eugene Fama）发表了题为《股票市场价格行为》的博士毕业论文，并于 1970 年对该理论进行了深化，提出有效市场假说（Efficient Markets Hypothesis，简称 EMH）。该理论认为，在法律健全、功能良好、透明度高、竞争充分的股票市场，一切有价值的信息已经及时、准确、充分地反映在股价走势当中，其中包括企业当前和未来的价值，除非存在市场操纵，否则投资者不可能通过分析以往价格获得高于市场平均水平的超额利润。当然，至少目前中国远远不是这样一个市场。

到了 20 世纪 70 年代，由布莱克与斯科尔斯提出了期权定价模型（OPM）。模型表明，期权价格的决定非常复杂，合约期限、股票现价、无风险资产的利率水平以及交割价格等都会影响期权价格。1976 年，罗斯（Ross）建立了套利定价理论（Arbitrage Pricing Theory，简称

APT），这个理论可以看作是多因子定价（选股）的雏形。

到了80年代，现代金融创新进入了鼎盛时期，期间诞生了80年代的国际金融市场的四大发明：票据发行便利（NIFs）、互换交易、期权交易和远期利率协议。金融工程作为一个新学科从金融学里独立出来。

到了20世纪末，非线性科学在金融投资上的运用，极大地丰富了金融量化手段，从原来的线性科学到非线性科学，是一个质的飞跃。其中比较著名的是桑塔费（Santa Fe）公司，它是用非线性技术最有名的投资公司之一。总之，非线性科学为金融量化开辟了又一个广阔的天地，现在还几乎是一片没怎么开垦的处女地，需要后人去开拓、完善。

从目前来看，中国A股市场最多只能算是一个弱有效市场，虽然整体大盘表现不怎么样，但是因为个股和基金的机会多，所以量化投资非常适合中国A股市场。

第二章

量化选股

第一节　量化选股的有效因子

有效因子的种类

不管今天金融发展得如何令人眼花缭乱，有多少衍生品，你都得承认，股票是所有衍生品的基础，所以量化选股是最重要也是最基础的。在“老八股”年代，一个投资者可以说自己熟悉股票市场所有的品种，但到了今天，股票数量已经超过3000只了，个人能力再强，都无法熟悉全部的股票。所以，按照传统的做法，只能把眼光聚焦到一部分股票身上，这就是股票池。但随着中国A股市场的不断IPO，股票池在整个股票中的比例越来越小，导致失去机会的可能性越来越大。借助计算机强大的功能和量化投资的理念以及越来越多的量化平台，人们一下子扩大了视野，从而可以更好地从3000多只股票中选出更好的股票。

前面已经讲到，量化投资绝对不是和价值投资、趋势投资相对立的一个方法，而是更好地发展了价值投资和趋势投资，使过去很多定性的理念走向了定量。例如，PE是价值投资最重要的指标之一，经过量化投资的优化，我们不仅可以知道在历史上按照PE选股的年化收益率、最大回撤、夏普比率等关键指标是多少，还能借助平台找到其他量化优化因子，和PE配合起来，能使年化收益率、夏普比率更高，回撤更小。

那么，到底有哪些有效因子呢？按照基本面和技术面分别列举如下。

- 基本面的有效因子有：市盈率、市净率、市销率、市现率、股息率、流动比率、负债资产率、营业利润率、销售净利率、销售毛利率、资产回报率、净资产收益率、总资产周转率、存货周转率等。
- 技术面的有效因子有：价格、成交额、成交量、涨幅、换手率、振幅、总市值、流动市值、上市天数、MA、MACD、RSI、KDJ、BOLL 等。

有效因子对收益率的影响

我们借助果仁平台，对这些因子做了全面回测，时间从 2007 年 1 月 4 日到2016 年12 月 30 日，并剔除了 ST 股票和日成交额小于1000 万元的数据，平均持有 10 只股票，每 5 个交易日按照以下的因子换一次股票，佣金、印花税及冲击成本按照成交额的千二计算。按照这个规律，我们得到了有效因子表，如表 2－1 所示。

表 2－1　有效因子

项目	排序	2007 年	2008 年	2009 年	2010 年	2011 年	2012 年	2013 年	2014 年	2015 年	2016 年	年化
总市值	从小到大	276.28%	-74.79%	254.30%	53.90%	-22.12%	1.09%	67.81%	89.64%	388.69%	44.84%	57.24%
流通市值	从小到大	100.61%	-66.20%	260.39%	12.40%	-34.74%	-17.96%	67.71%	97.02%	274.40%	48.10%	39.08%
日均成交价	从小到大	447.33%	-41.55%	217.30%	-10.57%	-20.87%	17.08%	-11.17%	116.97%	59.22%	0.65%	38.57%
收盘价	从小到大	430.57%	-41.76%	226.45%	-14.40%	-19.36%	15.18%	-11.02%	122.03%	58.09%	-0.48%	38.00%
市盈率	从小到大	332.35%	-62.15%	162.40%	3.01%	-4.00%	30.91%	4.96%	73.16%	37.27%	-0.78%	30.03%
60 日涨幅	从小到大	192.72%	-57.28%	149.32%	13.98%	-27.55%	21.29%	10.42%	60.47%	85.75%	6.06%	27.03%
市销率	从小到大	163.58%	-62.96%	149.70%	21.35%	-26.66%	10.91%	9.04%	68.96%	109.30%	10.76%	26.28%
每股资本公积金	从大到小	185.42%	-62.32%	116.82%	42.56%	-21.09%	-5.59%	29.63%	21.34%	181.14%	-7.69%	26.07%
流动比率	从大到小	168.44%	-46.55%	124.00%	-2.07%	-36.34%	-19.66%	96.56%	32.09%	114.90%	-20.78%	21.72%
EV_ EBITDA	从小到大	250.29%	-60.29%	177.69%	3.40%	-29.92%	13.78%	-8.70%	59.10%	37.53%	2.07%	20.61%
股息率	从大到小	179.04%	-59.40%	143.26%	-6.76%	-23.61%	3.99%	19.00%	64.07%	48.73%	6.01%	20.21%
分析师情绪指数	从大到小	193.92%	-62.59%	178.64%	15.91%	-36.84%	2.50%	9.63%	56.83%	62.85%	-3.98%	20.01%
预期盈利增长	从大到小	200.26%	-67.05%	187.18%	23.22%	-31.89%	6.64%	14.25%	35.17%	63.50%	-4.25%	19.95%
负债资产率	从小到大	187.32%	-52.83%	117.01%	-2.67%	-46.77%	-17.80%	81.99%	35.32%	123.07%	-18.74%	18.81%
产权比率	从大到小	135.43%	-63.70%	98.28%	-18.13%	-17.46%	39.24%	17.72%	70.69%	86.39%	-18.97%	17.10%
市净率	从小到大	230.53%	-58.21%	174.98%	-23.52%	-20.22%	-5.16%	-19.82%	46.80%	83.16%	-0.85%	16.76%
每股净资产	从大到小	126.48%	-57.55%	117.93%	32.04%	-21.48%	5.23%	-3.89%	49.44%	45.76%	-2.26%	16.71%
总资产周转率	从大到小	150.96%	-65.20%	163.86%	5.16%	-26.86%	-18.86%	32.32%	45.46%	73.30%	-7.05%	16.15%
利润总额增长	从大到小	212.25%	-65.52%	134.10%	2.76%	-32.45%	-3.40%	33.94%	43.79%	49.46%	-8.89%	16.08%
营业收入增长	从大到小	211.50%	-65.25%	114.71%	-6.50%	-23.57%	27.35%	5.37%	70.45%	50.88%	-23.87%	15.90%
策略年平均		218.76%	-59.66%	163.42%	7.25%	-26.19%	5.34%	22.29%	62.94%	101.67%	0.00%	25.12%
沪深 300		157.53%	-65.95%	96.72%	-12.52%	-25.01%	7.56%	-7.64%	51.65%	5.58%	-11.28%	4.80%

以上20个年化收益率大于15%的因子，有基本面也有技术面。但对应最高的年化收益率的因子也就是总市值。其他的都没超过40%，超过30%的也就只有4个因子。这就好比做菜的调料，一般来说，单纯的调料口味都偏单调，只有把油盐酱醋放到适当的比例，菜才好吃，有效因子也是这样。单纯的有效因子收益率并不高，但加上适当的权重后混合几个有效因子的收益率等指标，会大大超过最好的单因子。

假设：当我们把总市值和销售毛利率两个因子按照100:1权重进行组合，奇迹发生了，表2－2为因子组合测试结果。

表2－2　有效因子组合表

排序	因子	排序	年化收益率	夏普比率	最大回撤率	收益波动率	beta	alpha
1	总市值	从小到大	58.44%	1.51	49.72%	36.00%	1.00	59.78%
2	销售毛利率	从大到小	27.84%	0.57	44.92%	42.03%	0.85	28.36%
	总市值:销售毛利率=100:1		67.50%	1.77	50.69%	35.97%	1.00	68.82%

仅仅是用了1%权重的销售毛利率因子，把原来总市值策略对应的年化收益率从58.44%提高到了67.50%，差不多提高了10个点。就像做菜，以盐为主，加了一点点味精，效果马上发生了变化。

第二节　量化选股：对分法和黄金分割法

对分法

那么问题来了，你怎么就知道加了这1%权重的销售毛利率，就是最佳值呢？如果用遍历的计算方法，工作量肯定很大，为此，我们引入了一种寻找最佳方案的办法——对分法。

对分法，首先确定最佳区间的范围，如A1、A2，分别计算出A1、A2对应的收益率X1、X2，然后令A3＝（A1＋A2）/2，计算出对应的

X3，再同样令 A4 为 A1 和 A3 的中间值，计算出对应的 X4。如果 X4 大于 X3，那么放弃从 A3 到 A2 的区间，反之，放弃 A1 到 A3 的区间。如此找到最佳值。这种方法有个前提，就是假定最佳值 X 在区间中只有一个。

黄金分割法

如果区间过大，对分法用的次数还是过多。其实除了对分法，还有其他效率更高的方法，如黄金分割法，又叫 0. 618 法，其本质就是在优选时把尝试点放在黄金分割位（0. 618）加快寻找最优的方法。黄金分割法最早是由美国数学家杰克·基弗（Jack Kiefe）在 1953 年提出，我国著名数学家华罗庚在 20 世纪六七十年代对其进行优化补充，并大规模推广到工农业等领域。理论和实践都证明，对于单因子问题，用“0. 618 法”做 16 次试验就可以完成“对分法”做 2500 次试验所达到的效果。

但不管是对分法还是黄金分割法，它的使用都有一个前提，就是其对应的收益率函数（或者夏普函数、最大回撤函数），都必须是单峰函数。所谓单峰函数，就是指如果把权重作为自变量，其区间 a、b 对应的收益率函数在区间中有一个最大值，在 a 到最大值之间函数是单调增加，在最大值和 b 之间是单调减少。如果不符合这个条件，在理论上不管用对分法还是黄金分割法，都无法找到最佳值。

案例分析

小盘和低价是 A 股的两个有效因子，我们选择这两个因子的权重作为变量，价格因子权重从 0% 到 100%，从 2009 年 12 月 31 日到 2016 年 9 月 23 日，平均持有 10 只排名最前面的股票，每 5 天换一次，交易费用千二，测试模型如表 2 -3 所示，图 2 -1 为对应的模型测试年化收益率。

表 2－3　小盘低价因子组合模型 1

价格权重	年化收益率	对分法	黄金分割法	价格权重	年化收益率	对分法	黄金分割法
0	58.63%			51	37.32%		
1	57.73%	6	5	52	38.43%		
2	57.73%		4	53	37.96%		
3	56.42%	5		54	38.16%		
4	55.48%			55	38.09%		
5	50.44%			56	39.80%		
6	52.71%	4	3	57	37.99%		
7	50.85%			58	37.22%		
8	53.28%			59	35.76%		
9	56.37%			60	35.41%		
10	59.20%			61	34.98%		
11	57.78%			62	34.31%		
12	56.86%	3		63	33.53%		
13	56.70%			64	34.31%		
14	55.00%			65	36.92%		
15	53.14%		2	66	38.82%		
16	55.90%			67	38.36%		
17	55.76%			68	39.18%		
18	55.96%			69	39.36%		
19	52.50%			70	38.88%		
20	50.60%			71	39.40%		
21	52.13%			72	38.15%		
22	49.35%			73	38.08%		
23	49.15%			74	36.14%		
24	47.81%			75	36.18%		
25	44.30%	2		76	35.11%		
26	44.96%			77	36.57%		
27	43.22%			78	33.84%		
28	42.39%			79	32.59%		
29	39.16%			80	31.96%		
30	39.16%			81	34.06%		
31	40.67%			82	34.11%		
32	40.03%			83	34.68%		
33	39.74%			84	32.43%		
34	39.65%			85	31.12%		
35	41.47%			86	31.10%		
36	40.62%			87	29.20%		
37	40.80%			88	28.40%		
38	40.85%		1	89	27.45%		
39	40.27%			90	25.50%		
40	39.60%			91	24.19%		
41	37.45%			92	23.80%		
42	37.25%			93	25.62%		
43	36.35%			94	21.48%		
44	35.32%			95	19.93%		
45	34.24%			96	18.28%		
46	35.16%			97	20.09%		
47	36.61%			98	16.59%		
48	38.13%			99	13.33%		
49	36.39%			100	13.32%		
50	36.54%	1					

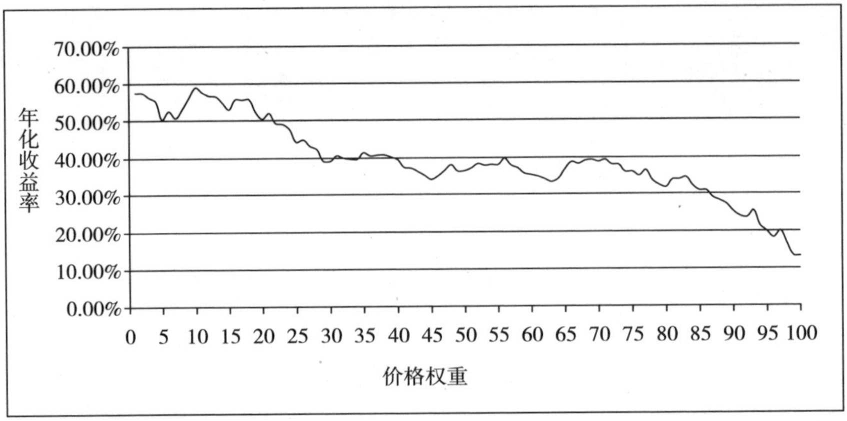

图 2－1　小盘低价因子组合收益率

从测试结果可以看出，因为实际年化收益率函数不是单峰函数，所以不管用对分法还是黄金分割法，都没找到 59.20% 这个最佳值。

那么，这个 90% 权重市值，10% 权重价格，对应的年化收益率 59.20%，是否真的是我们找到的最佳收益率呢？是否会存在过度拟合呢？在我们这个模型里，是每五个交易日换一次股票，试想改变一下换股日期。这里用果仁网有点差异，只能改变起始日期，差异几天，而且 2009 年底这一周的涨跌不大，不会对六年多的年化收益率有大的影响。我们以 2009 年 12 月 25 日、28 日、29 日、30 日、31 日这五天作为起始日，看一下价格权重为 8% ~12% 的结果，如表 2－4 所示。

表 2－4　小盘低价因子组合模型 2

价格权重	12 月 25 日	12 月 28 日	12 月 29 日	12 月 30 日	12 月 31 日	平均
0	58.64%	63.46%	63.87%	59.55%	58.63%	60.83%
8%	52.52%	49.74%	49.98%	55.50%	53.28%	52.20%
9%	54.23%	49.13%	49.19%	56.70%	56.27%	53.10%
10%	53.94%	49.40%	52.46%	58.19%	59.20%	54.64%
11%	53.97%	49.41%	51.32%	56.24%	57.78%	53.74%
12%	50.36%	48.12%	45.60%	54.97%	56.85%	51.18%
100%	12.55%	15.48%	11.99%	12.65%	13.32%	13.20%
沪深 300	-0.66%	-0.89%	-0.98%	-1.22%	-1.29%	-1.01%

从表 2－4 中可以看出，31 日开始的 10% 权重价格的方案，只是凑巧战胜了 100% 权重的市值策略，在其他几天作为起始日，也就是换了

换股日后，市值、价格双因子方案依然无法战胜单因子的市值方案。

从猜测到最后实战，就像悲壮的逆流而上的大马哈鱼的迁徙，同胞的一批批死亡，并不能动摇对目标的追求。大马哈鱼每年的迁徙是这样，量化投资最后得到丰硕成果也是这样。我做过统计，平均 100 个猜测，最后能成功超越目标盈利的，大概也就只有 2 ~ 3 个，我没考证过大马哈鱼的迁徙最后的结果是不是这样。但好在我们都是在实战前就淘汰了很多不靠谱的策略，而不是通过实战付出了真金白银的代价，这也是量化投资给我们带来的好处。

第三节　量化选股：筛选法

在量化选股中，除了多因子排序外，还有多因子的筛选。如果把所有股票作为一个集合，那么筛选就是剔除某些条件的股票，再进行排序。一般而言，是先筛选后排序，因为如果排序得到了前 10 名股票，再用筛选，可能就不足 10 只股票了。关于筛选和排序怎样结合，我们还是看个例子。

案例分析

我们还是用总市值排序，然后用销售毛利率作为筛选的指标。销售毛利率应该是一个价值投资的指标，销售毛利率越高，那么带来的利润相对更高，如表 2 – 5 所示。

表 2 – 5　基于销售毛利率的小市值策略模型 1

销售毛利率	2009 – 12 – 25	2009 – 12 – 28	2009 – 12 – 29	2009 – 12 – 30	2009 – 12 – 31	平均
无	58.64%	63.46%	63.83%	59.55%	58.63%	60.82%
21.00%	59.65%	61.80%	65.28%	64.96%	59.45%	62.23%
22.00%	61.13%	60.05%	65.61%	62.07%	60.60%	61.89%
23.00%	63.82%	59.05%	61.85%	66.44%	62.45%	62.72%

续表

销售毛利率	2009－12－25	2009－12－28	2009－12－29	2009－12－30	2009－12－31	平均
24.00%	64.66%	59.22%	63.84%	70.21%	65.90%	64.77%
25.00%	65.16%	60.68%	63.21%	65.95%	63.54%	63.71%
26.00%	63.29%	60.00%	67.02%	69.73%	63.88%	64.78%
27.00%	60.87%	60.21%	64.54%	68.27%	64.14%	63.61%
28.00%	59.41%	59.13%	67.00%	65.26%	63.99%	62.96%
29.00%	60.43%	62.98%	65.43%	65.22%	60.20%	62.85%
30.00%	60.29%	60.82%	64.10%	62.19%	63.48%	62.18%
沪深300	－0.66%	－0.89%	－0.98%	－1.22%	－1.29%	－1.01%

从表2－5我们可以看出，不管是哪天开始换股，除了2009年12月28日开始的换股策略，其他四个日期的都是在剔除了销售毛利率小于24%～26%的时候，小市值策略超过了不剔除的年化收益率。也就是说，在小市值策略上，我们加上了销售毛利率的筛选条件，年化收益率会优于只用小市值策略。我们再来看看每个月、每年的表现是否还是这样呢？把2009年12月25日到12月31日这5天不同日期起始换股的数据进行平均后就得到表2－6。

表2－6　基于销售毛利率的小市值策略模型2

年	无筛选	26%销售毛利率筛选	差异
2010	48.37%	43.06%	－5.31%
2011	－19.13%	－15.09%	4.04%
2012	6.75%	－3.05%	－9.81%
2013	78.16%	61.48%	－16.68%
2014	91.76%	102.04%	10.29%
2015	372.94%	500.62%	127.68%
2016	20.12%	26.82%	6.70%
总收益率	2365.55%	2814.16%	448.61%
年化收益率	60.67%	64.61%	3.94%

从近7年的数据中得到的年化收益率可以看出，整体来说，用销售毛利来进行筛选还是有效的，特别是在最近三年。而2010、2012、2013这三年经过筛选收益率反而下降了，这也说明了很多条件的表现是有时效性的，没有一个因子可以永远有效。即使像现在A股第一有效的小市值因子，将来真的实行注册制了，一定会失效的。如果不相信，就看看香港市场的小市值股票，遍地都是折价的小市值，而且还有几天没有成交量的。如果把现在A股市场最有效的小市值策略搬到香港市场，

那会输得连内裤都没有。A 股市场迎来注册制后，小市值策略一定会失效，只不过我无法预知是哪一天。但我们也不能因为策略要失效就不用它，正确的态度是一边使用，一边观察影响策略的这些因素的变化。

当然，也可以通过 MA、MACD、KDJ 等技术指标来选股，只是个股受人为因素影响太大，技术指标往往偏离，甚至个别主力通过骗线反技术指标，导致技术指标在个股上的有效性欠佳，但是在指数上还是有效的，下面还会提及。

总结

量化选股的因子有技术面和基本面两大类，可以用排序或者筛选两种方法进行单因子或者多因子组合。因为年化收益率、夏普比例、最大回撤等是非单峰函数，所以传统的对分法、黄金分割法等都会失效。可以用计算机编程遍历找到最佳值，但如果区域过大，因子过多，遍历法的结果也是一个非常可怕的天文数字。当然，将来也可以用人工智能的办法，但这不是我们业余投资者可以完成的。对业余投资者而言，也可以用最土的方法——分段寻找，虽然不一定能找到最佳值，但找到次佳值，在业余投资中也足够了。

第三章

量化择债

第一节　量化择债的有效因子

债券概述

债券是和股票完全不同的投资品种，往往被投资者忽视。因为很多人不熟悉债券，笔者先简单介绍一下债券，特别是交易所里股民可以买卖的债券。

债券是一种有价证券。由于债券的利息通常是事先确定的，所以是固定利息证券（定息证券）的一种。在金融市场发达的国家和地区，债券可以上市流通。在中国，比较典型的政府债券是国库券，另外还有企业发行的企业债。除了交易所交易债券外，债券更多的是在银行间交易。对我们“小散”来说，主要关注的就是交易所债券。

和股票一样，债券也有打新，但笔者不建议大家去打新，主要是因为新债不像新股，上市后一定有几个涨停板，新债上市就破发的比比皆是。按照笔者的统计，在 2016 年新发的 29 只债券中，上市没有成交量的占了 10%，破发或者不涨的占了 31%，在其余的 59% 的新债中，第一天上市成交额在几万元甚至只有一手的不在少数，所以打新债不是我们业余“小散”该干的事情。

一般来说，国债的利息要低于企债。目前真正违约的企债并不多，而且像湘鄂情债、超日债这样违约的债券，最后还是还钱了，况且我们还有很多方法可以避免违约债券。笔者就买过湘鄂情债、超日债，只是当时发现企业亏损就全部清仓了，从而避免了违约。所以下面我们讨论的债券，除非特指，一般就是指企业债。广义的企业债中还有一类公司债，其实就是股份制公司发行的债券，严格来说和狭义的企业债还是有很多区别，但这些区别对于投资者来说影响不是很大，这里就不区分了。

债券有效因子详解

影响债券的因子有债券信用等级、发债主体信用等级、年限、税前收益率、税后收益率、净价、全价、成交额、修正久期、票面利息、折算率、回购利用率、担保、规模等。对一个初涉债券的“小散”来说，面对这些可能是一头雾水。笔者先一一介绍上述基本概念，然后再给出一般的选债策略。

债券信用等级

我国的评级机构有中诚信、联合、大公、新世纪、鹏元等，等级从高到低分为：AAA、AA +、AA、AA −、A +、A、A −、BBB 等。在交易所债券中，A 以下的就很少了，最近看到 A 以下的只有 11 柳华债。最近几年，为了保护债券投资者的利益，AA 以下的债券基本都只允许 300 万元以上资产的合格投资者买入。因为这些债券有个 Q 的标志，我们一般简称为“Q 债”。

发债主体信用等级

和债券信用等级类似，只不过评定的是发债主体而不是债券本身。一般情况下，发债主体信用等级和债券信用等级相等，但有一个特殊情况，就是发债主体的信用等级比较低，可以通过第三方担保增加债券的信用等级。典型的案例是 11 豫中小，本身是给很多中小企业提供资金支持，发债主体才 BB-，但就是因为有第三方担保，最后债券的信用等级提高到 AA。

年限

除了极个别永续债外，一般债券都是有年限的。到期后，本金（一般票面都是 100 元）加上最后一年的利息付给投资者。但有两个特殊情况，一是有一部分债券除了到期年限外，还附加一个回售期，如一只债券 5 年到期，但 2 年后可以给投资者一个回售的机会，你可以回售给企业，也可以不回售给企业。一般有回售期的要比没回售期的好，因为多了一个兑现的机会。二是有部分债券会提前部分兑付。例如，一只债券 10 年到期，可能 3 年后兑付 30%，再过 3 年再兑付 30%，最后到期把剩余的 40% 债券连利息全部兑付。这时就要特别注意，部分兑付后，面值发生了变化，上例中，兑付了 30% 后，面值从 100 元变成 70 元了。一般在债券名称前用 PR 表示部分兑付后的债券，这些债券因为面值不是 100 元，所以市价也低得多，大家要特别关注。

税前收益率

按照国家规定，个人买卖所有企业债券的利息所得，在付息时一起按照 20% 的所得税收税，但机构无须缴纳，所以在付息前，个人投资者可以卖给机构避税。因此，税前收益率指标还是有意义的。不同时间长短内赚的钱很难比较，所以我们在这里说的收益率其实是年化的收益率。

$$\text{年化收益率} = (1 + \text{总收益率})^{(1/\text{年数})} - 1$$

而总收益率的计算，我们一般采用的是利息再投的方法，即利息到手后，假定继续投资这只债券。这个计算比较复杂，实际计算的时候，我们在 Excel 里用 xirr 函数计算税前年化收益率。

税前年化收益率 = xirr（现金流组，对应的日期组）

例如，14 天瑞 02（124815），在 2016 年 9 月 30 日收盘时全价是 105.792 元，票面利息是 8.5%，到期日是 2024 年 6 月 25 日，到期税前应该有 100 + 8.5 = 108.5 元，每年有 8.5 元的利息，税前收益率计算如表 3 - 1 所示。

表 3 - 1　14 天瑞 02 税前收益率

日期	现金流
2016 - 9 - 30	- 105.792
2017 - 6 - 25	8.5
2018 - 6 - 25	8.5
2019 - 6 - 25	8.5
2020 - 6 - 25	8.5
2021 - 6 - 25	8.5
2022 - 6 - 25	8.5
2023 - 6 - 25	8.5
2024 - 6 - 25	108.5
= XIRR（B2：B10，A2：A10）	7.86%

那么，到底在避税前哪天卖出比较好，如果不避税会损失多少？笔者计算了从 2015 年 9 月 30 日到 2016 年 9 月 30 日付息的 56 只成交量比较大而且还是普通投资者都能买的债券，平均来说，票面利息是 7%，按 20% 所得税，也就是要收取 1.4%，最大 9.2% 的 20% 是 1.84%，最小 4.95% 的 20% 是 0.99%，而平均在付息前一天涨幅是 0.13%，付息后一天涨幅是 0.25%，差是 0.12%，一个交易日平均多赚 0.12%，如表 3 - 2 所示。

表 3 - 2　付息前后收益率变化

代码	名称	票息	付息前一天涨幅	付息后一天涨幅
112019	09 宜化债	5.75%	0.00%	0.00%
112048	11 凯迪债	8.50%	0.23%	0.15%
112056	11 远兴债	8.00%	0.20%	0.14%
112069	12 明牌债	7.20%	- 0.06%	0.15%
112094	11 中利债	6.70%	0.06%	0.12%
112096	12 国创债	6.20%	0.32%	- 0.18%
112165	12 德豪债	6.30%	0.84%	- 0.34%
112170	12 濮耐 01	5.80%	0.60%	- 0.25%
112179	13 南洋债	6.00%	- 0.53%	0.09%
112192	13 赤湾 01	5.60%	- 0.48%	0.00%
112220	14 福星 01	9.20%	0.04%	0.54%
112231	14 金贵债	7.05%	0.00%	0.00%
112240	15 华联债	7.50%	0.34%	- 0.09%

续表

代码	名称	票息	付息前一天涨幅	付息后一天涨幅
122007	08 莱钢债	6.55%	1.37%	0.00%
122102	11 广汇 01	7.70%	0.01%	0.07%
122113	11 新钢债	6.65%	0.00%	0.49%
122126	11 庞大 02	8.50%	0.08%	0.05%
122143	12 亿利 01	7.30%	-0.27%	-0.33%
122159	12 亿利 02	6.42%	0.06%	0.49%
122163	12 鄂资债	6.20%	0.27%	-0.23%
122168	12 兖煤 02	4.95%	0.01%	0.49%
122200	12 晋兰花	5.09%	-0.57%	-0.45%
122215	12 永泰 01	5.68%	0.39%	-0.24%
122222	12 永泰 02	6.50%	0.00%	-0.16%
122267	13 永泰债	7.30%	0.20%	-0.10%
122310	13 苏新城	8.90%	0.11%	0.39%
122329	14 伊泰 01	6.99%	-0.09%	-0.09%
122365	14 昊华 01	5.50%	0.00%	0.39%
122380	14 瀚华 01	6.10%	-0.29%	0.00%
122513	12 伟星集	6.30%	0.00%	1.96%
122690	12 三胞债	8.08%	0.00%	1.21%
122745	12 方大 01	8.09%	0.25%	0.89%
122746	12 方大 02	8.29%	0.22%	1.19%
122757	11 丹东债	6.65%	0.22%	0.59%
122765	11 泛海 02	8.90%	-0.70%	1.22%
122776	11 新光债	8.10%	-0.07%	0.79%
122798	11 泰矿债	6.75%	0.87%	-0.37%
122803	11 滁州债	6.40%	-0.17%	0.08%
122815	11 广汇债	6.83%	-0.15%	0.70%
122884	10 西子债	5.63%	0.01%	0.09%
122890	10 凯迪债	6.12%	0.21%	0.02%
124024	12 青投资	7.08%	0.43%	0.80%
124112	13 豫盛润	7.39%	0.40%	0.40%
124133	12 宁宝源	7.20%	0.41%	-0.33%
124161	13 瑞水泥	7.10%	0.01%	0.67%
124187	PR 泰矿债	5.80%	0.29%	0.27%
124206	13 祥源债	6.85%	0.30%	-0.26%
124418	13 永利债	7.50%	0.26%	0.04%
124524	13 黔投 02	7.80%	-0.20%	0.48%
124625	11 宁宝源	7.55%	-0.05%	-0.10%
124815	14 天瑞 02	8.50%	-0.40%	0.53%
124894	14 海资 02	8.00%	0.98%	0.08%
124977	14 天瑞 03	7.13%	0.43%	0.28%
127002	14 天能 02	8.00%	-0.05%	0.79%
127053	15 天瑞 01	7.00%	0.01%	0.94%
127099	15 天瑞 02	6.89%	0.89%	0.16%
	平均	7.00%	0.13%	0.25%
	最大	9.20%	1.37%	1.96%
	最小	4.95%	-0.70%	-0.45%

那么按照 250 个交易日算，年化复利就是 36.55%，所以最后的结

果就是散户实现了避税，机构多赚了，这是一个双赢的结果。当然，这里我们不讨论散户是否应该交税的问题。机构接盘也不是没有风险，第二天最大跌幅也有 0.45%，当然比付息前一天最大下跌 0.70% 要小很多。市场就是这样，最后会使参与者相对都有获利，而达到动态平衡。

税后收益率

理解了税前收益率，税后收益率就很简单了，顾名思义，就是付了 20% 所得税后的收益率，其他概念和计算都与前面的税前收益率相同。

因为“小散”可以合理避税，所以我们一般都按照税前收益率来考虑其价值。实际上，因为要把收益率留一点给机构，所以实际上的收益率在税前收益率和税后收益率之间，但偏向税前收益率。

净价、全价和成交额

债券和分级 A、股票都不同，债券有净价和全价之分，全价 = 净价 + 利息。当一个投资者从其他投资者手中买入债券的时候，除了按照报价（净价）付给上家，还要付给他从这只债券上一次付息后的利息。

例如，某只债券报价（净价）是 100 元，票面利息是 7.3%，那么折算成每天的利息是 7.3%/365 = 0.02%。如果当年是闰年怎么办？非常有意思，闰年的 2 月 29 日没有利息。如果付息日是 6 月 19 日，今天是 6 月 29 日，那么你除了付给上家 100 元外，还要付给 0.02 × 10 = 0.2 元的利息，全价就是 100.2 元。这样买家是不是吃亏了？其实没有。如果再过 10 天你卖出，净价没变，还是 100 元，但利息成了 0.4 元了。买家要付给你的全价就是 100.4 元，你赚了 0.2 元，当然这里没有考虑佣金。实际上，债券的佣金比股票、基金都要低得多，目前标准的佣金为万二。

目前 A 股市场采用净价报价，全价结算的方式。K 线图上的价格全部是净价，只有指数例外，如最典型的企债指数 399481 是净价指数，而000013则是全价指数，所以你会看到，净价的399481还经常会下跌一点，而全价的000013则一路上扬，如图3－1所示。

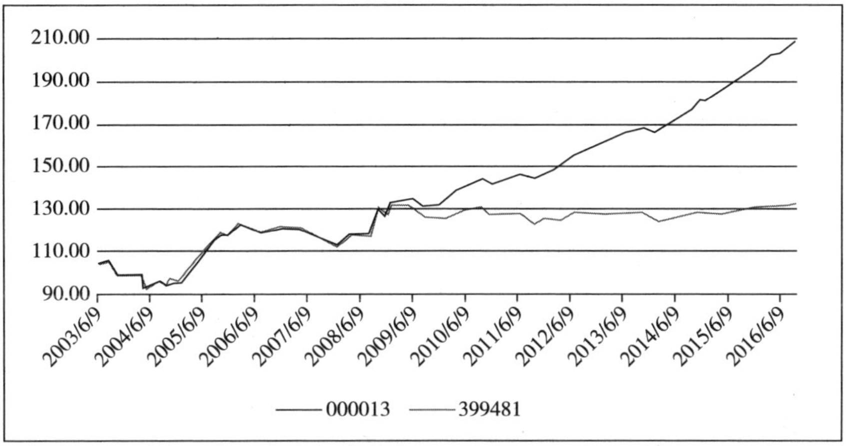

图3－1　全价指数和净价指数比较

成交额，顾名思义，就是当天或者一段时间，在市场上该债券交易成功的金额，这里特别要指出的是，这个金额也是按照净价而不是全价计算的。

修正久期

这个概念比较复杂，如果要精确解释，就得引入高等数学的概念，但我们还是以实用为主。我们在实战中会遇到什么问题呢？我们发现两只债券，到期收益率和价格、票面利息都相等，但只要价格变动一点，到期收益率的变化，一个比较慢而一个比较快。为了描述到期收益率的变化和价格变化之间的定量关系，我们引入了修正久期，简单说，修正久期就是描述同样的到期收益率变化而导致价格涨跌快慢的参数。

在Excel中，笔者用函数来计算修正久期。mduration（settlement，maturity，coupon，yld，frequency，basis），参数解释如下。

- Settlement：证券的结算日。结算日是在发行日之后，证券卖给购买者的日期。

- Maturity：有价证券的到期日。到期日是有价证券有效期截止的日期。

- Coupon：有价证券的年息票利率。

- Yld：有价证券的年收益率。

- Frequency：年付息次数。如果按年支付，frequency = 1；按半年期支付，frequency = 2；按季支付，frequency = 4。

- Basis：日计数基准类型。

0 或省略：US（NASD）30/360

1：实际天数/实际年天数

2：实际天数/360

3：实际天数/365

4：欧洲 30/360

我们以 14 天瑞 03（124977）为例，2016 年 9 月 30 日以净价 98.47 元、全价 105.307 元买进，2021 年 10 月 16 日到期，用 mduration 函数计算出来的修正久期是 3.83，如表 3－3 所示。

表 3－3　14 天瑞 03 修正久期

项目	参数
settlement	2016－9－30
maturity	2021－10－16
coupon	7.13%
yld	7.49%
frequency	1
basis	0
mduration	3.83

修正久期为 3.83 意味着什么？在实战中，修正久期是非常重要的参数。你可以简单理解成杠杆。继续上面的例子，如果因为价格上涨，年收益率从原来的 7.49% 跌到 6.49%，那么价格可以涨 1% ×3.83 = 3.83%，当然这个关系是近似的。如果有另外一只债券，其他都一样，只是修正久期为 1，那么同样收益率从 7.49% 跌到 6.49%，价格涨幅只

有 1%。如果时间特别短，那么修正久期小于 1 也是可能的，你可以近似地把修正久期理解成和到期时间成正比。

既然有这样的关系，在价格上涨，到期收益率下降的时候，我们可以尽可能选修正久期大的，这相当于加了杠杆，会帮助你的债券加速上涨；反之，如果在价格下跌，到期收益率不断上涨时，我们尽可能选用短修正久期的品种，用利息去抵抗下跌。下面我们还会进一步讨论其量化策略。

票面利息和折算率

（1）票面利息。除了有些债券提前部分兑现外，一般票面都是 100 元，一般来说都是按照票面利息每年付息一次，极个别也有半年付息的。而且票面利息一般都是固定的，也可以按照协议在若干年后根据当时的情况提高票面利息，但笔者没看到过可以降低票面利息的。

（2）折算率。说起折算率，先要从回购开始讲起。回购分为正回购和逆回购。正回购说白了，就是借钱，问谁借钱呢？问做逆回购的借钱。正回购的资格不太容易获得，有一条硬指标，就是需要账户里有 300 万元以上的资产，仅此一条，就把 99% 的“小散”挡在门外了。按照最新的征求意见稿，有可能会把所有个人做正回购的路给堵死。有 300 万元资产还不够，还要通过考试，最苛刻的招商证券，甚至要三个月内的有本人名字的水电煤账单、征信记录、本人收入证明等。

正回购和逆回购的品种是一样的，沪市有 9 个：204001、204002、204003、204004、204007、204014、204028、204091、204182，分别对应 1 天、2 天、3 天、4 天、一周、两周、一个月、三个月、半年的正回购。沪市的代码比较好记，但深市的代码就没有什么规律可循了，分别是 131810、131811、131800、131809、131801、131802、131803、131805、131806。一般我们做正回购和对手盘的逆回购一样，只做一天的，所以只要记住 204001 和 131810 两个就可以了。其中上海的正回购是 10 万元起步，深圳是 1000 元起步。

做正回购的第一步是先要把债券入库，即把债券放到抵押库里，入库后的债券只有在出库后才能卖出，在库里就不能卖出了。入库的目的一是质押，二是入库变成标准券后可以把不同品质的债券变成一个统一的衡量标准。但不是所有的债券都能入库。在近期，由于去杠杆化的政策指导，能入库的债券少了，入库后的折算率也在不断降低。

什么叫折算率呢？入库后，债券会变成一张张标准券，只有变成标准券才能质押。债券按照折算率变成标准券，如某只债券的折算率是 0.5，那么 100 张债券质押后就变成 5000 标准券。这个折算率是如何算出来的呢？中国证券登记结算有限责任公司（以下简称“中登”）会公布每天的折算率，折算率虽然有计算公式，但中登不一定按照这个公式计算，可能会根据情况予以调整。投资者需要记住，折算率和价格成正比，和波动率、回购利率成反比。有了折算率，我们就能算出回购利用率了。回购利用率 = 折算率/全价 ×100。折算成标准券后，是否 100% 能质押回购了呢？还不能，按照现在的规则，需要打九折，甚至更低。

回购利用率

折算率是标准券和债券面值的比例，但实际上债券不是都按照面值买进的，所以我们要按照债券的全价再做一次折算。回购利用率 = 折算率/全价 ×100。

下面我们举个例子来说明折算率、回购利用率的计算关系。

13 苏新城，在 2016 年 9 月 30 日收盘，全价为 106.717 元，折算率 0.74，回购利用率 =0.74/106.717 ×100 =69.3%。如果我们买入 10000 张 13 苏新城，那么花费总金额 = 106.717 × 1000 = 1067170 元。10000 张 13 苏新城入库，因为折算率是 0.74，那么就变成 7400 张标准券，如

果按照0.9做正回购，那么，7400×0.9=6660张，又因为沪市正回购一手是10万，所以买入204001后最多能得到66万元现金。当然，你还可以继续用这66万元现金买13苏新城，再入库，再做正回购，直到获得的现金小于10万元而无法做正回购为止。

担保和规模

债券没有强制一定要担保，但有担保总比没担保强。有些资质差的企业，就是靠担保使债券的信用等级高于企业本身的信用等级。

规模就是指发行规模，一般来说，发行规模相对企业规模大，还债就会困难点，特别是有些债券给了投资者一次或者几次回售机会的，一般企业都不希望投资者回售，发债规模大的更是如此。

第二节　量化选择债券

介绍这些基本概念，是为我们的实战服务。买卖债券千头万绪，我们到底从何入手呢?

到期收益率（YTM）

收益率，或者说到期收益率，简称YTM，即买入债券后未来的收益率。这是最基本的量化选债的第一因子。如果在信用等级等因子相同的情况下，按照YTM因子轮动是一个最基本的方式。虽然前面介绍了YTM的计算方式，投资者自己可以计算实时的数据，但利用网上现成的数据也不失为一个好方法。

目前来看，集思录的数据还是相当可靠的，而且使用方便（https://www.jisilu.cn/data/bond/）。笔者先用收益率（YTM）做个策略。首先，考虑到大部分“小散”都没资格做正回购，所以先不考虑正回购上杠杆的事情。选取5个天瑞债券作为轮动的标的：12瑞水泥（124161）、14天瑞02（124815）、14天瑞03（124977）、15天瑞01（127053）、15天瑞02（127099）。从2016年2月到2017年1月，整整一年时间，通过计算发现：五只债券在这一年中平均收益率是12.04%，按照YTM策略轮动的收益率是14.92%，具体见表3－4。

表3－4　五只债券月收益率

代码	124161	124815	124977	127053	127099	五只债券	YTM策略
名称	13瑞水泥	14天瑞02	14天瑞03	15天瑞01	15天瑞02	平均	
2016/2/29	0.96%	-0.63%	-2.51%	-0.08%	0.56%	-0.34%	-2.51%
2016/3/31	0.41%	-4.10%	2.38%	1.16%	0.32%	0.02%	2.38%
2016/4/29	-0.74%	-1.10%	-0.18%	0.50%	0.36%	-0.23%	-0.18%
2016/5/31	-3.31%	-1.36%	-1.50%	0.83%	0.84%	-0.91%	-1.50%
2016/6/30	4.40%	0.91%	4.04%	1.71%	1.94%	2.59%	4.69%
2016/7/29	3.23%	3.68%	2.86%	1.38%	1.71%	2.57%	2.86%
2016/8/31	5.93%	6.69%	4.03%	1.45%	1.68%	3.94%	4.03%
2016/9/30	2.09%	4.38%	2.21%	1.19%	1.26%	2.22%	2.21%
2016/10/31	-0.16%	-1.83%	0.96%	0.27%	0.31%	-0.09%	0.72%
2016/11/30	-0.42%	-0.89%	0.19%	0.51%	0.57%	-0.01%	-0.42%
2016/12/30	0.86%	1.13%	0.92%	0.73%	0.64%	0.86%	1.04%
2017/1/26	2.03%	1.44%	1.49%	0.27%	-0.67%	0.92%	0.91%
年收益率	16.02%	8.12%	15.70%	10.36%	9.90%	12.04%	14.92%

显然，用YTM策略可以超越平均值。那么除了YTM策略外，还有什么策略呢？设想一下，如果按照修正久期呢？永远持有修正久期最高的债券，结果如何呢？通过计算，我们可以知道修正久期策略在这一年里的收益率是6.98%，并不比平均值和YTM策略的收益率高，如表3－5所示。

表3－5　修正久期最高的策略

代码	124161	124815	124977	127053	127099	五只债券	YTM策略	修正久期
名称	13瑞水泥	14天瑞02	14天瑞03	15天瑞01	15天瑞02	平均		
2016/2/29	0.96%	-0.63%	-2.51%	-0.08%	0.56%	-0.34%	-2.51%	-0.63%
2016/3/31	0.41%	-4.10%	2.38%	1.16%	0.32%	0.02%	2.38%	-4.10%
2016/4/29	-0.74%	-1.10%	-0.18%	0.50%	0.36%	-0.23%	-0.18%	-1.10%
2016/5/31	-3.31%	-1.36%	-1.50%	0.83%	0.84%	-0.91%	-1.50%	-0.86%
2016/6/30	4.40%	0.91%	4.04%	1.71%	1.94%	2.59%	4.69%	1.71%
2016/7/29	3.23%	3.68%	2.86%	1.38%	1.71%	2.57%	2.86%	2.86%
2016/8/31	5.93%	6.69%	4.03%	1.45%	1.68%	3.94%	4.03%	6.69%
2016/9/30	2.09%	4.38%	2.21%	1.19%	1.26%	2.22%	2.21%	4.38%

续表

代码	124161	124815	124977	127053	127099	五只债券平均	YTM 策略	修正久期
名称	13 瑞水泥	14 天瑞 02	14 天瑞 03	15 天瑞 01	15 天瑞 02			
2016/10/31	-0.16%	-1.83%	0.96%	0.27%	0.31%	-0.09%	0.72%	-1.83%
2016/11/30	-0.42%	-0.89%	0.19%	0.51%	0.57%	-0.01%	-0.42%	-0.89%
2016/12/30	0.86%	1.13%	0.92%	0.73%	0.64%	0.86%	1.04%	0.73%
2017/1/26	2.03%	1.44%	1.49%	0.27%	-0.67%	0.92%	0.91%	0.27%
年收益率	16.02%	8.12%	15.70%	10.36%	9.90%	12.04%	14.92%	6.98%

和平均值比，我们在2016 年3 月、4 月、6 月、10 月等几个月严重跑输，导致最后整体跑输。那么设想一下，在债券上升期持有久期最高的债券，在债券下跌期持有久期最低的债券，是否会更好呢？这里笔者用了五只债券平均涨幅的 90 天均线作为判断标准（优化修正久期策略），在线上持有修正久期最大的债券，线下持有修正久期最短的债券，结果年收益率高达22.50%，如表 3－6 所示。

表 3－6　优化修正久期策略收益率

代码	124161	124815	124977	127053	127099	五只债券平均	YTM 策略	修正久期	优化修正久期
名称	13 瑞水泥	14 天瑞 02	14 天瑞 03	15 天瑞 01	15 天瑞 02				
2016/2/29	0.96%	-0.63%	-2.51%	-0.08%	0.56%	-0.34%	-2.51%	-0.63%	1.32%
2016/3/31	0.41%	-4.10%	2.38%	1.16%	0.32%	0.02%	2.38%	-4.10%	1.16%
2016/4/29	-0.74%	-1.10%	-0.18%	0.50%	0.36%	-0.23%	-0.18%	-1.10%	0.50%
2016/5/31	-3.31%	-1.36%	-1.50%	0.83%	0.84%	-0.91%	-1.50%	-0.86%	0.83%
2016/6/30	4.40%	0.91%	4.04%	1.71%	1.94%	2.59%	4.69%	1.71%	2.34%
2016/7/29	3.23%	3.68%	2.86%	1.38%	1.71%	2.57%	2.86%	2.86%	3.68%
2016/8/31	5.93%	6.69%	4.03%	1.45%	1.68%	3.94%	4.03%	6.69%	6.69%
2016/9/30	2.09%	4.38%	2.21%	1.19%	1.26%	2.22%	2.21%	4.38%	4.38%
2016/10/31	-0.16%	-1.83%	0.96%	0.27%	0.31%	-0.09%	0.72%	-1.83%	-1.83%
2016/11/30	-0.42%	-0.89%	0.19%	0.51%	0.57%	-0.01%	-0.42%	-0.89%	-0.89%
2016/12/30	0.86%	1.13%	0.92%	0.73%	0.64%	0.86%	1.04%	0.73%	1.13%
2017/1/26	2.03%	1.44%	1.49%	0.27%	-0.67%	0.92%	0.91%	0.27%	1.44%
年收益率	16.02%	8.12%	15.70%	10.36%	9.90%	12.04%	14.92%	6.98%	22.50%

当然，这里只是举了五只天瑞债的例子，如果你把债券库放大到全部债券，采用更好的策略，相信收益会更高。

加入正回购

前文说过，债券还可以用正回购来放大收益，笔者统计了从 2015 年 9 月 30 日到 2016 年 9 月 30 日国债一天回购的数据，平均年化成本

2.7%，这大概是我们“小散”能借到的钱中最低的成本了。可惜做正回购必须个人资产达到300万元以上，仅此一条，就把99%的“小散”挡在了门外。即使在门内的，可能还要受政策影响取消正回购。但不管如何，正回购还是一个非常好的低成本杠杆工具，笔者下面举个例子来说明。

笔者选择10只成交额最大的可质押的债券组成一个债券池，它们是15本钢01、11庞大02、12鄂资债、12开滦01、12永泰02、13平煤债、13永泰债、12开滦02、15恒大01、15美都债等。同样选取2015年9月30日到2016年9月30日一年的时间，10只债券平均全价涨幅只有6.2%，而简单的YTM轮动策略，年收益率就高达20.15%。如果同期用上正回购杠杆，就是最简单的一次杠杆，而不是上足杠杆，对应杠杆成本2.7%，总体收益率可以达到惊人的38.40%！如表3－7所示。

表3－7　10只成交额最大债券正回购轮动

	平均	YTM策略	正回购策略
2015/10/30	0.31%	0.46%	0.78%
2015/11/30	-1.19%	-2.26%	-3.79%
2015/12/31	0.56%	2.36%	3.80%
2016/1/29	0.37%	0.80%	1.35%
2016/2/29	0.47%	0.36%	0.60%
2016/3/31	1.13%	0.73%	1.23%
2016/4/29	-0.97%	-0.09%	-0.15%
2016/5/31	0.65%	6.09%	11.45%
2016/6/30	0.96%	-1.40%	-2.97%
2016/7/29	1.27%	3.25%	6.14%
2016/8/31	1.54%	7.88%	14.70%
2016/9/30	0.99%	0.78%	1.37%
总收益率	6.20%	20.15%	38.40%
年化收益率	6.20%	20.15%	38.40%

这主要还是得益于杠杆成本低。而且入选债券池的品种越多，超额收益会越大。

相对来说，量化选债，债券的确定性因素较多，计算也比较复杂，确定性也比股票大。值得注意的是，目前债券的违约数量在增大，一个违约就会导致血本无归，所以为了避免对投资有较大的影响，笔者建议，一是尽可能选高等级的债券，特别“垃圾”的债券宁可不选；二是分散投资，你再看好的债券都别孤注一掷。剔除了这些不利的因素，量化选债，特别是加了正回购后的收益率还是非常不错的。

第四章

量化择基

第一节　基金概述

量化择基，这个基就是基金。基金其实是委托专业的机构进行理财，而这些机构投资的对象主要是股票、债券等，一般有股票型基金、债券型基金、混合基金等。

先说说债券型基金，在高利息年代，债券型基金确实给了我们一个稳定而且收益率也非常不错的选择，但随着利率走低，债券型基金的成本比例越来越高，导致收益加速下跌。例如，原来的 YTM 有 10%，假定扣除 2% 的所有成本，依然有 8% 的收益率；但如果 YTM 跌到 5%，而 2% 的成本丝毫没有下降，扣除后就只有 3% 的收益率了。就是因为这个原因，这里对债券型基金不做进一步讨论。

基金网站目前比较常见的有：天天基金网、数米网、和讯网、中国基金网等。说到专业、数据齐全的，还是晨星基金网，它是国际权威评级机构 Morningstar 的中国官方网站。除了历史数据比较齐全外，它的评级、夏普比率等，更适合普通投资者使用。

第二节　量化选择基金

笔者用晨星网做个策略，先从所有权益类型（包括晨星网中的股票型、激进配置型、灵活配置型、标准混合型、保守混合型五类）导出数据，做成一个 Excel 表，先选择 3 年年化前 20 名，而且 3 年夏普比例大于 1 的基金（统计日期为 2016 年 8 月 31 日），如表 4 -1 所示。在表 4 -1 中，15 只基金中有 6 只是没有五年数据的，但在这 6 只基金中竟然有 5 只是在 2016 年亏损的，这似乎说明了 5 年长跑的数据可能会更加稳定。

表 4 -1　3 年夏普比例大于 1 且年化收益前 20 名基金

序号	基金代码	基金名称	总回报率（%）						年化回报率（%）				总回报率(%)	夏普比例
			今年以来	一周	一个月	三个月	六个月	一年	两年	三年	五年	十年	设立以来	最近三年
46	251	工银瑞信金融地产行业混合	-8.91	1.50	-2.33	6.68	5.20	13.06	33.53	33.96			143.75	1.12
1359	40035	华安逆向策略混合	-5.13	2.70	0.50	3.31	13.83	38.01	54.90	39.03			272.24	1.24
1504	160211	国泰中小盘成长混合（LOF）	8.95	0.79	5.38	10.06	24.46	59.53	47.59	35.24	24.06		210.53	1.05
1505	160212	国泰估值优势混合（LOF）	10.11	1.27	5.92	10.36	25.25	66.39	54.56	39.11	19.58		139.60	1.13
1659	163110	申万菱信量化小盘股票（LOF）	3.02	1.71	0.42	12.67	14.49	38.13	45.91	38.05	21.81		162.30	1.23
1671	163406	兴全合润分级混合	-2.36	2.16	2.10	7.27	11.37	30.98	45.76	38.51	25.61		195.42	1.38
1674	163412	兴全轻资产混合（LOF）	-2.75	1.97	1.70	6.70	10.51	31.52	44.99	35.49			276.30	1.06
1675	163415	兴全商业模式优选混合（LOF）	3.75	1.62	1.50	8.31	18.29	33.53	45.24	33.98			148.93	1.19
1752	180031	银华中小盘精选混合	-6.75	0.87	2.53	8.62	14.17	23.88	40.53	38.07			222.64	1.14
1818	233009	大摩多因子精选策略混合	-1.74	1.46	0.90	8.46	11.17	42.45	33.13	38.03	22.88		174.80	1.03
1895	320011	诺安中小盘精选混合	-0.48	0.41	-1.12	5.34	6.66	18.39	42.52	32.63	17.95		160.16	1.40
2137	519156	新华行业轮换灵活配置混合 A	-15.08	1.57	1.19	6.93	9.44	18.31	59.50	35.23			157.70	1.17
2200	519697	交银优势行业混合	0.32	6.13	6.26	9.82	15.55	34.94	47.12	35.68	22.52		193.51	1.18
2248	519983	长信量化先锋混合	6.22	2.10	3.72	10.88	20.32	62.79	47.43	45.35	23.98		161.93	1.25
2283	570005	诺德成长优势混合	5.12	0.74	-0.48	3.22	6.20	28.84	38.21	32.13	19.59		146.60	1.21

笔者选取 5 年年化收益率排名前 20 名的，其中还是有很多 2016 年亏损甚至亏损严重的基金。当选取 3 年夏普比率小于 1 的，就发现 13 只在 5 年排名前 20 名的基金，竟然有 12 只 2016 年都是亏损的，如表 4 -2所示。

表 4 -2　5 年年化收益前 20 名且最近 3 年夏普比率小于 1 的基金

序号	基金代码	基金名称	总回报率（%）						年化回报率（%）				总回报率(%)	夏普比例
			今年以来	一周	一个月	三个月	六个月	一年	两年	三年	五年	十年	设立以来	最近三年
1385	70013	嘉实研究精选混合 A	-6.25	1.37	0.05	3.53	7.83	9.16	25.83	21.92	20.46		317.91	0.84
1524	160512	博时卓越品牌混合（LOF）	2.34	1.73	1.87	16.29	21.94	39.19	32.15	30.19	20.90		128.74	0.88
1798	213006	宝盈核心优势灵活配置混合 A	-19.98	0.58	-0.91	0.14	-3.95	10.97	16.50	22.76	21.21		140.64	0.85
1816	233007	大摩卓越成长混合	-12.00	1.19	1.77	9.78	6.42	28.84	26.61	20.39	20.42		147.12	0.68

续表

序号	基金代码	基金名称	总回报率（%）						年化回报率（%）				总回报率(%)	夏普比例
			今年以来	一周	一个月	三个月	六个月	一年	两年	三年	五年	十年	设立以来	最近三年
1832	240017	华宝兴业新兴产业混合	-17.73	0.77	-1.21	-2.40	0.83	6.48	12.34	13.72	20.52		116.33	0.56
1982	470009	汇添富民营活力混合 A	-14.62	1.04	1.41	4.00	-0.32	8.25	31.70	28.55	27.63		237.37	0.83
2115	519069	汇添富价值精选混合 A	-3.48	1.06	1.49	9.34	8.69	19.34	41.64	26.92	21.93		318.92	0.98
2121	519097	新华中小市值优选混合	-11.07	1.48	1.22	3.08	5.71	11.46	33.58	29.38	20.42		124.82	0.96
2186	519668	银河竞争优势成长混合	-14.64	2.12	-1.23	-0.95	4.56	12.43	26.24	17.98	20.75		295.45	0.67
2187	519670	银河行业混合	-14.52	1.05	-1.96	4.70	9.13	13.77	19.86	22.47	21.64		272.21	0.74
2204	519704	交银先进制造混合	-0.91	2.03	2.71	6.39	19.13	40.06	40.48	31.54	22.34		161.50	0.97
2319	630005	华商动态阿尔法混合	-11.26	-0.04	-2.62	-2.54	5.68	12.21	23.70	20.76	20.50		138.10	0.81
2322	630010	华商价值精选混合	-24.24	-0.12	-2.88	-1.71	-4.65	-6.87	22.67	25.02	20.30		140.16	0.78

我们再来看看，5 年年化收益率排名前 20 名而且夏普比率大于 1 的 8 只基金，情况就好多了——8 只基金中只有 3 只是微亏，2016 年平均涨幅是 2.47%，远远战胜了大盘，如表 4 -3 所示。

表 4 -3　5 年年化收益前 20 名且夏普比率大于 1 的基金

序号	基金代码	基金名称	总回报率（%）						年化回报率（%）				总回报率(%)	夏普比例
			今年以来	一周	一个月	三个月	六个月	一年	两年	三年	五年	十年	设立以来	最近三年
1504	160211	国泰中小盘成长混合（LOF）	8.95	0.79	5.38	10.06	24.46	59.53	47.59	35.24	24.06		210.53	1.05
1659	163110	申万菱信量化小盘股票（LOF）	3.02	1.71	0.42	12.67	14.49	38.13	45.91	38.05	21.81		162.30	1.23
1671	163406	兴全合润分级混合	-2.36	2.16	2.10	7.27	11.37	30.98	45.76	38.51	25.61		195.42	1.38
1730	166009	中欧新动力混合（LOF）-A	-1.92	1.50	-0.26	7.88	13.01	24.31	29.91	31.20	21.41		149.82	1.04
1818	233009	大摩多因子精选策略混合	-1.74	1.46	0.90	8.46	11.17	42.45	33.13	38.03	22.88		174.80	1.03
1903	340008	兴全有机增长混合	7.27	2.20	4.19	8.90	8.30	26.37	36.38	29.52	20.37		196.15	1.00
2200	519697	交银优势行业混合	0.32	6.13	6.26	9.82	15.55	34.94	47.12	35.68	22.52		193.51	1.18
2248	519983	长信量化先锋混合	6.22	2.10	3.72	10.88	20.32	62.79	47.43	45.35	23.98		161.93	1.25

以上数据都是 2016 年 8 月 31 日的数据，我们再来看看这 20 只基金在 2016 年 8 月 31 日到 2016 年 12 月 30 日这 4 个月的表现。

表 4 -4　5 年年化收益前 20 名基金未来收益率比较

基金代码	基金名称	总回报率（%）						年化回报率（%）			总回报率(%)	夏普比例	8-31 到 12-30
		今年以来	一周	一个月	三个月	六个月	一年	两年	三年	五年	设立以来	最近三年	
240017	华宝兴业新兴产业混合	-17.73	0.77	-1.21	-2.40	0.83	6.48	12.34	13.72	20.52	116.33	0.56	-6.86%
519668	银河竞争优势成长混合	-14.64	2.12	-1.23	-0.95	4.56	12.43	26.24	17.98	20.75	295.45	0.67	-1.76%
233007	大摩卓越成长混合	-12.00	1.19	1.77	9.78	6.42	28.84	26.61	20.39	20.42	147.12	0.68	1.44%
519670	银河行业混合	-14.52	1.05	-1.96	4.70	9.13	13.77	19.86	22.47	21.64	272.21	0.74	-4.64%
630005	华商动态阿尔法混合	-11.26	-0.04	-2.62	-2.54	5.68	12.21	23.70	20.76	20.50	138.10	0.81	-8.21%
470009	汇添富民营活力混合 A	-14.62	1.04	1.41	4.00	-0.32	8.25	31.70	28.55	27.63	237.37	0.83	-2.16%
70013	嘉实研究精选混合 A	-6.25	1.37	0.05	3.53	7.83	9.16	25.83	21.92	20.46	317.91	0.84	-5.82%
213006	宝盈核心优势灵活配置混合 A	-19.98	0.58	-0.91	0.14	-3.95	10.97	16.50	22.76	21.21	140.64	0.85	-2.86%
160512	博时卓越品牌混合（LOF）	2.34	1.73	1.87	16.29	21.94	39.19	32.15	30.19	20.90	128.74	0.88	11.97%
519097	新华中小市值优选混合	-11.07	1.48	1.22	3.08	5.71	11.46	33.58	29.38	20.42	124.82	0.96	0.83%
519704	交银先进制造混合	-0.91	2.03	2.71	6.39	19.13	40.06	40.48	31.54	22.34	161.50	0.97	4.89%
519069	汇添富价值精选混合 A	-3.48	1.06	1.49	9.34	8.69	19.34	41.64	26.92	21.93	318.92	0.98	0.51%
340008	兴全有机增长混合	7.27	2.20	4.19	8.90	8.30	26.37	36.38	29.52	20.37	196.15	1.00	-3.16%
233009	大摩多因子精选策略混合	-1.74	1.46	0.90	8.46	11.17	42.45	33.13	38.03	22.88	174.80	1.03	2.72%
166009	中欧新动力混合（LOF）-A	-1.92	1.50	-0.26	7.88	13.01	24.31	29.91	31.20	21.41	149.82	1.04	-0.46%
160211	国泰中小盘成长混合（LOF）	8.95	0.79	5.38	10.06	24.46	59.53	47.59	35.24	24.06	210.53	1.05	-5.24%
519697	交银优势行业混合	0.32	6.13	6.26	9.82	15.55	34.94	47.12	35.68	22.52	193.51	1.18	9.57%
163110	申万菱信量化小盘股票（LOF）	3.02	1.71	0.42	12.67	14.49	38.13	45.91	38.05	21.81	162.30	1.23	2.06%
519983	长信量化先锋混合	6.22	2.10	3.72	10.88	20.32	62.79	47.43	45.35	23.98	161.93	1.25	6.13%
163406	兴全合润分级混合	-2.36	2.16	2.10	7.27	11.37	30.98	45.76	38.51	25.61	195.42	1.38	-4.32%
	夏普比率 <1 平均	-10.34	1.20	0.22	4.28	7.14	17.68	27.55	23.88	21.56	199.93	0.81	-1.06%
	夏普比率 >1 平均	2.47	2.26	2.84	9.49	14.83	39.94	41.65	36.45	22.83	180.56	1.15	0.91%

从以上的例子也可以看出，在2016年8月31日中的20只5年收益率最高的基金中，12只夏普比率低的基金，在未来的4个月里平均跌了1.06%，而8只夏普比率高的基金，则在未来的4个月里平均涨了0.91%，两者相差了2%。所以，收益率不是我们选择基金的唯一依据。夏普比率不仅考虑了收益率，而且考虑了基金的波动，综合利用这些指标选基金，可能比单纯看收益率好。当然，再怎么选择，不管是收益率也好，夏普比率也好，都是依据过去的业绩，将来的业绩不完全和过去的业绩相关。比如说，主动性基金换了基金经理，就有可能导致基金业绩的大幅度波动，如当年华夏大盘的王亚伟出走，导致最为著名的基金——华夏大盘从此一蹶不振。

以上这些基金都是开放式基金的业绩，其中有一部分基金，如国泰小盘、申万量化、中欧动力等是可以在场内交易的LOF基金。相对来说，场内基金的佣金成本低，变现快，缺点是成交量小。每个人可以根据自己的具体情况选择场外或者场内交易。

除了开放型基金外，还有封闭型基金。所谓封闭型基金，就是买后不能马上赎回的，只有过了封闭期才能赎回，平时可以在场内股民之间交易。正因为赎回不方便，所以现在的封闭型基金都是打折的，但当年刚刚出现封闭型基金时，不是折价而是溢价的。

还有一类特殊的基金，就是分级基金，分级基金因为把母基金分成保守的分级A和激进的分级B，导致情况比较复杂，后文将详细介绍。

第五章

量化择时

第一节　择时概述

所谓择时，是根据某种方法来判断将来是上涨还是下跌，从而决定仓位安排从 0 到 100%。一般来说，和择股一样，我们可以用技术面和基本面两种方法来判断。技术分析基于以下三个假设：

第一，所有的外界利好、利空的信息，都已经在价格中反映了；

第二，价格会受趋势的影响；

第三，历史会重演。

而在技术分析中最常见的是趋势指标和反转指标。技术指标中几乎绝大部分都可以用这两种来概括，为了说明这个问题，我们不妨把思路再追溯到中国古代的哲学思想。《周易》中说道："日中则昃，月盈则食。"我们再来看一个日常生活中的例子，当你把一个足球往空中踢的时候，足球受到惯性的影响，会一直往空中飞行，直到地球引力和惯性平衡的瞬间，足球到达最高点，然后下落（反转），到了地上，不是就不动了，而是受到弹性的影响，再次弹起，落下，再弹起，再落下，在没有外力的影响下，直到落到地上静止不动为止。其实股市的价格也会有类似的现象。

例如，中国股市经过了 2001—2005 年长达五年的熊市，经过股权分置改革和上市公司业绩的提升，终于迎来了 2006—2007 两年的大牛市。但在前半阶段，是价值回归，纠正了5年熊市的低估；到了后半阶段，就是因为惯性把上证指数推高到6124点，甚至“5·30”半夜加税都无法抵挡住这种趋势。一直到2007年的10月，上证指数创出了历史高点后拐头向下，再加上受2008年金融危机的影响，上证指数一路下滑到2008年10月的1664点，直到2009年开启了四万亿计划后再次反弹。从中国股市的变化，我们清楚地看到，在反向的外力不足以改变趋势前，股市会因为惯性而无视这些反向力量，直到惯性打破趋势改变为止。

第二节　择时指标的选取

笔者还是通过一个例子来说明量化择时。选用最有代表性的沪深300，从最早的2005年1月4日到2016年9月30日，为了避免过度拟合，笔者把所有的数据分成两个部分，从2005年1月4日到2015年12月31日的数据，叫训练区；2016年1月4日到2016年9月30日的数据，叫观察区。优化参数用到的数据，只用训练区的；而看效果的数据，只看观察区的表现。这样基本避免了过度拟合问题。其中佣金按照单向0.025%、印花税以0.1%计算，未考虑冲击成本。笔者这里选用了四个技术指标来说明：MA、MACD、DMA、BIAS。

MA指标

MA即均线，如MA5，就是5天的收盘价的算术平均值。择时非常简单，当天收盘大于均线，买入或者持有；小于均线，卖出或者空仓。

均线系统是最简单但也非常有效的一个技术指标。那么，到底用多少天均线好呢？笔者用训练区（2005.1.4—2015.12.31）的数据进行回测，发现最佳值是 56 天，对应的年化收益率是 26.34%，比沪深 300 指数的 12.89% 高了不少。再看观察区，指数是 -12.80%，而 MA 策略是 -7.37%，虽然也是亏损，但依然战胜了指数。再核对每年的指数收益率和 MA 策略收益率，就会清楚地看到一个现象：在 2006 年、2007 年、2009 年、2014 年等大牛市，策略收益率小于指数本身；而在 2005 年、2008 年、2010 年、2011 年、2013 年、2016 年等熊市年，MA 择时策略的亏损远远小于指数本身。所以，如果我们要用择时策略，至少需要横跨一个牛熊周期才能起效果，特别是在牛市，别指望择时会提高收益率。

MACD 指标

MACD 主要通过 EMA、DIF、DEA 三者之间的关系进行研判。要说清楚 MACD，先要从 EMA 说起。EMA（Exponential Moving Average），指数平均数指标，也叫 EXPMA 指标，也是一种趋向类指标，是以指数式递减加权的移动平均。其公式为：

EMA（当天）$=\alpha\times$当天收盘价$+(1-\alpha)\times$EMA（昨天）

其中 α 为平滑指数，一般取作 $2/(N+1)$。

在计算 MACD 指标时，EMA 计算中的 N 的经典值，短周期是 12 天，长周期是 26 天，但这些参数不一定是最佳。当公式不断递归，直至 EMA1 出现，EMA1 是没有定义的。EMA1 的取值有几种不同的方法，通常情况下取 EMA1 为第一天的收盘价。

计算出短周期 EMA 和长周期 EMA 后，就可以算出差离值：

DIF = 短周期 EMA - 长周期 EMA

有了 DIF，就可以计算出它的离差平均值 DEA：

今日 DEA $=$ 前一日 DEA $\times(N-1)/(N+1)+$ 今日 DIF $\times 2/(N+1)$

不管是 EMA 还是 DEA，都是一个递推公式，那么最原始的第一个值等于多少呢？一般来说，EMA 的第一个值我们取为当天的收盘价，而 DEA 的第一个值我们令它为 0。

买入条件：

（1）当天 DIF > 上一天 DIF；

（2）当天 DIF > 当天 DEA；

（3）上一天 DIF < 上一天 DEA，当天 DIF > 0。

卖出条件：

（1）当天 DIF < 上一天 DIF；

（2）当天 DIF < 当天 DEA；

（3）上一天 DIF > 上一天 DEA，当天 DIF < 0。

注意：以上条件之间均是“与”的关系，如果均不符合以上条件，那么等于上一个交易日的状态，第一天状态为买入。

这样在 EMA 中，我们有三个参数可以优化：

（1）短 EMA 的天数；

（2）长 EMA 的天数；

（3）DEA 对应的天数。

在经典的教科书里，这三个值分别为 6、12、9。但如果我们采用这三个值，经过回测，沪深 300 策略收益率是 -17.94%，还不如指数的 -12.80%，显然需要优化。

经过遍历计算，找到最佳值分别对应的三个值是 20、82、9，策略训练区对应的年化收益率是 22.62%，观察区 2016 年是 0.28%，分别战胜了对应的指数 12.89% 和 -12.80%。应该说策略还是有效的。

DMA 指标

DMA，平行线差指标，是利用两条不同期间的平均线，来判断当前买卖能量的大小和未来价格趋势。其公式为：

DMA = 收盘价短均值 - 收盘价长均值

AMA = DAM 的均值

同样，这里有三个参数：

（1）DMA 短均值天数；

（2）DMA 长均值天数；

（3）DMA 均值天数。

经典参数是 5、10、10。

买入条件：

（1）当天 DMA > 上一天 DMA；

（2）当天 DMA > 当天 AMA；

（3）昨天 DMA < 昨天 AMA。

卖出条件：

（1）当天 DMA < 上一天 DMA；

（2）当天 DMA < 当天 AMA；

（3）昨天 DMA > 昨天 AMA。

注意：以上条件均为“与”条件，其他状态维持上一天的状态，起始状态买入。

按照这样的条件进行遍历计算，得到三个值是 20、405、11 天，结果训练区年化收益率是 26.58%，观察区 2016 年收益率是 -6.49%，分别战胜了指数 12.89% 和 -12.80%。而经典参数（5、10、10）对应的训练区年化收益率 6.89%，观察区 2016 年收益率 -14.63%，均跑输对应的指数 12.89% 和 -12.80%。

BIAS 指标

BIAS，乖离率，是在 MA 基础上发展起来的。在 MA 里面，只有线上或者线下之分，而 BIAS 则对线上多少、线下多少做了量化。经典的 BIAS 的定义为：

BIAS = 当天收盘价/N 天收盘价均值 - 1，BIAS 最大值是 100%，最小值是 -100%。

笔者对 BIAS 指标做了量化改造，首先根据水满则溢、月圆则亏的中国传统哲学思想，把 BIAS 分了四段，分别对应四句话，增加了三个参数：A1、A2、A3，其中 A1 > A2 > A3。四个区域分别是：

（1）当 BIAS 在 A1 和 A2 之间时，强者恒强，买入并持有；

（2）当 BIAS 大于 A1 时，过强转弱，卖出并空仓；

（3）当 BIAS 在 A2 和 A3 之间时，弱者恒弱，卖出并空仓；

（4）当 BIAS 小于 A3 时，过弱转强，买入并持有。

同样，有经典参数，A1 = 10%，A2 = 0，A3 = -10%。

另外一个改造是，用短周期均值替代了当天的收盘价，这样做的好处是比较稳定，不会因为收盘价的剧烈波动导致来回买进卖出。

第三节　量化择时回测

技术面量化择时

本案例中，笔者用了短均值、长均值、A1、A2、A3 五个参数优化训练区，得到的五个参数分别是 8 天、29 天、12%、0%、-10%。训练区年化收益率 28.22%，观察区 2016 年收益率是 0.60%，均是四个技术指标优化后的最佳值，而且最大回撤也是最小的。操作最频繁的 BIAS 策略，平均也就是 1 个月操作一次，最低的才 1 年操作一次。而且不管哪个策略，空仓天数最低也要在 40% 左右，如果不是简单的空仓，而是在空仓时买入债券或者货币基金等相对安全且流动性又好的品种，收益率将进一步提高。如表 5 – 1 所示：

表 5 – 1 沪深 300 择时回测 1（技术面）

	指数	MA	MACD	DMA	BIAS
2005/12/30	–6.16%	3.67%	–1.94%	–6.04%	–0.49%
2006/12/29	113.39%	117.47%	91.55%	121.02%	103.80%
2007/12/28	170.07%	142.53%	139.30%	128.92%	146.35%
2008/12/31	–65.89%	–7.67%	0.00%	–13.49%	–4.63%
2009/12/31	94.07%	74.53%	53.25%	69.24%	68.23%
2010/12/31	–13.82%	–4.27%	–7.94%	–13.41%	–7.28%
2011/12/30	–24.45%	–10.36%	–4.81%	–7.92%	–7.57%
2012/12/31	7.20%	–4.37%	0.00%	17.45%	9.56%
2013/12/31	–7.91%	–5.82%	0.00%	1.78%	0.05%
2014/12/31	51.26%	51.31%	46.66%	54.55%	42.10%
2015/12/31	8.62%	27.07%	6.44%	30.31%	43.91%
2016/9/30	–13.85%	–7.37%	0.28%	–6.49%	0.60%
总收益率	225.72%	1112.83%	845.01%	1149.53%	1448.82%
年化收益率	10.58%	23.69%	21.09%	24.01%	26.30%
最大回撤	72.30%	37.49%	31.58%	28.78%	27.33%
操作总次数		129	11	76	140
年均		11	1	6	12
满仓天数		1494	1196	1734	1626
空仓天数		1361	1659	1121	1229
满仓比例		52%	42%	61%	57%
训练区总收益率	278.07%	1209.29%	842.36%	1236.20%	1439.65%
训练区年化收益率	12.85%	26.34%	22.62%	26.58%	28.22%

细心的读者会发现，在同一天中，用 MA、MACD、DMA、BIAS 等四个指标判断的结果，有时一样有时不一样，那么我们可以用少数服从多数的办法来得到一个新的组合策略，如 4 个指标中有 3 个多的才做多，有 3 个空的才做空，2 个多 2 个空维持原状。但是经过回算，在以上这个例子中，组合策略的结果还不如 BIAS 策略，这也说明了少数服从多数的策略也不完全是正确的。

MA（均线）策略是最常用的一种策略，但在使用中笔者发现，在震荡市，我们希望均线长一些，能过滤掉一些震荡噪音；而趋势明显的时候，我们又希望均线短一些，能尽快跟上趋势。那么问题来了，有没有一种智能的均线来满足上述的需求呢？答案是肯定的。卡夫曼（Kaufman）在他的著作《精明交易者》中提出了一种自适应均线，能满足这样的需求。

这里先引入一个概念，叫“价格变动速率 e”，e 的公式为：

e = | 当天收盘价 - N 天前的收盘价 | /Σ（| 每天收盘价 - 前一天收盘价 |）

从这个公式中可以看到，如果当天收盘价和 N 天前的收盘价相等时，e = 0，也就是说，在这段时间里不管你的价格怎么波动，结果都为 0，这个时候我们需要的是长均线；而当每天的收盘价均大于前一天的收盘价，或者每天的收盘价均小于前一天的收盘价时，分子和分母相等，等于 1，这个时候就是趋势特别明显的时候，我们需要的是短均线，马上跟上趋势。

这个时候均线是日期序列的迭代，我们定义：

当天的自适应均线值 = a × 当天收盘价 + （1 - a） × 前一天的自适应均线值

其中，a 是 e 的函数，我们定义：

$a = (c + d \times e)^{b}$

这样 e 公式中的 n 和 b、c、d 四个参数是变量。在上述例子中，笔者还是拿 2010 年 1 月 4 日到 2015 年 12 月 31 日作为训练区，经过计算，得到的四个值分别是 71 天、-0.022、0.965、1，结果如表 5 - 2 所示。

表 5 - 2　沪深 300 择时回测 2（技术面）

	指数	MA	MACD	DMA	BIAS	自适应	海龟
2005/12/30	-6.04%	3.67%	-1.94%	-6.04%	-0.49%	1.44%	-6.20%
2006/12/29	121.02%	117.47%	91.55%	121.02%	103.80%	106.12%	85.18%
2006/12/29	121.02%	117.47%	91.55%	121.02%	103.80%	106.12%	85.18%
2007/12/28	161.55%	142.53%	139.30%	128.92%	146.35%	104.73%	149.56%
2008/12/31	-65.95%	-7.67%	0.00%	-13.49%	-4.63%	-17.33%	0.00%
2009/12/31	96.71%	74.53%	53.25%	69.24%	68.23%	64.48%	48.87%
2010/12/31	-12.51%	-4.27%	-7.94%	-13.41%	-7.28%	-7.67%	2.05%
2011/12/30	-25.01%	-10.36%	-4.81%	-7.92%	-7.57%	-2.06%	0.00%
2012/12/31	7.55%	-4.37%	0.00%	17.45%	9.56%	12.12%	0.19%
2013/12/31	-7.65%	-5.82%	0.00%	1.78%	0.05%	-11.12%	0.18%
2014/12/31	51.66%	51.31%	46.66%	54.55%	42.10%	39.74%	52.02%
2015/12/31	5.58%	27.07%	6.44%	30.31%	43.91%	35.98%	22.71%

续表

年	指数	MA	MACD	DMA	BIAS	自适应	海龟
2016/9/30	-12.80%	-7.37%	0.28%	-6.49%	0.60%	-6.69%	-4.15%
总收益率	231.02%	1112.83%	845.01%	1149.53%	1448.82%	830.06%	1081.78%
年化收益率	10.74%	23.69%	21.09%	24.01%	26.30%	20.93%	23.42%
最大回撤	72.30%	37.49%	31.58%	28.78%	27.33%	30.37%	23.16%
操作总次数		129	11	76	140	304	19
年均		11	1	6	12	26	2
满仓天数		1494	1196	1734	1626	1704	951
空仓天数		1361	1659	1121	1229	1151	1906
满仓比例		52%	42%	61%	57%	60%	33%
训练区总收益率	279.63%	1209.29%	842.36%	1236.20%	1439.65%	896.69%	1133.00%
训练区年化收益率	12.89%	26.34%	22.62%	26.58%	28.22%	23.25%	25.65%

基本面量化择时（PE）

以上讲的都是用技术面来择时，其实基本面也可以用来择时。下面笔者还是用沪深300指数作为样本，用价值投资中最经典的指标——PE来择时。

先来看2007年1月4日—2016年9月30日近10年沪深300指数和对应的加权PE之间的关系，从图5－1中，我们可以看到基本是同步的，2015年指数的高点逼近2007年，但对应的PE只有一半都不到，这说明了市场认可的高点在不断下降。

图5－1　沪深300指数与对应的加权PE

我们还是观察2007—2015年的数据，用非对称PE来决定买入卖出条件：

低于N1买入，高于N2卖出，其中N1 < N2。

经过优化，N1 = 9.6，N2 = 18.7，但因为在2012年前，PE从来没有小于过10，所以无法达到买入条件，到了2012年才有买入条件，一直到2015年PE才到了18.7的卖出条件，以后就一直没达到买入条件，直到2016年9月30日。从结果看，也只有2012—2015年是PE发挥出色的年份，所以简单用PE择时，很有可能要么好几年空仓，要么好几年满仓，很难达到我们的期望，如表5－3所示。

表5－3　沪深300择时回测3（PE策略）

	指数	PE策略	平均PE	最大PE	最小PE
2007/12/28	158.25%	0.00%	39.31	51.62	29.75
2008/12/31	-65.95%	0.00%	23.21	45.39	12.41
2009/12/31	96.71%	0.00%	24.14	32.17	13.51
2010/12/31	-12.51%	0.00%	18.91	28.57	14.80
2011/12/30	-25.01%	0.00%	13.43	16.72	10.31
2012/12/31	7.55%	19.22%	10.65	11.75	9.57
2013/12/31	-7.65%	-7.65%	9.92	11.78	8.75
2014/12/31	51.66%	51.66%	8.86	12.97	8.02
2015/12/31	5.58%	51.51%	14.36	19.01	11.13
2016/9/30	-12.80%	0.00%	12.06	13.27	10.76
总收益率	57.38%	152.99%			
年化收益率	4.77%	10.00%			
最大回撤	72.30%	24.82%			
操作总次数		3			
年均		0			
满仓天数		610			
空仓天数		1763			
满仓比例		26%			
训练区总收益率	80.50%	152.99%			
训练区年化收益率	6.78%	10.86%			

我们设想把PE的中值动态化，然后减去一个下限作为买入的条件，加上一个上限作为卖出的条件。中值可以用20 PE的长均值，但如果仅仅用一个长均值依然会遇到问题，如2007年大涨，PE均值肯定是偏高的，2008年大跌，PE均值肯定是偏低的。所以，我们再引入一个

参数"PE 中值"来描述这种涨跌，如下：

PE 中值 = average（N1 天 PE）×（N2 天涨幅）× A（其中 A 初始值为 1）

买入条件：PE < PE 中值 + 下限

卖出条件：PE > PE 中值 - 上限

经过优化，当 2007—2015 年 9 年观察区最优时，N1 = 180，N2 = 60，A = 4.4，下限 = 1.9，上限 = 5.8，结果如表 5 - 4 所示。

表 5 - 4 沪深 300 择时回测 4（优化 PE 策略）

	指数	PE 策略	平均 PE	最大 PE	最小 PE	均线策略
2007/12/28	158.25%	0.00%	39.31	51.62	29.75	154.51%
2008/12/31	-65.95%	0.00%	23.21	45.39	12.41	0.00%
2009/12/31	96.71%	0.00%	24.14	32.17	13.51	25.39%
2010/12/31	-12.51%	0.00%	18.91	28.57	14.80	-0.17%
2011/12/30	-25.01%	0.00%	13.43	16.72	10.31	-25.01%
2012/12/31	7.55%	19.22%	10.65	11.75	9.57	7.55%
2013/12/31	-7.65%	-7.65%	9.92	11.78	8.75	-7.65%
2014/12/31	51.66%	51.66%	8.86	12.97	8.02	51.66%
2015/12/31	5.58%	51.51%	14.36	19.01	11.13	53.80%
2016/9/30	-12.80%	0.00%	12.06	13.27	10.76	0.00%
总收益率	57.38%	152.99%				453.48%
年化收益率	4.77%	10.00%				19.21%
最大回撤	72.30%	24.82%				41.19%
操作总次数		3				14
年均		0				1
满仓天数		610				1397
空仓天数		1763				976
满仓比例		26%				59%
训练区总收益率	80.50%	152.99%				453.48%
训练区年化收益率	6.78%	10.86%				20.94%

虽然这不是一个最佳结果，但作为一个案例，可以说明传统的价值投资是如何在量化投资中得到进一步完善的。抛砖引玉，衷心希望大家可以用量化这个武器，使传统价值投资得到发扬光大。

操作中要谨防过度自信

除了技术面因子、基本面因子可以作为择时因子外，情绪指数、成交额、资金的流入流出、开户数等都可以作为择时的因子。当然模型计算得再好，都是过去的数据，千万不要从一个极端走到另一个极端。这里分享一个笔者亲身经历的反面案例。

2014 年下半年，笔者一直在寻找择时因子，有一次突然想到，当时打新是需要资金的，大量资金的冻结导致了每次打新都会带来一波下跌，于是就想，既然抽走资金带来下跌，那么这些资金回来后会不会带来大盘的上涨呢？经过几年的数据回算，发现只要当天冻结资金释放超过 3000 亿元的，历史数据 100% 带来大盘上涨。反复算了几次，确实是 100% 上涨，没有一次下跌的。终于等来了一次释放资金超过 3000 亿元了，为了防止个股的风险，笔者都买了宽带指数分级 B，第二天，随着 3000 亿元以上的资金释放，果然带来了大盘大涨，当然分级 B 也加倍大涨，晚上兴奋得睡不着觉。但到了第二次，一样 3000 亿元以上的资金释放，当天大盘就是不涨，反而下跌。到了下午，心里实在受不了了，一刀下去狠狠地全部“割肉”，但奇怪的是收盘又出现了反弹的迹象，当天的“割肉”几乎把上一次的盈利全部又还给了市场。晚上又一次睡不着了，但不是兴奋，而是后悔的睡不着了。

深刻的教训使笔者更加敬畏市场！在市场中，没有什么是不可能的，哪怕是过去 100% 成功的事情，都必须想到黑天鹅来了怎么办。

第六章

量化套利

第一节　量化统计套利

统计套利定义

统计套利是利用证券价格的历史统计规律进行套利，是一种有风险的套利，其风险在于这种历史统计规律在未来一段时间里是否延续。

配对交易，应该是最常见的一种统计套利。所谓配对交易，就是利用两只股票（或基金、债券等其他品种）走势非常相似，如果出现一只股票正偏离，一只股票负偏离，那么做空正偏离的股票，做多负偏离的股票。但在 A 股融券做空还是一件很难的事情，退而求其次，可以只做多这只负偏离的股票。具体的量化，可以用最小二乘法得到线性拟合公式并计算偏离值，利用这个负偏离值做多。但两只股票效果还不太理想，设想我们用多只股票找到偏离度最大的股票并做多，不断轮动偏离度最大的股票。但有几个问题需要解决。

统计套利算法

第一，选一组什么样的股票？既然这组股票的走势类似，我们可以引入 Excel 中的 correl 函数，让它帮助我们选取合适的股票。为了说明问题，笔者在目前上市的 16 只银行股里用 correl 测试了它们的相关度，并考虑了股票本身的弹性，最终选择了宁波银行、浦发银行、华夏银行、民生银行、南京银行、兴业银行等六家银行作为股票池。

第二，如果要考虑两两关系，那么就有 5+4+3+2+1=15 组数据要考虑。为了更好地找到一个基准，笔者先建立了六家银行的平均净值，它每天的涨幅就是六只银行股的平均涨幅，以这个平均净值为基准，再用 Excel 中的最小二乘法计算出六家银行的标准值，计算公式为：

六家银行的标准值 = INTERCEPT（该银行复权价数组，平均净值数组）+SLOPE（该银行复权价数组，平均净值数组）×当天净值

然后，用银行的复权价减去标准值，每天六家银行得到六个值，并进行排序，取负数最大的作为买入信号，每天轮动。当然具体还需要一些细化，比如，如果数字小于某个阈值则空仓，并设置阻尼值，免得买卖太频繁。用万 2.5 的佣金，千一的印花税成本，如表 6-1 所示，从表中可以看到，多股票配对交易后除了 2013 年跑输平均值外，几乎每年都跑赢股票的平均值和最好的股票，年化超过平均值 21.67%，最大回撤比平均值缩小了 36.84%。

表 6-1 银行配对套利

代码	002142	600000	600015	600016	601009	601166			
名称	宁波银行	浦发银行	华夏银行	民生银行	南京银行	兴业银行	平均	配对优化	超额
2011 年	-24.81%	-9.83%	4.62%	19.41%	-4.56%	-4.74%	-2.74%	6.05%	8.79%
2012 年	18.94%	21.20%	-5.59%	43.77%	2.61%	36.77%	19.64%	56.51%	36.87%
2013 年	-10.96%	0.34%	13.40%	1.60%	-7.69%	-5.10%	-0.81%	-10.96%	-10.15%
2014 年	78.27%	78.58%	65.93%	71.38%	91.67%	70.68%	78.15%	88.41%	10.25%
2015 年	20.93%	21.84%	11.18%	-9.74%	24.77%	6.49%	16.93%	86.16%	69.23%
2016 年	8.96%	0.81%	-12.77%	-0.25%	7.86%	-2.24%	3.01%	28.58%	25.57%
累计	87.05%	140.52%	80.22%	169.15%	133.17%	119.69%	147.70%	566.48%	418.78%
年化	11.36%	16.28%	10.65%	18.55%	15.66%	14.49%	16.87%	38.55%	21.67%
最大回撤	80.64%	76.65%	71.06%	71.16%	68.49%	82.36%	72.52%	35.68%	-36.84%

注：2016 年数据截止到 10 月 25 日。

因为这种方法可以用在走势类似的多品种上，除了银行板块，还可以做更多的板块测试。多品种配对交易比两个品种配对交易要进了一步。使用这种方法要注意，尽可能在逻辑上是属于同类产品走势相同，

并做过相似度检查和协整性检查，否则效果不会那么理想。当然，还有很多细节问题需要处理，这里就不再赘述了。

第二节　量化折溢价套利

和统计套利不同，折溢价套利是有明确的两个标的，在不同的场所产生不同的价格。一般来说，折价（贴水）或者溢价（升水），都是相对主要标的而言的。在分级基金中，母基金是主要标的，市场上分级 A 和 B 合起来的价格低于母基金净值就是折价，反之高于母基金净值就是溢价。在期货市场，现货是主要标的，期货价格比现货价格低，说明大家都不看好后市，就叫贴水；期货价格比现货价格高，说明大家都看好后市，就叫升水。

分级基金溢价套利

分级基金是一种比较特殊的基金，一般是有母基金、分级 A 和分级 B 三部分。母基金一般跟踪的是指数，其中有跟踪沪深 300、中证 500、创业板指数等宽带指数，也有跟踪军工、券商、医疗、国企改革、一带一路等行业指数。深市的母基金只能申购和赎回，沪市的母基金除了申购赎回外还能在二级市场进行买卖。

分级基金中分级 A 是固定收益部分，一般是一年期的银行存款利息加上 3% ~4%；余下的收益和亏损都是由分级 B 来承担，所以分级 B 相当于加了杠杆。一般分级 A 和 B 的比例是 5:5，个别的也有 3:7 或者 4:6 等其他比例。分级 A 和分级 B 虽然也有每天的净值，但不能单独申购或者赎回，只能在场内交易。而且可以按照比例合并分级 A、B 后成为母基金，或者把母基金拆开成分级 A 和分级 B 进行套利。下面就先说溢价套利。

所谓分级基金的溢价套利，就是母基金的净值比分级 A 和分级 B 合并后的价格低了，所以我们可以申购母基金，然后拆分后套利。

成本：申购金额（母基金份额×申购当天净值 +申购费用）

收入：分级 A 收入（价格－佣金）+分级 B 收入（价格－佣金）

一般来说，申购金额必须大于 5 万元。为了鼓励申购，很多公司都免了申购佣金，具体需要在申购时查一下基金公司官网上的信息。而分级 A、B 卖出的佣金，因为是二级市场的佣金，和基金公司无关，取决于你的券商的佣金，一般比股票的佣金低，在万分之一左右，而且没有印花税。表 6－2 为分级基金溢价套利计算示例。

表 6－2　分级基金溢价套利示例

	说明	计算
1	申购 10000 份 161022 创业分级母基金	价格＝10000×0.989＝9890 元
2	申购费	＝9890×1.2%＝118.68 元
3	合计成本	＝9890＋118.68＝10008.7 元
4	第二天拆分（盲拆）	拆分成 5000 份 150152 创业板 A 和 5000 份 150153 创业板 B
5	第三天在二级市场卖出	A 收入＝0.949（市价）×5000 份额×（1－0.01%）＝4744.53 元
		B 收入＝1.069（市价）×5000 份额×（1－0.01%）＝5344.47 元
6	合计收入	＝4744.53＋5344.47＝10089 元
7	计算收益率	＝（10089－10008.7）/10008.7＝0.8%

溢价套利整个周期需要两天时间，所以实盘操作的时候一般是把整个参与套利的资金分成两部分，轮流溢价套利，这样收益更加平滑，如表 6－3 所示。

表 6－3　分级基金轮流溢价套利

天	资金 a（50%）	资金 b（50%）
1	申购母基金	
2	拆分成 AB（盲拆）	申购母基金
3	卖出 AB，并再次申购母基金	拆分成 AB
4	拆分成 AB	卖出 AB，并再次申购母基金
5	卖出 AB，并再次申购母基金	拆分成 AB
6	拆分成 AB	卖出 AB，并再次申购母基金
7	卖出 AB，并再次申购母基金	拆分成 AB

在实盘操作的时候，我们一般选用集思录的分级基金数据，选择“分级套利”，按照合并溢价从大到小排序，分级 A、分级 B 成交额选取稍大一些的基金，否则可能因为成交额过小而无法买进。选“买一”选项，另外要注意赎回的费用，一般如果赎回费用为 1.0% ~1.2% 的话，而你的基金买卖佣金是 0.01%，合并折价最少也需要 1.5% 以上才有盈利的可能。毕竟估算是有误差的，还有购买的冲击成本以及因为存在套利机会蜂拥而来的大量资金导致踩踏。为了吸引客户申购，现在很多母基金都没有申购费，另外还有一个细节是，申购母基金一般必须在 5 万元以上。图 6 -1 为集思录分级基金数据。

A代码	A名称	A价格	A涨幅	A成交(万元)	A新增(万份)	B代码	B名称	B价格	B涨幅	B成交(万元)	B新增(万份)	A:B	合并价格	合并溢价	母基代码	母基名称
150152	创业板A	1.021	-0.10%	3737.51	4	150153	创业板B	0.613	-0.16%	3602.14	4	5:5	0.8170	-0.29%	161022	创业分级
150227	银行A	1.008	0.00%	1443.42	1524	150228	银行B	0.721	0.00%	798.85	1524	5:5	0.8645	-0.33%	160631	银行指基
150289	煤炭A级	1.033	0.00%	103.40	-287	150290	煤炭B级	0.410	-0.73%	122.65	-287	5:5	0.7215	-0.51%	168204	煤炭母基
150171	证券A	0.999	0.00%	723.18	-1380	150172	证券B	1.022	-0.29%	564.71	-1380	5:5	1.0105	-0.61%	163113	申万证券
150194	互联网A	1.007	-0.10%	221.98	-336	150195	互联网B	1.042	0.29%	610.89	-336	5:5	1.0245	-0.65%	161025	移动互联
150200	券商A	0.997	-0.10%	4349.91	-9642	150201	券商B	0.402	-0.25%	3409.12	-9642	5:5	0.6995	-0.65% !	161720	券商分级
150022	深成指A	0.782	0.00%	561.99	-738	150023	深成指B	0.367	-0.27%	144.46	-738	5:5	0.5745	-0.67%	163109	申万深成
150175	H股A	0.952	0.00%	542.88	136	150176	H股B	0.931	0.11%	272.48	136	5:5	0.9415	-0.70%	161831	H股分级
150221	中航军A	1.105	0.09%	604.90	-1640	150222	中航军B	0.397	-1.24%	1768.73	-1640	5:5	0.7510	-0.71%	164402	中航军工
150205	国防A	1.003	-0.10%	278.71	-3138	150206	国防B	0.898	-0.55%	1094.72	-3138	5:5	0.9505	-0.73%	160630	国防分级

图 6 -1　集思录分级基金实时数据 1

分级基金折价套利

所谓分级基金的折价套利，就是母基金拆分后比分级 A 和分级 B 的总价格高。所以，我们可以在场内按照一定的比例分别购买分级 A 和 B，合并后赎回进行套利。折价套利成本、收入计算如下。

成本：分级 A 成本（价格 + 佣金）＋分级 B 成本（价格 + 佣金）

收入：赎回金额（母基金份额 × 赎回当天净值 - 赎回费用）

一般来说，分级 A 和分级 B 买入的比例是 1∶1，但也有其他比例，具体可以在集思录或者其他网站查到。因为折价套利是从场内搬家到场外赎回，分级基金的份额会因为折价套利而缩小，所以一般基金公司支持溢价套利而不支持折价套利，也因为此，大部分基金公司取消了申购佣金，但从来没有一家基金公司取消赎回的佣金，大部分赎回佣金是0.5%，个别的也有0.7%。具体折价套利的计算如表6－4所示。

表6－4　分级基金折价套利示例

	说明	计算
1	分别买入10000份150177、150178	A成本＝10000×0.933×（1＋0.01%）＝9330.93元
		B成本＝10000×1.214×（1＋0.01%）＝12141.21元
		合计＝9330.93＋12141.2＝21472.15元
2	当天合并	生成20000份160625证保分级
3	第二天赎回	＝20000×1.088×（1－0.5%）＝21651.2元
4	计算收益率	＝（21651.2－21472.15）/21472.15＝0.834%

整个周期需要三天时间，所以同样实盘操作的时候，一般是把整个参与套利的资金分成三部分，轮流折价套利，这样收益更加平滑，如表6－5所示。

表6－5　分级基金轮流折价套利

天	资金a（33%）	资金b（33%）	资金c（33%）
1	买入AB并合并		
2	赎回母基金	买入AB并合并	
3	晚上现金到账	赎回母基金	买入AB并合并
4	买入AB并合并	晚上现金到账	赎回母基金
5	赎回母基金	买入AB并合并	晚上现金到账
6	晚上现金到账	赎回母基金	买入AB并合并
7	买入AB并合并	晚上现金到账	赎回母基金

实盘操作依然用集思录，选择“分级套利”，“卖一”选项，合并溢价从小到大排序，分级A和B的成交额稍微大一些，确保能买进。如图6－2所示。

底仓套利

以上溢价套利的风险在于第二天拆分母基金时的风险，以及第三天卖出A、B踩踏风险；而折价套利的风险在于第二天母基金本身的风险。为了躲避这一天的风险，有人想出底仓套利的模式。底仓套利的做

A代码	A名称	A价格	A涨幅	A成交(万元)	A新增(万份)	B代码	B名称	B价格	B涨幅	B成交(万元)	B新增(万份)	A:B	合并价格	合并溢价	母基代码	母基名称
150221	中航军A	1.106	0.09%	505.40	-1640	150222	中航军B	0.396	-1.49%	1617.62	-1640	5:5	0.7510	-0.65%	164402	中航军工
150175	H股A	0.953	0.00%	351.34	136	150176	H股B	0.931	0.00%	169.70	136	5:5	0.9420	-0.60%	161831	H股分级
150194	互联网A	1.009	-0.10%	164.75	-336	150195	互联网B	1.040	-0.19%	568.46	-336	5:5	1.0245	-0.60%	161025	移动互联
150205	国防A	1.005	-0.30%	197.78	-3138	150206	国防B	0.898	-0.66%	1050.61	-3138	5:5	0.9515	-0.55%	160630	国防分级
150022	深成指A	0.783	0.00%	514.93	-738	150023	深成指B	0.368	-0.27%	144.28	-738	5:5	0.5755	-0.45%	163109	申万深成
150171	证券A	1.000	0.00%	723.18	-1380	150172	证券B	1.023	-0.20%	520.58	-1380	5:5	1.0115	-0.45%	163113	申万证券
150200	券商A	0.998	-0.10%	2531.55	-9642	150201	券商B	0.403	0.00%	3359.31	-9642	5:5	0.7005	-0.45% !	161720	券商分级
150289	煤炭A级	1.034	0.00%	103.40	-287	150290	煤炭B级	0.410	-0.49%	112.91	-287	5:5	0.7220	-0.41%	168204	煤炭母基
150152	创业板A	1.022	-0.10%	3737.51	4	150153	创业板B	0.613	-0.33%	3453.84	4	5:5	0.8175	-0.20%	161022	创业分级
150227	银行A	1.010	0.00%	1120.20	1524	150228	银行B	0.721	-0.28%	760.80	1524	5:5	0.8655	-0.20%	160631	银行指基

图6－2 集思录分级基金实时数据2

法在于事先持有底仓母基金和分级A、B，如果有溢价套利的机会，那么马上卖出A、B，并同时拆分底仓并申购母基金；如果有折价套利的机会，那么买入A、B并合并，同时赎回母基金。我们还是通过一个案例来说明。

军工是一个非常活跃的行业，母基金军工分级（161024）和军工A（150081）、军工B（150082）是一组底仓套利的标的。

我们要把资金分成三份，一份申购母基金军工分级，一份按照相同比例购买军工A和军工B，还有一份资金随时准备申购母基金军工分级或者买入军工A和军工B。

假设军工A和B的买卖佣金是0.01%，母基金申购佣金0，赎回佣金0.50%，那么合并溢价大于0.01%（0＋0.01%）时，我们就可以做溢价套利，过程如下。

申购母基金军工分级，同时拆分持有的母基金并分别卖出军工A和军工B，实现溢价套利。如果合并溢价小于－0.51%（－0.50%－0.01%）时，我们可以做折价套利：买入A和B，合并A、B，同时赎回持有的母基金，实现折价套利。军工分级理论收益率计算结果如表6－6所示。

表 6－6　分级基金（军工分级）底仓套利

时间	套利收益率	母基金收益率	AB 收益率	总收益率
2014 年 5 月	6.74%	5.13%	4.94%	5.63%
2014 年 6 月	3.39%	10.65%	12.28%	8.76%
2014 年 7 月	37.58%	7.73%	18.16%	20.79%
2014 年 8 月	22.28%	5.01%	-3.74%	7.50%
2014 年 9 月	23.02%	17.97%	18.78%	20.11%
2014 年 10 月	16.10%	0.54%	-1.25%	5.05%
2014 年 11 月	40.92%	-1.72%	4.55%	13.38%
2014 年 12 月	250.03%	4.40%	4.77%	59.14%
2015 年 1 月	12.78%	6.15%	3.23%	7.42%
2015 年 2 月	2.78%	6.73%	7.24%	5.60%
2015 年 3 月	8.62%	14.62%	14.41%	12.57%
2015 年 4 月	10.27%	17.09%	15.72%	14.45%
2015 年 5 月	96.34%	30.43%	48.76%	57.52%
2015 年 6 月	40.21%	-15.81%	-20.29%	-1.42%
2015 年 7 月	116.64%	-6.81%	-6.15%	25.48%
2015 年 8 月	51.18%	-16.21%	-14.90%	3.78%
2015 年 9 月	34.17%	-11.44%	-5.98%	4.29%
2015 年 10 月	7.65%	18.24%	20.39%	15.52%
2015 年 11 月	15.65%	2.03%	5.39%	7.76%
2015 年 12 月	2.74%	-0.61%	-3.61%	-0.48%
2016 年 1 月	61.87%	-27.95%	-23.05%	-2.51%
2016 年 2 月	9.50%	-5.00%	-3.42%	0.45%
2016 年 3 月	5.18%	18.63%	17.59%	13.80%
2016 年 4 月	1.73%	-6.65%	-5.97%	-3.66%
2016 年 5 月	4.37%	-0.76%	0.23%	1.36%
2016 年 6 月	2.96%	6.90%	6.61%	5.53%
2016 年 7 月	12.38%	-0.63%	0.12%	3.88%
2016 年 8 月	1.09%	1.98%	2.26%	1.82%
2016 年 9 月	0.69%	-4.51%	-4.18%	-2.68%
2016 年 10 月	0.44%	2.50%	2.78%	1.91%
2014 年	1207.88%	60.13%	72.21%	239.57%
2015 年	2048.65%	38.45%	59.60%	281.80%
2016 年	134.18%	-20.25%	-11.47%	20.48%
总收益率	65708.60%	76.81%	143.32%	1461.96%
年化收益率	1244.94%	25.64%	42.78%	200.65%

最惊人的是 2014 年 12 月，套利收益率竟然有 240%。虽然因为母基金净值估算误差及冲击成本的因素，实际收益率肯定没那么高，但看看每天 10% 以上的溢价，就知道这个收益率是怎么来的了。

底仓套利的风险在于底仓跟踪的指数大幅度下跌。

折价差套利

折溢价套利经过集思录等网站的普及后，其中的套利空间越来越小，特别是在2016年9月后，套利收益在1%之内，加上底仓的收益，几乎没什么收益率了。但我们发现，到了收盘前几乎没多少套利空间，但开盘时的空间还是非常大的。如果不考虑当天的涨跌，可以在开盘折价大的时候买入，到第二天收盘时候卖出，其风险在于这两天的涨跌。但如果我们长期坚持做，还是会有一定的收益的，下面还是以军工为例说明。

在开盘的时候用跟踪指数中证军工399967的开盘涨幅的95%来估算母基金净值的涨幅，然后假定，如果当天和第二天指数不涨不跌时，折价率会缩小到0.5% +0.01% =0.51%，再加上点安全系数，当天开盘估算整体折价率大于0.7%的，买入军工B，到第二天收盘时不管输赢均卖出。为了均衡套利，套利资金分成两部分，一部分在第一天折价率大于0.7%时买入军工B，第二天收盘卖出；另一部分第二天在折价率大于0.7%时买入军工B，第三天收盘卖出。如此循环套利，结果如表6－7所示。

表6－7　分级基金（中证军工）折价差套利

时间	军工A	军工B	套利收益率
2014年5月	0.91%	8.26%	11.14%
2014年6月	0.79%	20.89%	11.08%
2014年7月	-0.34%	29.15%	-2.57%
2014年8月	1.35%	-6.92%	4.83%
2014年9月	0.66%	27.81%	17.88%
2014年10月	-2.21%	4.69%	0.00%
2014年11月	-0.23%	7.36%	1.48%
2014年12月	-1.04%	-3.66%	-7.00%
2015年1月	3.81%	1.86%	-0.41%
2015年2月	2.76%	10.02%	12.00%
2015年3月	2.46%	21.40%	30.18%
2015年4月	-0.25%	94.69%	31.72%
2015年5月	-6.21%	84.96%	20.45%
2015年6月	-3.62%	-28.76%	-5.47%
2015年7月	10.89%	-22.03%	46.52%
2015年8月	9.01%	-37.73%	4.06%
2015年9月	3.76%	-26.42%	-0.79%
2015年10月	-0.31%	51.88%	7.95%
2015年11月	-3.32%	12.50%	3.36%
2015年12月	3.28%	-11.80%	0.24%

续表

时间	军工 A	军工 B	套利收益率
2016 年 1 月	4.06%	-58.82%	-1.53%
2016 年 2 月	1.25%	-8.69%	-2.15%
2016 年 3 月	-0.21%	32.53%	-1.85%
2016 年 4 月	-0.21%	-10.97%	1.94%
2016 年 5 月	0.72%	-1.33%	-2.21%
2016 年 6 月	2.67%	9.52%	5.50%
2016 年 7 月	1.40%	-2.05%	4.63%
2016 年 8 月	3.15%	0.92%	-2.41%
2016 年 9 月	2.58%	-10.46%	-0.38%
2016 年 10 月	0.74%	2.97%	-1.34%
2014 年	-0.16%	117.73%	40.27%
2015 年	23.02%	87.94%	268.37%
2016 年	17.29%	-56.31%	-0.19%
总收益率	44.06%	78.80%	415.75%
年化收益率	15.69%	26.11%	92.48%

通过表 6-7 发现，相对来说，2014、2015 年效果较好，2016 年效果欠佳。除了 2016 年军工 B 在不断下跌外，还有一个重要原因，就是军工 A 不断上涨，导致即使母基金净值不涨，军工 B 还是因为套利机制而下跌。这在折价差套利的时候是需要特别注意的。也就是说，做折价差套利必须建立在跟踪指数是向上或者震荡，同时分级 A 的价格不能上涨太多，太多会导致即使母基金不涨都会因为套利机制使分级 B 下跌。

第三节　量化分级 A 轮动套利

分级 A 概述

分级 A 不是一个独立的基金，而是依附于母基金中的一类特殊基金。一般来说，分级基金的母基金是跟踪宽带指数或者行业指数的普通指数基金。但在一个母基金下又设立了分级 A 和分级 B 两个子基金。其中，分级 A 相当于永继债，年息为一年银行存款利息加 3% ~4%，而其他母基金的输赢全部归分级 B，相当于分级 B 用一年银行存款利息加上 3% ~4% 的代价向分级 A 借钱炒股。

那么分级 A 的修正收益率是如何计算呢？

永续类分级 A 类修正收益率 = 下期利率 / [A 交易价格 - （A 净值 - 1） + 定折剩余年限 ×（下期利率 - 本期利率）]

在一般情况下，本期利息等于下期利息，公式可以简化成：

票面利率 / [A 交易价格 - （A 净值 - 1）]

分级 A 轮动

简单轮动

如果是同样的票面利息，应该是修正收益率越高，价值越高，我们分别选了数量最多的 +3%、+3.5%、+4% 三种利率规则的数据，测试条件是每 5 天轮动一次，分别取修正收益率排名前 5 名的分级 A 平均持有，佣金是 0.01%，结果如表 6-8 所示。

表 6-8　排名前五的分级 A 轮动（修正收益率排序）

时间	+3%	+3.5%	+4%
2014 年 1 月	-1.59%	-1.85%	0.89%
2014 年 2 月	6.87%	9.82%	2.81%
2014 年 3 月	1.00%	1.78%	1.44%
2014 年 4 月	-1.25%	1.30%	0.41%
2014 年 5 月	0.81%	-0.52%	0.59%
2014 年 6 月	2.73%	1.43%	-0.21%
2014 年 7 月	1.90%	4.74%	0.64%
2014 年 8 月	1.78%	1.18%	2.94%
2014 年 9 月	1.17%	3.65%	0.33%
2014 年 10 月	0.23%	1.42%	-1.57%
2014 年 11 月	-0.38%	0.53%	-0.62%
2014 年 12 月	-1.32%	0.05%	-0.45%
2015 年 1 月	3.16%	0.41%	-1.69%
2015 年 2 月	4.57%	2.80%	2.81%
2015 年 3 月	-1.06%	-1.96%	0.11%
2015 年 4 月	1.66%	2.52%	-5.18%
2015 年 5 月	-4.08%	-3.70%	-5.02%
2015 年 6 月	-0.88%	1.45%	3.67%
2015 年 7 月	18.52%	16.06%	16.62%
2015 年 8 月	10.71%	7.30%	5.80%

续表

时间	+3%	+3.5%	+4%
2015 年 9 月	4.32%	2.95%	3.21%
2015 年 10 月	0.54%	2.64%	3.03%
2015 年 11 月	-1.68%	-0.72%	-1.45%
2015 年 12 月	3.98%	4.34%	2.36%
2016 年 1 月	3.54%	0.95%	-0.99%
2016 年 2 月	2.70%	1.36%	1.00%
2016 年 3 月	0.18%	0.73%	1.82%
2016 年 4 月	0.99%	0.34%	0.94%
2016 年 5 月	0.90%	0.83%	0.60%
2016 年 6 月	2.42%	4.63%	1.96%
2016 年 7 月	2.51%	2.40%	2.22%
2016 年 8 月	2.65%	3.14%	1.98%
2016 年 9 月	2.06%	1.87%	1.65%
2016 年 10 月	1.12%	3.40%	2.36%
2016 年 11 月	0.50%	0.62%	0.23%
2014 年	12.30%	25.65%	7.36%
2015 年	45.15%	38.16%	25.04%
2016 年	21.33%	22.13%	14.60%
累计	97.79%	112.01%	53.84%
年化	27.09%	30.23%	16.35%

轮动改进

分组的结果虽然也不错，但毕竟比较死板，如果按照修正收益率来轮动呢？也就是说其他条件不变，把分别在某个票面利息里按照修正收益率排序，改成所有的分级 A 都按照修正收益率排序，结果如表 6－9 所示。

表 6－9　所有分级 A 轮动（修正收益率排序）

时间	+3%	+3.5%	+4%	修正收益率轮动策略
2014 年 1 月	-1.59%	-1.85%	0.89%	0.04%
2014 年 2 月	6.87%	9.82%	2.81%	11.92%
2014 年 3 月	1.00%	1.78%	1.44%	3.31%
2014 年 4 月	-1.25%	1.30%	0.41%	2.50%
2014 年 5 月	0.81%	-0.52%	0.59%	-1.29%
2014 年 6 月	2.73%	1.43%	-0.21%	4.04%
2014 年 7 月	1.90%	4.74%	0.64%	3.44%
2014 年 8 月	1.78%	1.18%	2.94%	1.68%
2014 年 9 月	1.17%	3.65%	0.33%	4.34%
2014 年 10 月	0.23%	1.42%	-1.57%	1.07%
2014 年 11 月	-0.38%	0.53%	-0.62%	0.17%
2014 年 12 月	-1.32%	0.05%	-0.45%	-1.41%
2015 年 1 月	3.16%	0.41%	-1.69%	-0.49%
2015 年 2 月	4.57%	2.80%	2.81%	3.99%

续表

时间	+3%	+3.5%	+4%	修正收益率轮动策略
2015年3月	-1.06%	-1.96%	0.11%	-0.10%
2015年4月	1.66%	2.52%	-5.18%	1.54%
2015年5月	-4.08%	-3.70%	-5.02%	-3.82%
2015年6月	-0.88%	1.45%	3.67%	0.87%
2015年7月	18.52%	16.06%	16.62%	17.39%
2015年8月	10.71%	7.30%	5.80%	5.97%
2015年9月	4.32%	2.95%	3.21%	3.30%
2015年10月	0.54%	2.64%	3.03%	2.83%
2015年11月	-1.68%	-0.72%	-1.45%	-1.50%
2015年12月	3.98%	4.34%	2.36%	2.15%
2016年1月	3.54%	0.95%	-0.99%	-1.13%
2016年2月	2.70%	1.36%	1.00%	1.00%
2016年3月	0.18%	0.73%	1.82%	1.76%
2016年4月	0.99%	0.34%	0.94%	0.88%
2016年5月	0.90%	0.83%	0.60%	0.65%
2016年6月	2.42%	4.63%	1.96%	1.94%
2016年7月	2.51%	2.40%	2.22%	2.13%
2016年8月	2.65%	3.14%	1.98%	1.91%
2016年9月	2.06%	1.87%	1.65%	1.72%
2016年10月	1.12%	3.40%	2.36%	2.23%
2016年11月	0.50%	0.62%	0.23%	0.23%
2014年	12.30%	25.65%	7.36%	33.39%
2015年	45.15%	38.16%	25.04%	35.40%
2016年	21.33%	22.13%	14.60%	14.08%
累计	97.79%	112.01%	53.84%	106.04%
年化	27.09%	30.23%	16.35%	28.93%

从表6-9可知，按照修正收益率排序轮动后，2014年的表现超过+3%、+3.5%、+4%等三个分别轮动的收益率；但2015年不如+3%、+3.5%；2016年不如+3%、+3.5%、+4%；整体表现超过+3%、+4%，但不如+3.5%。

最小二乘法轮动

从修正收益率=票面利率/[A交易价格 -（A净值 - 1)]这个公式中看出，票面利率和修正收益率成正比，也就是说，如果我们仅仅看修正收益率，那么很容易全部都轮动到票面利息高的，如+4%这样的分级A中，这是我们不愿意看到的。那么，设想一下，对应不同的票面利率，市场有一个认可的合理修正收益率，因为票面利率的范围目前基本在3%~6.5%，我们可以认为，对应的合理的修正收益率是线性的，可以用最小二乘法建立合理的修正收益率和票面利率的关系。

在研究两个变量（x，y）之间的相互关系时，通常可以得到一系列成对的数据（x1，y1，x2，y2……xi，yi）；将这些数据描绘在x、y直角坐标系中，若发现这些点在一条直线附近，可以列出这条直线的方程，如 yi = a0 + a1 × xi ，其中：a0、a1 是任意实数。

为建立直线方程，就要确定 a0 和 a1，使得偏差的概率最小，这里不做推导，只是提供在 Excel 里的两个函数，其中：

a0 = intercept（修正收益率数组，票面利率数组）

a1 = slope（修正收益率数组，票面利率数组）

计算出 a0、a1 后，就可以得到对应每个票面利息的合理修正收益率，合理修正收益率和实际修正收益率的差就是可涨幅，这里我们就可以利用最小二乘法建立线性公式来计算每个分级 A 的可涨幅，按照可涨幅排序进行轮动，结果如表 6－10 所示。

表 6－10　分级 A 轮动（最小二乘法）

年月	+3%	+3.5%	+4%	修正收益率轮动策略	最小二乘法轮动策略
2014 年 1 月	-1.59%	-1.85%	0.89%	0.04%	-1.02%
2014 年 2 月	6.87%	9.82%	2.81%	11.92%	11.21%
2014 年 3 月	1.00%	1.78%	1.44%	3.31%	1.56%
2014 年 4 月	-1.25%	1.30%	0.41%	2.50%	1.57%
2014 年 5 月	0.81%	-0.52%	0.59%	-1.29%	-0.77%
2014 年 6 月	2.73%	1.43%	-0.21%	4.04%	5.86%
2014 年 7 月	1.90%	4.74%	0.64%	3.44%	2.68%
2014 年 8 月	1.78%	1.18%	2.94%	1.68%	1.80%
2014 年 9 月	1.17%	3.65%	0.33%	4.34%	3.32%
2014 年 10 月	0.23%	1.42%	-1.57%	1.07%	0.87%
2014 年 11 月	-0.38%	0.53%	-0.62%	0.17%	-0.58%
2014 年 12 月	-1.32%	0.05%	-0.45%	-1.41%	-0.23%
2015 年 1 月	3.16%	0.41%	-1.69%	-0.49%	3.58%
2015 年 2 月	4.57%	2.80%	2.81%	3.99%	4.57%
2015 年 3 月	-1.06%	-1.96%	0.11%	-0.10%	-0.82%
2015 年 4 月	1.66%	2.52%	-5.18%	1.54%	1.66%
2015 年 5 月	-4.08%	-3.70%	-5.02%	-3.82%	-4.08%
2015 年 6 月	-0.88%	1.45%	3.67%	0.87%	-1.01%
2015 年 7 月	18.52%	16.06%	16.62%	17.39%	27.69%
2015 年 8 月	10.71%	7.30%	5.80%	5.97%	9.60%
2015 年 9 月	4.32%	2.95%	3.21%	3.30%	3.73%
2015 年 10 月	0.54%	2.64%	3.03%	2.83%	3.28%

续表

年月	+3%	+3.5%	+4%	修正收益率轮动策略	最小二乘法轮动策略
2015年11月	-1.68%	-0.72%	-1.45%	-1.50%	-1.31%
2015年12月	3.98%	4.34%	2.36%	2.15%	3.87%
2016年1月	3.54%	0.95%	-0.99%	-1.13%	-0.99%
2016年2月	2.70%	1.36%	1.00%	1.00%	1.00%
2016年3月	0.18%	0.73%	1.82%	1.76%	1.82%
2016年4月	0.99%	0.34%	0.94%	0.88%	0.94%
2016年5月	0.90%	0.83%	0.60%	0.65%	0.60%
2016年6月	2.42%	4.63%	1.96%	1.94%	1.96%
2016年7月	2.51%	2.40%	2.22%	2.13%	2.22%
2016年8月	2.65%	3.14%	1.98%	1.91%	1.90%
2016年9月	2.06%	1.87%	1.65%	1.72%	2.07%
2016年10月	1.12%	3.40%	2.36%	2.23%	2.43%
2016年11月	0.50%	0.62%	0.23%	0.23%	0.39%
2014年	12.30%	25.65%	7.36%	33.39%	28.90%
2015年	45.15%	38.16%	25.04%	35.40%	59.37%
2016年	21.33%	22.13%	14.60%	14.08%	15.25%
累计	97.79%	112.01%	53.84%	106.04%	136.74%
年化	27.09%	30.23%	16.35%	28.93%	30.68%

整体来说，最小二乘法策略是相对最佳的策略，在近3年累计收益率上战胜了其他所有策略，但在2016年也输给了+3%、+3.5%。从中我们也可以看到，策略的最优不是永远的，理论上的最优也要实战来检验。而且，如果大家都用了一样的策略，有效性就会大大下降，甚至完全失效。

第七章

量化定投

第一节　定投策略

对绝大部分新入职场的工薪一族来说，定投是一个很好的理财方式。所谓定投，就是按照一定的规律定期投资股票、基金的一种方式。

我们先来看一个案例。为计算方便，假定每个月最后一个交易日买入沪深300指数，历史上，月最后一个交易日最高点是2007年10月31日，5688.53点。2016年10月31日，沪深300跌到3336.28点。9年时间，沪深300跌幅是41.35%，也就是说，如果一个投资者很不幸地在2007年10月31日投资沪深300指数，买入10000元，那么经过九年亏损了4135元。然而真的很不幸，很多投资者就是在这个高点投资股市的。另外，还有一个高点是2015年5月29日，沪深300指数是4840.83点，又有不少投资者是在这个时间段进入股市的。如果投资者在2015年5月29日买入沪深300指数，那么10000元经过1年多，亏损3108元。但我们如果从最高的2007年10月31日开始定投，每个月月底最后一个交易日定投沪深300指数1000元，到2016年10月31日最后一次定投为止，一共定投109次，则年化收益率是3.87%，总收益率18.76%，累计投入109000元，累计盈利20448.07元，如表7-1所示。对比一次投入，应该算是一个不错的结果。

表 7－1　定投沪深 300 指数

项目	数据
定投金额	1000.00
月增长率	0.00%
定投上限	1000.00
定投下限	1000.00
年化收益率	3.78%
累计投入	109000.00
累计次数	109.00
累计盈利	20448.07
总收益率	18.76%
最大回撤	50.18%
当天日期	2016－10－31

第二节　量化选择定投标的

不靠谱的估值最低原则

采用定投策略，首先遇到的问题是如何选择定投的标的——什么样的指数才是我们定投最好的指数呢？有人提出估值最低原则，如定投 PE 最低的。我们可以先回测一下，这里为了说明问题，取沪深 300 和中证 500 两个指数，如图 7－1 所示。从图中可以看出，沪深 300 的加权 PE 始终是小于中证 500 的。

同样用前面的办法，计算出中证 500 从 2007 年 10 月开始定投的结果和沪深 300 对比，如图 7－2 所示。

从图 7－2 可以看出，不管在哪个时期，同期开始从最高点 2007 年 10 月底开始定投，PE 估值高的中证 500 指数的定投结果始终比估值低的沪深 300 要好。那么，我们究竟应该用什么样的方法来定投呢？

波动率对收益的影响

我们先来看下面的案例。假定一个净值为 1 的产品，第一个月为

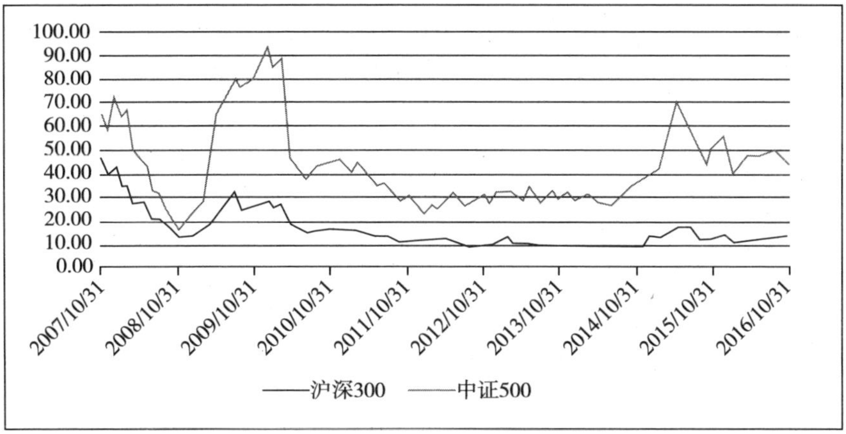

图 7－1　沪深 300 和中证 500 加权市盈利率

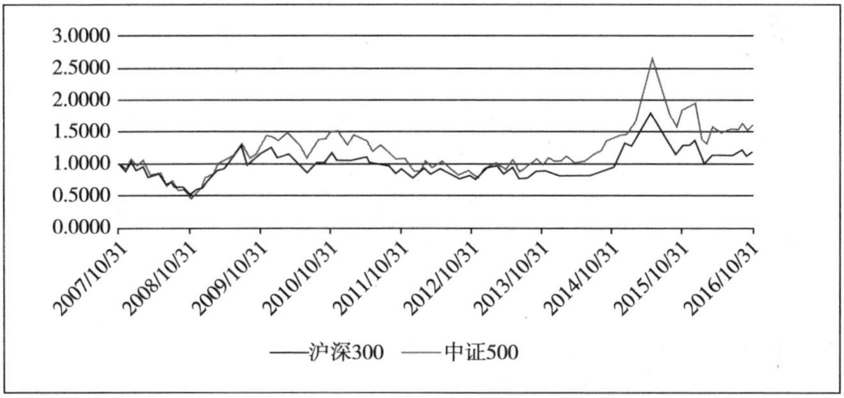

图 7－2　定投沪深 300 和中证 500 净值对比

1，第二个月净值为负的增幅，第三个月为正的增幅，第四个月又回到 1，分别计算增幅为 0.01、0.10、0.20、0.30 四种情况对应的定投累计收益率。可以看到，随着增幅的增加，收益率也增加了，其实第一个月、第四个月的值是完全一样的，第二个月、第三个月的涨跌也是完全对称的，但就是因为振幅大小不同，导致最后的收益率差异很大，如表 7－2 所示。

表 7 - 2　定投不同振幅收益率比较

振幅 0.01	净值	当月份额	累计份额	累计收益率
1	1.00	1000.00	1000.00	0.00%
2	1.01	990.10	1990.10	-0.50%
3	0.99	1010.10	3000.20	0.01%
4	1.00	1000.00	4000.20	0.01%
振幅 0.1	净值	当月份额	累计份额	累计收益率
1	1.00	1000.00	1000.00	0.00%
2	1.10	909.09	1909.09	-4.55%
3	0.90	1111.11	3020.20	0.67%
4	1.00	1000.00	4020.20	0.51%
振幅 0.2	净值	当月份额	累计份额	累计收益率
1	1.00	1000.00	1000.00	0.00%
2	1.20	833.33	1833.33	-8.33%
3	0.80	1250.00	3083.33	2.78%
4	1.00	1000.00	4083.33	2.08%
振幅 0.3	净值	当月份额	累计份额	累计收益率
1	1.00	1000.00	1000.00	0.00%
2	1.30	769.23	1769.23	-11.54%
3	0.70	1428.57	3197.80	6.59%
4	1.00	1000.00	4197.80	4.95%

我们可以用收益波动率这个指标来衡量标的的波动情况。具体计算方法为：

波动率 = 日收益的标准差 × SQRT（250）

其中，250 表示一年 250 个交易日。

日收益的标准差，在 Excel 中用 stdev（日收益率组）函数来计算。

表 7 - 3 是沪深 300、中证 500、中证 1000、证券公司、国证钢铁、国证医药六个典型的指数，从 2007 年 10 月 31 日到 2016 年 10 月 31 日整整 9 年，日波动率和定投的收益率等数据的对照。

表 7 - 3　六大典型指数近 9 年日波动率和定投收益率对比

指数代码	000300	000905	000852	399975	399440	399394
指数名称	沪深 300	中证 500	中证 1000	证券公司	国证钢铁	国证医药
波动率	0.298	0.338	0.347	0.460	0.351	0.310
年化收益率	3.78%	10.43%	16.17%	4.57%	0.00%	12.56%
累计盈利	20448	67342	122189	25254	-5966	85888
总收益率	18.76%	61.78%	112.10%	23.17%	-5.47%	78.80%
最大回撤	50.18%	55.32%	56.41%	60.52%	61.65%	45.67%

从表 7 - 3 中可以看到，中证 1000 比中证 500 的波动率大，而中证 500 比沪深 300 的波动率大，对应的年化收益率也是依次中证 1000 大于

中证500，中证500大于沪深300。但为什么波动率最大的证券公司，对应的年化收益率只比沪深300略大一些，而小于中证1000、中证500呢？

我们再来看看这六个指数每年的涨幅，如表7－4。

表7－4 六大典型指数近10年涨幅

指数代码	000300	000905	000852	399975	399440	399394
指数名称	沪深300	中证500	中证1000	证券公司	国证钢铁	国证医药
2007年	－6.16%	8.73%	12.06%	－16.32%	1.43%	18.76%
2008年	－65.95%	－60.80%	－59.26%	－62.22%	－71.27%	－42.21%
2009年	96.71%	131.27%	139.85%	88.53%	94.23%	90.88%
2010年	41.19%	90.08%	106.84%	－12.44%	1.17%	111.22%
2011年	－25.01%	－33.83%	－32.96%	－34.23%	－27.88%	－32.42%
2012年	7.55%	0.28%	－1.43%	31.28%	－4.46%	8.23%
2013年	－7.65%	16.89%	31.59%	－2.64%	－22.45%	30.02%
2014年	51.66%	39.01%	34.46%	154.03%	72.44%	5.48%
2015年	5.58%	43.12%	76.10%	－27.71%	4.16%	53.43%
2016年	－10.58%	－15.30%	－16.05%	－14.45%	－15.48%	－10.01%
累计收益率	－41.35%	41.80%	122.22%	－54.96%	－70.44%	138.50%
年化收益率	－5.76%	3.96%	9.28%	－8.48%	－12.66%	10.14%

从表7－4中可以看到，从2007年10月31日起9年后，证券公司指数暴跌54.96%，超过了沪深300的跌幅，而表现较好的中证1000，同期9年涨了122.22%。也就是说，定投的标的，不仅需要波动率大，而且需要虽然中间有暴跌，但最终能涨上去。仅仅波动率大，但最终是大幅度往下的，即使定投也免不了亏损。

国证钢铁和国证医药指数定投回测

肯定有人会说，你这个都是“马后炮”，今天来看这些问题当然很清楚，如果我在2007年10月开始定投，非常不幸选择了国证钢铁，到今天整整九年还是亏的，那怎么办？我们再来看看定投国证钢铁指数每个月的详细情况，如表7－5所示。

表 7－5　定投国证钢铁指数

月份	收盘	应到金额	应投入金额	实际投入金额	实际累计投入金额	累计理论投入	定投份额	累计份额	累计价值	累计盈利	收益率	净值	最大回撤	现金流
2007/10/31	4975.86	0	1000	1000	1000	1000	0.20	0.20	1000	0	0.00%	1.00		1000
2007/11/30	4056.57	1000	1185	1000	2000	2000	0.25	0.45	1815	－185	－9.24%	0.91	－9.24%	1000
2007/12/28	5047.17	2000	741	1000	3000	3000	0.20	0.65	3259	259	8.62%	1.09	0.00%	1000
2008/1/31	4494.43	3000	1098	1000	4000	4000	0.22	0.87	3902	－98	－2.46%	0.98	－10.20%	1000
2008/2/29	4864.29	4000	777	1000	5000	5000	0.21	1.07	5223	223	4.46%	1.04	－3.83%	1000
2008/3/31	3673.01	5000	2056	1000	6000	6000	0.27	1.35	4944	－1056	－17.61%	0.82	－24.14%	1000
2008/4/30	3879.29	6000	1779	1000	7000	7000	0.26	1.60	6221	－779	－11.12%	0.89	－18.18%	1000
2008/5/30	3584.79	7000	2251	1000	8000	8000	0.28	1.88	6749	－1251	－15.64%	0.84	－22.33%	1000
2008/6/30	2510.32	8000	4274	1000	9000	9000	0.40	2.28	5726	－3274	－36.38%	0.64	－41.42%	1000
2008/7/31	2449.58	9000	4412	1000	10000	10000	0.41	2.69	6588	－3412	－34.12%	0.66	－39.35%	1000
2008/8/29	1904.76	10000	5878	1000	11000	11000	0.53	3.21	6122	－4878	－44.34%	0.56	－48.76%	1000
2008/9/26	1990.69	11000	5601	1000	12000	12000	0.50	3.72	7399	－4601	－38.34%	0.62	－43.24%	1000
2008/10/31	1368.11	12000	7915	1000	13000	13000	0.73	4.45	6085	－6915	－53.19%	0.47	－56.91%	1000
2008/11/28	1565.46	13000	7038	1000	14000	14000	0.64	5.09	7962	－6038	－43.13%	0.57	－47.64%	1000
2008/12/31	1450.09	14000	7624	1000	15000	15000	0.69	5.78	8376	－6624	－44.16%	0.56	－48.59%	1000
2009/1/23	1685.88	15000	6262	1000	16000	16000	0.59	6.37	10738	－5262	－32.89%	0.67	－38.21%	1000
2009/2/27	1725.74	16000	6009	1000	17000	17000	0.58	6.95	11991	－5009	－29.46%	0.71	－35.06%	1000
2009/3/31	1979.11	17000	4248	1000	18000	18000	0.51	7.45	14752	－3248	－18.04%	0.82	－24.55%	1000
2009/4/30	1964.24	18000	4359	1000	19000	19000	0.51	7.96	15641	－3359	－17.68%	0.82	－24.21%	1000
2009/5/27	2096.33	19000	3307	1000	20000	20000	0.48	8.44	17693	－2307	－11.54%	0.88	－18.55%	1000
2009/6/30	2412.14	20000	642	1000	21000	21000	0.41	8.85	21358	358	1.71%	1.02	－6.36%	1000
2009/7/31	3273.95	21000	－6989	1000	22000	22000	0.31	9.16	29989	7989	36.32%	1.36	0.00%	1000
2009/8/31	2247.61	22000	2412	1000	23000	23000	0.44	9.60	21588	－1412	－6.14%	0.94	－31.14%	1000
2009/9/30	2188.88	23000	2976	1000	24000	24000	0.46	10.06	22024	－1976	－8.23%	0.92	－32.68%	1000
2009/10/30	2341.82	24000	1437	1000	25000	25000	0.43	10.49	24563	－437	－1.75%	0.98	－27.92%	1000
2009/11/30	2708.25	25000	－2406	1000	26000	26000	0.37	10.86	29406	3406	13.10%	1.13	－17.03%	1000
2009/12/31	2816.45	26000	－3581	1000	27000	27000	0.36	11.21	31581	4581	16.97%	1.17	－14.19%	1000
2010/1/29	2323.37	27000	1948	1000	28000	28000	0.43	11.64	27052	－948	－3.39%	0.97	－29.12%	1000
2010/2/26	2385.88	28000	1220	1000	29000	29000	0.42	12.06	28780	－220	－0.76%	0.99	－27.20%	1000
2010/3/31	2361.86	29000	1510	1000	30000	30000	0.42	12.49	29490	－510	－1.70%	0.98	－27.89%	1000
2010/4/30	2082.26	30000	5001	1000	31000	31000	0.48	12.97	26999	－4001	－12.91%	0.87	－36.11%	1000
2010/5/31	1780.76	31000	8910	1000	32000	32000	0.56	13.53	24090	－7910	－24.72%	0.75	－44.77%	1000
2010/6/30	1588.67	32000	11509	1000	33000	33000	0.63	14.16	22491	－10509	－31.84%	0.68	－50.00%	1000
2010/7/30	1838.12	33000	7977	1000	34000	34000	0.54	14.70	27023	－6977	－20.52%	0.79	－41.69%	1000
2010/8/31	1818.54	34000	8265	1000	35000	35000	0.55	15.25	27735	－7265	－20.76%	0.79	－41.87%	1000
2010/9/30	1816.40	35000	8298	1000	36000	36000	0.55	15.80	28702	－7298	－20.27%	0.80	－41.51%	1000
2010/10/29	2043.49	36000	4709	1000	37000	37000	0.49	16.29	33291	－3709	－10.03%	0.90	－33.99%	1000
2010/11/30	1838.68	37000	8046	1000	38000	38000	0.54	16.83	30954	－7046	－18.54%	0.81	－40.24%	1000
2010/12/31	1813.08	38000	8477	1000	39000	39000	0.55	17.39	31523	－7477	－19.17%	0.81	－40.70%	1000
2011/1/31	1865.14	39000	7572	1000	40000	40000	0.54	17.92	33428	－6572	－16.43%	0.84	－38.69%	1000
2011/2/28	1953.73	40000	5984	1000	41000	41000	0.51	18.43	36016	－4984	－12.16%	0.88	－35.56%	1000
2011/3/31	2078.03	41000	3693	1000	42000	42000	0.48	18.92	39307	－2693	－6.41%	0.94	－31.34%	1000
2011/4/29	2126.04	42000	2784	1000	43000	43000	0.47	19.39	41216	－1784	－4.15%	0.96	－29.68%	1000
2011/5/31	1961.87	43000	5967	1000	44000	44000	0.51	19.90	39033	－4967	－11.29%	0.89	－34.92%	1000
2011/6/30	2014.76	44000	4915	1000	45000	45000	0.50	20.39	41085	－3915	－8.70%	0.91	－33.02%	1000
2011/7/29	1960.89	45000	6013	1000	46000	46000	0.51	20.90	40987	－5013	－10.90%	0.89	－34.64%	1000
2011/8/31	1766.69	46000	10072	1000	47000	47000	0.57	21.47	37928	－9072	－19.30%	0.81	－40.80%	1000
2011/9/30	1577.08	47000	14143	1000	48000	48000	0.63	22.10	34857	－13143	－27.38%	0.73	－46.73%	1000
2011/10/31	1582.84	48000	14016	1000	49000	49000	0.63	22.73	35984	－13016	－26.56%	0.73	－46.13%	1000
2011/11/30	1432.43	49000	17435	1000	50000	50000	0.70	23.43	33565	－16435	－32.87%	0.67	－50.75%	1000
2011/12/30	1307.55	50000	20361	1000	51000	51000	0.76	24.20	31639	－19361	－37.96%	0.62	－54.49%	1000
2012/1/31	1378.46	51000	18646	1000	52000	52000	0.73	24.92	34354	－17646	－33.93%	0.66	－51.53%	1000
2012/2/29	1495.93	52000	15718	1000	53000	53000	0.67	25.59	38282	－14718	－27.77%	0.72	－47.01%	1000
2012/3/30	1365.43	53000	19057	1000	54000	54000	0.73	26.32	35943	－18057	－33.44%	0.67	－51.17%	1000
2012/4/27	1443.03	54000	17015	1000	55000	55000	0.69	27.02	38985	－16015	－29.12%	0.71	－48.00%	1000
2012/5/31	1439.78	55000	17103	1000	56000	56000	0.69	27.71	39897	－16103	－28.75%	0.71	－47.73%	1000
2012/6/29	1241.78	56000	22589	1000	57000	57000	0.81	28.52	35411	－21589	－37.88%	0.62	－54.43%	1000
2012/7/31	1164.66	57000	24789	1000	58000	58000	0.86	29.37	34211	－23789	－41.01%	0.59	－56.73%	1000
2012/8/31	1155.43	58000	25060	1000	59000	59000	0.87	30.24	34940	－24060	－40.78%	0.59	－56.56%	1000
2012/9/28	1159.07	59000	24950	1000	60000	60000	0.86	31.10	36050	－23950	－39.92%	0.60	－55.92%	1000
2012/10/31	1178.93	60000	24332	1000	61000	61000	0.85	31.95	37668	－23332	－38.25%	0.62	－54.70%	1000
2012/11/30	1109.14	61000	26562	1000	62000	62000	0.90	32.85	36438	－25562	－41.23%	0.59	－56.89%	1000
2012/12/31	1249.20	62000	21960	1000	63000	63000	0.80	33.65	42040	－20960	－33.27%	0.67	－51.05%	1000

续表

月份	收盘	应到金额	应投入金额	实际投入金额	实际累计投入金额	累计理论投入	定投份额	累计份额	累计价值	累计盈利	收益率	净值	最大回撤	现金流
2013/1/31	1273.19	63000	21153	1000	64000	64000	0.79	34.44	43847	-20153	-31.49%	0.69	-49.74%	1000
2013/2/28	1243.98	64000	22159	1000	65000	65000	0.80	35.24	43841	-21159	-32.55%	0.67	-50.52%	1000
2013/3/29	1167.58	65000	24852	1000	66000	66000	0.86	36.10	42148	-23852	-36.14%	0.64	-53.15%	1000
2013/4/26	1117.82	66000	26648	1000	67000	67000	0.89	36.99	41352	-25648	-38.28%	0.62	-54.72%	1000
2013/5/31	1150.18	67000	25451	1000	68000	68000	0.87	37.86	43549	-24451	-35.96%	0.64	-53.02%	1000
2013/6/28	926.32	68000	33927	1000	69000	69000	1.08	38.94	36073	-32927	-47.72%	0.52	-61.65%	1000
2013/7/31	914.80	69000	34375	1000	70000	70000	1.09	40.04	36625	-33375	-47.68%	0.52	-61.62%	1000
2013/8/30	979.14	70000	31799	1000	71000	71000	1.02	41.06	40201	-30799	-43.38%	0.57	-58.46%	1000
2013/9/30	983.46	71000	31622	1000	72000	72000	1.02	42.07	41378	-30622	-42.53%	0.57	-57.84%	1000
2013/10/31	961.54	72000	32544	1000	73000	73000	1.04	43.11	41456	-31544	-43.21%	0.57	-58.34%	1000
2013/11/29	1001.47	73000	30823	1000	74000	74000	1.00	44.11	44177	-29823	-40.30%	0.60	-56.21%	1000
2013/12/31	968.80	74000	32264	1000	75000	75000	1.03	45.14	43736	-31264	-41.69%	0.58	-57.22%	1000
2014/1/30	893.28	75000	35673	1000	76000	76000	1.12	46.26	41327	-34673	-45.62%	0.54	-60.11%	1000
2014/2/28	915.99	76000	34623	1000	77000	77000	1.09	47.36	43377	-33623	-43.67%	0.56	-58.67%	1000
2014/3/31	907.61	77000	35019	1000	78000	78000	1.10	48.46	43981	-34019	-43.61%	0.56	-58.64%	1000
2014/4/30	875.37	78000	36582	1000	79000	79000	1.14	49.60	43418	-35582	-45.04%	0.55	-59.68%	1000
2014/5/30	903.83	79000	35170	1000	80000	80000	1.11	50.71	45830	-34170	-42.71%	0.57	-57.97%	1000
2014/6/30	918.34	80000	34434	1000	81000	81000	1.09	51.80	47566	-33434	-41.28%	0.59	-56.92%	1000
2014/7/31	1009.01	81000	29738	1000	82000	82000	0.99	52.79	53262	-28738	-35.05%	0.65	-52.35%	1000
2014/8/29	1061.72	82000	26956	1000	83000	83000	0.94	53.73	57044	-25956	-31.27%	0.69	-49.58%	1000
2014/9/30	1180.12	83000	20594	1000	84000	84000	0.85	54.58	64406	-19594	-23.33%	0.77	-43.75%	1000
2014/10/31	1249.01	84000	16835	1000	85000	85000	0.80	55.38	69165	-15835	-18.63%	0.81	-40.31%	1000
2014/11/28	1382.69	85000	9432	1000	86000	86000	0.72	56.10	77568	-8432	-9.80%	0.90	-33.83%	1000
2014/12/31	1670.63	86000	-6721	1000	87000	87000	0.60	56.70	94721	7721	8.88%	1.09	-20.13%	1000
2015/1/30	1669.44	87000	-6654	1000	88000	88000	0.60	57.30	95654	7654	8.70%	1.09	-20.26%	1000
2015/2/27	1767.67	88000	-12282	1000	89000	89000	0.57	57.86	102282	13282	14.92%	1.15	-15.69%	1000
2015/3/31	2115.46	89000	-32406	1000	90000	90000	0.47	58.34	123406	33406	37.12%	1.37	0.00%	1000
2015/4/30	2550.65	90000	-57793	1000	91000	91000	0.39	58.73	149793	58793	64.61%	1.65	0.00%	1000
2015/5/29	2626.95	91000	-62274	1000	92000	92000	0.38	59.11	155274	63274	68.78%	1.69	0.00%	1000
2015/6/30	2708.45	92000	-67091	1000	93000	93000	0.37	59.48	161091	68091	73.22%	1.73	0.00%	1000
2015/7/31	2233.30	93000	-38831	1000	94000	94000	0.45	59.93	133831	39831	42.37%	1.42	-17.81%	1000
2015/8/31	1958.96	94000	-22391	1000	95000	95000	0.51	60.44	118391	23391	24.62%	1.25	-28.05%	1000
2015/9/30	1623.22	95000	-2100	1000	96000	96000	0.62	61.05	99100	3100	3.23%	1.03	-40.40%	1000
2015/10/30	1736.06	96000	-8989	1000	97000	97000	0.58	61.63	106989	9989	10.30%	1.10	-36.32%	1000
2015/11/30	1683.19	97000	-5731	1000	98000	98000	0.59	62.22	104731	6731	6.87%	1.07	-38.30%	1000
2015/12/31	1740.09	98000	-9272	1000	99000	99000	0.57	62.80	109272	10272	10.38%	1.10	-36.28%	1000
2016/1/29	1314.94	99000	17426	1000	100000	100000	0.76	63.56	83574	-16426	-16.43%	0.84	-51.75%	1000
2016/2/29	1315.37	100000	17399	1000	101000	101000	0.76	64.32	84601	-16399	-16.24%	0.84	-51.64%	1000
2016/3/31	1407.39	101000	11481	1000	102000	102000	0.71	65.03	91519	-10481	-10.28%	0.90	-48.20%	1000
2016/4/29	1422.17	102000	10519	1000	103000	103000	0.70	65.73	93481	-9519	-9.24%	0.91	-47.60%	1000
2016/5/31	1342.49	103000	15757	1000	104000	104000	0.74	66.48	89243	-14757	-14.19%	0.86	-50.46%	1000
2016/6/30	1333.48	104000	16356	1000	105000	105000	0.75	67.23	89644	-15356	-14.62%	0.85	-50.71%	1000
2016/7/29	1352.99	105000	15044	1000	106000	106000	0.74	67.96	91956	-14044	-13.25%	0.87	-49.92%	1000
2016/8/31	1427.67	106000	9969	1000	107000	107000	0.70	68.67	98031	-8969	-8.38%	0.92	-47.11%	1000
2016/9/30	1399.03	107000	11935	1000	108000	108000	0.71	69.38	97065	-10935	-10.13%	0.90	-48.11%	1000
2016/10/31	1470.66	108000	6966	1000	109000	109000	0.68	70.06	103034	-5966	-5.47%	0.95	-45.43%	-102034

从表7-5中看到，从2007年10月开始，到2009年7月，定投收益已经到了36%。如果你错过了这次机会，又过了7年，到了2015年6月，累计定投收益率已经高达72%。只是你如果第二次机会还是没抓住，到今天虽然是亏的，但按照中国股市的特点，最长七年之内必将有一次牛市，将来依然还会有机会。

看了一个最差的明细，我们再来看一个在以上六个指数中目前最好的指数——国证医药9年定投的明细，如表7-6所示。

表7-6 定投国证医药指数

月份	收盘	应到金额	应投入金额	实际投入金额	实际累计投入金额	累计理论投入	定投份额	累计份额	累计价值	累计盈利	收益率	净值	最大回撤	现金流
2007/10/31	3656.14	0	1000	1000	1000	1000	0.27	0.27	1000	0	0.00%	1.00		1000
2007/11/30	3463.70	1000	1053	1053	2053	2000	0.30	0.58	2000	-53	-2.56%	0.97	-2.56%	1053
2007/12/28	4342.08	2000	493	493	2545	3000	0.11	0.69	3000	455	17.86%	1.18	0.00%	493
2008/1/31	3993.80	3000	1241	1241	3786	4000	0.31	1.00	4000	214	5.65%	1.06	-10.36%	1241
2008/2/29	4296.51	4000	697	697	4483	5000	0.16	1.16	5000	517	11.54%	1.12	-5.36%	697
2008/3/31	3345.78	5000	2106	2106	6589	6000	0.63	1.79	6000	-589	-8.94%	0.91	-22.74%	2106
2008/4/30	3382.14	6000	935	935	7524	7000	0.28	2.07	7000	-524	-6.97%	0.93	-21.06%	935
2008/5/30	3480.02	7000	797	797	8322	8000	0.23	2.30	8000	-322	-3.86%	0.96	-18.43%	797
2008/6/30	2844.10	8000	2462	2462	10783	9000	0.87	3.16	9000	-1783	-16.54%	0.83	-29.18%	2462
2008/7/31	3064.54	9000	302	302	11086	10000	0.10	3.26	10000	-1086	-9.79%	0.90	-23.46%	302
2008/8/29	2405.83	10000	3149	3149	14235	11000	1.31	4.57	11000	-3235	-22.73%	0.77	-34.44%	3149
2008/9/26	2290.59	11000	1527	1527	15762	12000	0.67	5.24	12000	-3762	-23.87%	0.76	-35.40%	1527
2008/10/31	1933.70	12000	2870	2870	18632	13000	1.48	6.72	13000	-5632	-30.23%	0.70	-40.80%	2870
2008/11/28	2231.19	13000	-1000	-1000	17632	14000	-0.45	6.27	14000	-3632	-20.60%	0.79	-32.63%	-1000
2008/12/31	2509.16	14000	-744	-744	16888	15000	-0.30	5.98	15000	-1888	-11.18%	0.89	-24.64%	-744
2009/1/23	2717.04	15000	-243	-243	16645	16000	-0.09	5.89	16000	-645	-3.87%	0.96	-18.44%	-243
2009/2/27	2825.04	16000	364	364	17009	17000	0.13	6.02	17000	-9	-0.05%	1.00	-15.20%	364
2009/3/31	3132.27	17000	-849	-849	16160	18000	-0.27	5.75	18000	1840	11.38%	1.11	-5.49%	-849
2009/4/30	3326.44	18000	-116	-116	16044	19000	-0.03	5.71	19000	2956	18.42%	1.18	0.00%	-116
2009/5/27	3220.80	19000	1603	1603	17648	20000	0.50	6.21	20000	2352	13.33%	1.13	-4.30%	1603
2009/6/30	3473.87	20000	-571	-571	17076	21000	-0.16	6.05	21000	3924	22.98%	1.23	0.00%	-571
2009/7/31	3681.78	21000	-257	-257	16819	22000	-0.07	5.98	22000	5181	30.80%	1.31	0.00%	-257
2009/8/31	3572.20	22000	1655	1655	18474	23000	0.46	6.44	23000	4526	24.50%	1.24	-4.82%	1655
2009/9/30	3817.19	23000	-577	-577	17897	24000	-0.15	6.29	24000	6103	34.10%	1.34	0.00%	-577
2009/10/30	4292.89	24000	-1991	-1991	15906	25000	-0.46	5.82	25000	9094	57.17%	1.57	0.00%	-1991
2009/11/30	4745.29	25000	-1635	-1635	14271	26000	-0.34	5.48	26000	11729	82.18%	1.82	0.00%	-1635
2009/12/31	4789.49	26000	758	758	15029	27000	0.16	5.64	27000	11971	79.65%	1.80	-1.39%	758
2010/1/29	4882.67	27000	475	475	15504	28000	0.10	5.73	28000	12496	80.60%	1.81	-0.87%	475
2010/2/26	5158.14	28000	-580	-580	14924	29000	-0.11	5.62	29000	14076	94.32%	1.94	0.00%	-580
2010/3/31	5054.79	29000	1581	1581	16505	30000	0.31	5.93	30000	13495	81.76%	1.82	-6.46%	1581
2010/4/30	5393.19	30000	-1008	-1008	15497	31000	-0.19	5.75	31000	15503	100.04%	2.00	0.00%	-1008
2010/5/31	5438.87	31000	737	737	16234	32000	0.14	5.88	32000	15766	97.11%	1.97	-1.46%	737
2010/6/30	4581.77	32000	6043	5000	21234	33000	1.09	6.97	31957	10723	50.50%	1.50	-24.77%	5000
2010/7/30	5020.68	33000	-1019	-1019	20216	34000	-0.20	6.77	34000	13784	68.19%	1.68	-15.92%	-1019
2010/8/31	5617.17	34000	-3039	-3039	17176	35000	-0.54	6.23	35000	17824	103.77%	2.04	0.00%	-3039
2010/9/30	5954.33	35000	-1101	-1101	16076	36000	-0.18	6.05	36000	19924	123.94%	2.24	0.00%	-1101
2010/10/29	6046.98	36000	440	440	16515	37000	0.07	6.12	37000	20485	124.03%	2.24	0.00%	440
2010/11/30	6748.90	37000	-3295	-3295	13220	38000	-0.49	5.63	38000	24780	187.43%	2.87	0.00%	-3295
2010/12/31	6296.01	38000	3550	3550	16771	39000	0.56	6.19	39000	22229	132.55%	2.33	-19.09%	3550
2011/1/31	5714.50	39000	4602	4602	21373	40000	0.81	7.00	40000	18627	87.16%	1.87	-34.89%	4602
2011/2/28	6019.43	40000	-1134	-1134	20238	41000	-0.19	6.81	41000	20762	102.59%	2.03	-29.52%	-1134
2011/3/31	5705.24	41000	3140	3140	23378	42000	0.55	7.36	42000	18622	79.65%	1.80	-37.50%	3140
2011/4/29	5593.20	42000	1825	1825	25203	43000	0.33	7.69	43000	17797	70.61%	1.71	-40.64%	1825
2011/5/31	5265.57	43000	3519	3519	28722	44000	0.67	8.36	44000	15278	53.19%	1.53	-46.70%	3519
2011/6/30	5339.64	44000	381	381	29103	45000	0.07	8.43	45000	15897	54.62%	1.55	-46.21%	381
2011/7/29	5634.03	45000	-1481	-1481	27622	46000	-0.26	8.16	46000	18378	66.53%	1.67	-42.06%	-1481
2011/8/31	5440.40	46000	2581	2581	30203	47000	0.47	8.64	47000	16797	55.61%	1.56	-45.86%	2581
2011/9/30	4703.62	47000	7365	5000	35203	48000	1.06	9.70	45635	10432	29.63%	1.30	-54.90%	5000
2011/10/31	4864.71	48000	1802	1802	37005	49000	0.37	10.07	49000	11995	32.41%	1.32	-53.93%	1802
2011/11/30	4910.77	49000	536	536	37541	50000	0.11	10.18	50000	12459	33.19%	1.33	-53.66%	536
2011/12/30	4254.56	50000	7681	5000	42541	51000	1.18	11.36	48319	5778	13.58%	1.14	-60.48%	5000
2012/1/31	3991.03	51000	6674	5000	47541	52000	1.25	12.61	50326	2785	5.86%	1.06	-63.17%	5000
2012/2/29	4385.70	52000	-2302	-2302	45239	53000	-0.52	12.08	53000	7761	17.16%	1.17	-59.24%	-2302
2012/3/30	4078.85	53000	4708	4708	49947	54000	1.15	13.24	54000	4053	8.12%	1.08	-62.39%	4708
2012/4/27	4210.97	54000	-749	-749	49198	55000	-0.18	13.06	55000	5802	11.79%	1.12	-61.11%	-749
2012/5/31	4473.81	55000	-2433	-2433	46765	56000	-0.54	12.52	56000	9235	19.75%	1.20	-58.34%	-2433
2012/6/29	4700.92	56000	-1843	-1843	44922	57000	-0.39	12.13	57000	12078	26.89%	1.27	-55.86%	-1843
2012/7/31	4483.51	57000	3636	3636	48558	58000	0.81	12.94	58000	9442	19.44%	1.19	-58.44%	3636
2012/8/31	4500.85	58000	776	776	49334	59000	0.17	13.11	59000	9666	19.59%	1.20	-58.39%	776
2012/9/28	4605.24	59000	-368	-368	48965	60000	-0.08	13.03	60000	11035	22.54%	1.23	-57.37%	-368

续表

月份	收盘	应到金额	应投入金额	实际投入金额	实际累计投入金额	累计理论投入	定投份额	累计份额	累计价值	累计盈利	收益率	净值	最大回撤	现金流
2012/10/31	4733.25	60000	-668	-668	48298	61000	-0.14	12.89	61000	12702	26.30%	1.26	-56.06%	-668
2012/11/30	4192.18	61000	7973	5000	53298	62000	1.19	14.08	59027	5729	10.75%	1.11	-61.47%	5000
2012/12/31	4604.66	62000	-1835	-1835	51463	63000	-0.40	13.68	63000	11537	22.42%	1.22	57.41%	-1835
2013/1/31	5150.40	63000	-6467	-5000	46463	64000	-0.97	12.71	65467	19004	40.90%	1.41	-50.98%	-5000
2013/2/28	5481.46	64000	-4675	-4675	41788	65000	-0.85	11.86	65000	23212	55.55%	1.56	-45.88%	-4675
2013/3/29	5635.37	65000	-825	-825	40963	66000	-0.15	11.71	66000	25037	61.12%	1.61	-43.94%	-825
2013/4/26	5420.90	66000	3512	3512	44475	67000	0.65	12.36	67000	22525	50.65%	1.51	-47.59%	3512
2013/5/31	6025.14	67000	-6468	-5000	39475	68000	-0.83	11.53	69468	29993	75.98%	1.76	-38.77%	-5000
2013/6/28	5397.63	68000	6767	5000	44475	69000	0.93	12.46	67233	22758	51.17%	1.51	-47.41%	5000
2013/7/31	5874.90	69000	-3178	-3178	41297	70000	-0.54	11.92	70000	28703	69.51%	1.70	-41.03%	-3178
2013/8/30	5817.27	70000	1687	1687	42983	71000	0.29	12.21	71000	28017	65.18%	1.65	-42.53%	1687
2013/9/30	6224.31	71000	-3968	-3968	39015	72000	-0.64	11.57	72000	32985	84.54%	1.85	-35.80%	-3968
2013/10/31	5749.17	72000	6496	5000	44015	73000	0.87	12.44	71504	27488	62.45%	1.62	-43.48%	5000
2013/11/29	5925.44	73000	304	304	44319	74000	0.05	12.49	74000	29681	66.97%	1.67	-41.91%	304
2013/12/31	5987.09	74000	230	230	44549	75000	0.04	12.53	75000	30451	68.35%	1.68	-41.43%	230
2014/1/30	6030.42	75000	457	457	45007	76000	0.08	12.60	76000	30993	68.86%	1.69	-41.25%	457
2014/2/28	6092.07	76000	223	223	45230	77000	0.04	12.64	77000	31770	70.24%	1.70	-40.77%	223
2014/3/31	5808.46	77000	4585	4585	49814	78000	0.79	13.43	78000	28186	56.58%	1.57	-45.52%	4585
2014/4/30	5637.76	78000	3292	3292	53107	79000	0.58	14.01	79000	25893	48.76%	1.49	-48.25%	3292
2014/5/30	5705.88	79000	45	45	53152	80000	0.01	14.02	80000	26848	50.51%	1.51	-47.64%	45
2014/6/30	5840.71	80000	-890	-890	52262	81000	-0.15	13.87	81000	28738	54.99%	1.55	-46.08%	-890
2014/7/31	5998.69	81000	-1191	-1191	51071	82000	-0.20	13.67	82000	30929	60.56%	1.61	-44.14%	-1191
2014/8/29	6042.56	82000	400	400	51471	83000	0.07	13.74	83000	31529	61.26%	1.61	-43.90%	400
2014/9/30	6518.76	83000	-5541	-5000	46471	84000	-0.77	12.97	84541	38070	81.92%	1.82	-36.71%	-5000
2014/10/31	6671.23	84000	-1518	-1518	44953	85000	-0.23	12.74	85000	40047	89.09%	1.89	-34.21%	-1518
2014/11/28	6560.42	85000	2412	2412	47364	86000	0.37	13.11	86000	38636	81.57%	1.82	-36.83%	2412
2014/12/31	6315.32	86000	4213	4213	51577	87000	0.67	13.78	87000	35423	68.68%	1.69	-41.32%	4213
2015/1/30	6857.56	87000	-6470	-5000	46577	88000	-0.73	13.05	89470	42892	92.09%	1.92	-33.17%	-5000
2015/2/27	7222.51	88000	-5231	-5000	41577	89000	-0.69	12.35	89231	47654	114.61%	2.15	-25.33%	-5000
2015/3/31	8541.17	89000	-15523	-5000	36577	90000	-0.59	11.77	100523	63945	174.82%	2.75	-4.39%	-5000
2015/4/30	9939.54	90000	-25981	-5000	31577	91000	-0.50	11.27	111981	80403	254.62%	3.55	0.00%	-5000
2015/5/29	11599.69	91000	-38684	-5000	26577	92000	-0.43	10.84	125684	99107	372.90%	4.73	0.00%	-5000
2015/6/30	10440.67	92000	-20126	-5000	21577	93000	-0.48	10.36	108126	86549	401.11%	5.01	0.00%	-5000
2015/7/31	9459.38	93000	-3964	-3964	17614	94000	-0.42	9.94	94000	76386	433.67%	5.34	0.00%	-3964
2015/8/31	8196.00	94000	13554	5000	22614	95000	0.61	10.55	86446	63832	282.27%	3.82	-28.37%	5000
2015/9/30	7899.27	95000	12684	5000	27614	96000	0.63	11.18	88316	60702	219.82%	3.20	-40.07%	5000
2015/10/30	9131.93	96000	-5097	-5000	22614	97000	-0.55	10.63	97097	74483	329.37%	4.29	-19.54%	-5000
2015/11/30	9179.91	97000	393	393	23006	98000	0.04	10.68	98000	74994	325.97%	4.26	-20.18%	393
2015/12/31	9689.84	98000	-4444	-4444	18563	99000	-0.46	10.22	99000	80437	433.33%	5.33	-0.06%	-4444
2016/1/29	7340.96	99000	24998	5000	23563	100000	0.68	10.90	80002	56439	239.53%	3.40	-36.38%	5000
2016/2/29	7169.18	100000	22870	5000	28563	101000	0.70	11.60	83130	54567	191.04%	2.91	-45.46%	5000
2016/3/31	8063.58	101000	8499	5000	33563	102000	0.62	12.22	98501	64938	193.48%	2.93	-45.01%	5000
2016/4/29	7845.52	102000	7163	5000	38563	103000	0.64	12.85	100837	62274	161.49%	2.61	-51.00%	5000
2016/5/31	7841.66	103000	3213	3213	41775	104000	0.41	13.26	104000	62225	148.95%	2.49	-53.35%	3213
2016/6/30	8122.31	104000	-2722	-2722	39053	105000	-0.34	12.93	105000	65947	168.86%	2.69	-49.62%	-2722
2016/7/29	8569.65	105000	-4783	-4783	34270	106000	-0.56	12.37	106000	71730	209.31%	3.09	-42.04%	-4783
2016/8/31	8749.73	106000	-1227	-1227	33043	107000	-0.14	12.23	107000	73957	223.82%	3.24	-39.32%	-1227
2016/9/30	8662.45	107000	2067	2067	35110	108000	0.24	12.47	108000	72890	207.60%	3.08	-42.36%	2067
2016/10/31	8719.78	108000	285	285	35395	109000	0.03	12.50	109000	73605	207.95%	3.08	-42.30%	-108715

从表7-6可以看到，国证医药2007年的定投高点其实在12月，然后随着大盘一路下滑，但到了2009年7月创出反弹高点后，2009年11月、2010年2月、2010年4月、2010年11月连续创出新高，直到在2010年11月创出了定投收益率86%的新高后一路下滑，到2015年5月创出了定投总收益率156%的惊人高点。即使后面一路下滑，到2016

年 10 月，还是有 79% 的定投总收益率。

其实对应国证医药、中证 1000 等历史表现比较好的指数，经过几年的定投，总收益率达到 100% 后基本就可以赎回了。除非你有特殊需求，一般笔者建议赎回后留一份资金继续定投，当然，随着你工薪的增加，可以调整一次定投金额。

实际上指数是无法定投的，操作定投的都是指数基金。另外，由于中国股市的特殊情况，主动型基金跑赢指数的也不少，也可以定投历史表现好的主动型基金。这个历史表现好，指的是至少要 3 ~ 5 年，经过一个牛熊周期，表现都比较均衡，跑赢对比指数的品种。

需要注意的是：指数基金严格追踪指数，现金分红会影响基金的追踪。基金公司会把股票分红积累起来，积攒后分红。我们平常说的指数大部分是不包括分红的。同时期如果定投沪深 300 指数基金，收益将会更高，后面讲到的定投中证 500 指数等同样如此。

第三节　价值平均策略

不满足现状永远是人类前进的永久动力。既然定投能在股市跌的时候买更多的份额，涨的时候少买份额，那么我们是否能在跌的时候买的更多些，涨的时候买的更少些或者不买，甚至在更高点赎回部分份额呢？美国学者迈克尔·埃德尔森在 20 世纪 90 年代提出了价值平均策略，就更好地解决了这个问题。

标准价值平均策略

所谓价值平均策略，就是埃德尔森发现，因为股市的涨跌，导致了每月定额的投资，会在不同月出现不同的价值。那么，我们假定每次定投后固定其价值，不足的用更多的资金补足，超过的去除，会出现什么情况呢？相对价值平均策略，我们把每个月定投固定金额的方法叫“成本平均策略”。

传统的成本平均策略，不管是熊市的底部还是牛市的顶部，买的金额都是一样的。那么我们可以设想一下，如果我们在熊市的底部多买点，牛市的顶部少买点甚至卖出，效果是不是更好呢？回答是肯定的，价值平均策略就是每次定投的时候凑满当月累计的价值，甚至还可以设定一个每月增幅，这个增幅主要是抵抗通胀用的。

例如，我们第一个月买了1000元的某个品种，假定每个月的增幅是1%（当然通胀不可能那么夸张，这里只是举个例子），那么第二个月买完后累计价值要达到1000×2×（1+1%）=2020元。如果你第一次买的1000元到了第二个月跌到只有900元了，那么你第二个月要投入的资金就是1120元（2020－900）。到了第三个月，需要达到的累计价值是1000×3×（1+1%）=3030元，如果前两个月的投资继续受到下跌影响只有1500元了，那么到第三个月需要投入的资金1530元（3030－1500）。以此类推。

我们还是通过一个例子来对比一下成本平均策略和价值平均策略的结果。假定从2010年6月到2016年12月，每个月月底买入创业板指数，共79次，成本平均策略每个月1000元，价值平均策略起步也是1000元，每个月递增1%。如表7－7所示。

表7－7　成本平均和价值平均策略对照

项目	成本平均策略	价值平均策略
年化收益率	16.42%	26.71%
累计投入（元）	79000	25565
累计次数	79	79
累计盈利（元）	55056	54215
总收益率	69.69%	212.07%

结果显示，成本平均策略累计投资79000元，盈利55056元，总收益率是69.69%，年化收益率是16.42%。而价值平均策略因为创业板

指数上涨导致投入小于 1000 元，甚至有几个月不仅不投入还卖出了部分，所以累计投入才 25565 元。虽然累计盈利略少，但因为累计投入远远小于 79000 元，所以总收益率高达 212.07%，年化收益率也高达 26.71%，比成本平均策略多了整整 10%。

但价值平均法也有缺陷，就拿上面的例子来说，按照成本平均法每个月投入才 1000 元，但在熊市底部价值平均法却需要投入 18959 元，几乎是平时的 19 倍资金，这是绝大部分人不能接受的，而且需要极强的心理承受能力。

一般来说，刚工作的职业人士，有稳定的现金流但积蓄很少，可以采用成本平均策略定投。而有很多现金积累，或者股市里可以随时抽出资金，而且心理承受能力很高的，可以采用价值平均策略。但价值平均策略必须解决无节制的资金需求这个问题。

有限价值平均策略

为了解决无节制的资金需求这个问题，笔者设计了一个有限价值平均法，就是在价值平均法的基础上设定投资资金的最大值和最小值，这样就有效地避免了无底洞的情况。当然，收益率肯定要比标准的价值平均法低一些，这也是没办法的事情，因为输赢同源。

还是先拿上面的六大指数做个对照，表 7-8 为使用成本平均法和标准价值平均法定投六大指数对比。

表 7-8　六大指数成本平均法和价值平均法对比

指数代码	000300	000905	000852	399975	399440	399394
指数名称	沪深 300	中证 500	中证 1000	证券公司	国证钢铁	国证医药
成本平均年化收益率	3.78%	10.43%	16.17%	4.57%	0.00%	12.56%
价值平均年化收益率	6.79%	14.68%	21.15%	13.40%	2.44%	16.70%
差额	3.01%	4.24%	4.98%	8.83%	2.44%	4.14%
成本平均月金额（元）	1000	1000	1000	1000	1000	1000
价值平均月最大金额（元）	21827	28923	31113	27393	120268	56090
价值/成本比	22	29	31	27	120	56

我们从表 7－8 可以看到，证券公司指数用了价值平均法后，年化收益率提升最快，从原来的 4.57% 提升到 13.40%，提升了 8.83%，即使效果最差的国证钢铁指数，也从 0% 提升到 2.44%，效果非常明显。

细心的读者一定会问：市场越跌我定额金额越高，那最高会到多少呢？按照笔者的测算，成本平均策略每个月定投 1000 元的，以上六个指数如果采用价值平均策略，最高的国证钢铁需要定投 120268 元，最低的沪深 300 也需要 21827 元，分别是成本平均的 120 倍和 22 倍，这在实际操作上根本是一件不可能的事情。

为什么埃德尔森提出的价值平均策略会在中国 A 股市场出现这样的情况呢？这就是中国股市的特色。在埃德尔森所在的美国，股市相对涨跌平稳，不会出现中国 A 股暴涨暴跌的情况，所以价值平均策略相对的问题不突出。但在中国不行，中国市场还是一个弱有效市场，暴涨暴跌是经常发生的。别说 120 倍，就是 20 倍的差额也不是一般的工薪阶层所能接受的。

既然 20 倍不能接受，我们是否能事先给出一个限制，比如说，如果我们能接受 5 倍，即平时定投 1000 元，最高我们定投 5000 元，最低我们定投 －5000 元，所谓 －5000 元，就是从股市中赎回或者卖出 5000 元的标的。笔者把这种价值平均策略叫“有限价值平均策略”。使用有限价值平均法定投沪深 300（定投上限 5000 元，定投下限 －5000 元），如果限制在 5 倍，会出现什么情况呢？

仍然拿上面的六大指数做对照，表 7－9 为使用成本平均法、价值平均法和有限价值平均法定投六大指数的对比。

表 7－9　成本平均法、价值平均法和有限价值平均法对比

指数代码	000300	000905	000852	399975	399440	399394
指数名称	沪深 300	中证 500	中证 1000	证券公司	国证钢铁	国证医药
成本平均年化收益率	3.78%	10.43%	16.17%	4.57%	0.00%	12.56%
价值平均年化收益率	6.79%	14.68%	21.15%	13.40%	2.44%	16.70%
有限价值年化收益率	6.84%	13.81%	19.61%	10.95%	2.82%	16.20%

续表

指数代码	000300	000905	000852	399975	399440	399394
成本平均月金额	1000	1000	1000	1000	1000	1000
价值平均月最大金额	21827	28923	31113	27393	120268	56090
价值/成本比	22	29	31	27	120	56

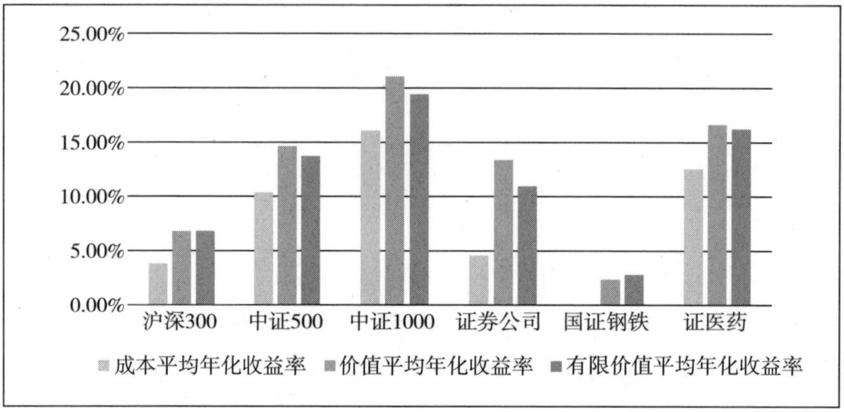

图7－3　六大指数有限价值平均法定投比较

从表7－9和图7－3中我们看到，用了有限价值平均策略定投后，收益率和标准的价值平均策略定投相比，相差无几，甚至还有个别的略有超过，但月最大资金少了很多，说明这是一种比较实用的方法。

很可惜，目前基金公司还没有这种有限价值平均策略，很多所谓的智能定投，本质上还是原版的价值平均策略或者是其他的变种，因为原理上都是跌得多时买得多，所以导致资金需求无限，效果欠佳。相信将来这种比较实用的有限价值平均策略定投，一定会为基金公司采纳。现在如果要用这个策略，只能在场内自己操作。

另外，随着货币贬值，原版的价值平均策略其实也不是真正的价值平均了。我们可以采用这样的策略：即每个月的价值平均实际上是用原始金额乘上一个值，如0.1%，来抵抗货币贬值。大家可以根据这个思路自行计算。

量化定投周期

还有人提出，我定投除了每个月一次外，是不是可以每个月两次，或者每周一次，甚至有人说每天一次是不是更好。笔者回算了沪深 300 从 2007 年 10 月到 2016 年 10 月，这九年里从每天一次到甚至每年一次，其对应的年化收益率相差无几，甚至硬要找出一个最佳值，还是每月定投略高一些。这一结果也许仅针对这个个案有效，但却说明了，加大定投频次并不会增加年化收益率。表 7－10 为不同定投周期下定投沪深 300 指数收益率对比。

表 7－10　不同定投周期下定投沪深 300 指数收益率比较

定投频次	年化收益率
每天定投	3.67%
周一定投	3.66%
周二定投	3.67%
周三定投	3.60%
周四定投	3.63%
周五定投	3.65%
每月定投	3.78%
两个月定投	3.75%
一季度定投	3.53%
半年定投	2.95%
一年定投	1.91%

第四节　量化定投基金

基金分类

上面讲的全是指数，但实际上指数是无法买卖的，可以买卖的只有基金。基金分为场外基金和场内基金，这个场是指交易所场地。

场外基金就只有一种交易方式，即投资者直接或者通过第三方和基金公司发生买卖关系，叫申购或者赎回。现在很多基金公司开通了直接扣款做定投的业务，即使你没有股票账户，都可以开通网上基金业务，绑定银行卡后自动每期扣款。

场内交易的方式比较多，大致上有三种。

第一种申购赎回，是通过券商作为第三方向基金公司发出申购赎回的交易信号，这个基本和场外直接交易差不多。但场内有一些限制条件，不是所有的基金都可以通过券商申购赎回的，有些券商没有开通某些基金的业务，你就无法通过场内申购赎回；另外，还有些条件限制，如分级基金的母基金，如果你场内申购需要五万元起步。

第二种只针对 ETF 基金，它的申购和赎回一般情况下都是一揽子跟踪指数匹配的股票，权重也是按照指数中的股票权重匹配的，而且最低申购非常高，一般不适合“小散”，这里就不详细介绍了。

第三种方式和股票交易一样，交易价格和申购赎回的价格有个差异，市场价格相对净值的差异叫溢价率。

溢价率 = （市场价 - 净值）/净值

说明：溢价说明市场价比净值高，相反就是折价，折价的时候市场价比净值低。

我们还会看到一类 ETF 联接基金，就是为了“小散”也能够申购 ETF 而专门做的基金，这类基金的最低申购金额要比 ETF 基金小很多。

量化基金定投三种方案

根据以上的分析，笔者推荐基金定投三种方案。

一箭中的

即一次搞定后再也不用平时去打理。“一箭中的”比较适合刚刚踏上工作岗位没多久，基本没积累，但每月有稳定的现金流的投资者。笔者推荐场外成本平均法自动定投，这样可以克服因为忙或者暴跌等原因而停止定投的弊病。上文讲过，要想定投效果好，需要弹性好的品种，如宽基中的创业板，如果觉得回撤严重心理压力过大的话，也可以选择中证500甚至沪深300指数对应的基金。当然输赢同源，回撤相对大的创业板，肯定最终收益率也高；而回撤小的沪深300指数，收益率肯定是低的。

表7－12回测了用创业板指数、中证500、沪深300三种不同的指数，从2010年6月起定投71个月的情况，用现金流量法的xirr函数计算，得到的年化收益率分别是26.90%、13.55%、6.31%，对应的最大回撤分别是29.05%、28.32%、20.58%。数据充分说明了笔者前文的观点，即弹性越好的创业板，定投的收益率越高，同样最大回撤也会大一些。笔者还是推荐回撤稍微大一些但收益率好很多的如创业板定投，具体的品种有易方达、富国等基金公司的产品，一般都有定投方式，即在基金公司开户并绑定银行卡，每月指定扣款日期和金额。同时不少基金公司对定投还有免申购费、后端收费等优惠。

表7－11　一箭中的策略

跟踪指数	指数代码	年化收益	最大回撤	基金代码	基金名称	基金公司
创业板	399006	26.90%	－29.05%	110026	创业板ETF联接	易方达
				161022	创业板分级	富国
中证500	000905	13.55%	－28.32%	160119	中证500联接	南方
				161017	中证500	富国
沪深300	000300	6.31%	－20.58%	110020	沪深300ETF联接	易方达
				202015	沪深30ETF联接	南方
				100038	沪深300	富国

双拳出击

对于已经工作了多年的职场人士来说，一般有一定的积蓄，对回报的要求也比较高，如果还是用积蓄做每月定额的定投，感觉资金利用率太低，那笔者推荐的“双拳出击”能很好地解决这个问题。“双拳出击”的核心是：第一拳，选弹性最好的指数；第二拳，选价值平均策略而不是成本平均策略。

表 7－12 选了五个指数对应的场内基金。主要是考虑了下列因素：有足够的弹性；有 1000 万元以上的成交量；场内申购免费。

价值平均策略的参数如下：

- 月平均增幅 1%
- 月常规定投额 1000 元
- 最大定投额 5000 元
- 最小定投额 －5000 元（也就是当月金额累计超过当月期望值时可以抽出的最大资金。）

表 7－12　双拳出击策略

指数代码	指数名称	总投资月	累计总盈利	年化收益	最大回撤	A 代码	A 名称	B 代码	B 名称	母基代码	母基名称
399006	创业板指	63	311.14%	33.90%	－20.93%	150152	创业板 A	150153	创业板 B	161022	创业分级
399707	CSSW 证券	63	106.51%	21.94%	－20.14%	150171	证券 A	150172	证券 B	163113	申万证券
399970	移动互联	45	306.96%	48.53%	－9.42%	150194	互联网 A	150195	互联网 B	161025	移动互联
399973	中证国防	57	152.38%	31.90%	－21.08%	150205	国防 A	150206	国防 B	160630	国防分级
399989	中证医疗	63	239.52%	30.90%	－18.75%	150261	医疗 A	150262	医疗 B	162412	医疗分级
	平均	58.2	223.30%	33.43%	－18.06%						

从表 7－12 可以看到，创业板年化收益率为 33.90%，超过了成本平均策略的 26.90%。五个品种的平均年化收益率达到 33%，最大回撤 18%，整体效果比成本平均策略要好很多，而且资金用量也能得到控制。以上几个参数大家也可以根据自己的情况调整，如担心资金量太大，可以把最大资金量 5 倍改成 3 倍或 4 倍，甚至更少。其实，把最大资金量和最小资金量都设为常规资金量后，价值平均策略就变成了成本平均策略。

具体操作：按照价值平均计算出应该要达到的当月价值，和实际定投资产进行比较，差额即为当月定投额，如果超过最大值就定投最大值，如果小于最小值就用最小值。然后，换算成应该买的 AB 的份额在场内买入，如果整体溢价过高，可以在场内申购，记住这里一定要在场内申购，不能场外申购，否则无法拆分成 AB。但是场内申购也有个问题，就是最低申购额必须满五万元。当然，定投不可能那么高，这里有个好办法，如果遇到整体溢价较高时，可以卖出你场内的 AB，同时申购母基金，当然你的场内 AB 合计必须接近五万元，这样做才有意义，也就是说，申购额等于当月定投额加上场内卖出 AB 的总金额，这样做的好处还可以吃到溢价。这样的操作引出了第三招。

三番四次

如果投资者平时有比较多的时间操作，除了用上面的“双拳出击”外，还可以在此基础上进行套利。具体的操作如下：

首先，把定投的资金分成两份，一份为 AB，一份为母基金。

如果我们操作创业板，那么如果场内有 10 万元资金的话（这是最低额），5 万元买了 AB——150152 和 150153 的合计资产为 5 万元，另外 5 万元是母基金 161022。如果发现在收盘前整体溢价，即 AB 合并后的价格超过母基金的预估净值，那么可以卖出 AB，同时申购母基金，并把已有的母基金拆分成 AB 套利；反之，如果折价了，就把场内的 AB 合并成母基金，再买入一份 AB，并把已有的一份母基金赎回，当然，赎回有 0.5% 的赎回费用，在折价的时候必须考虑。

表 7 - 13 是以当天跟踪指数的 95% 的涨幅作为估算套利的结果，佣金及冲击成本用 0.3% 估算，最高的国防分级截至 2016 年 4 月 15 日，能套利 30%，年化高达 147%。但实际上收盘前的套利现在都不太好把握，实际不可能有那么高。但即使这样，“三番四次”的套利依然是“双拳出击”的一个非常好的补充。当然，这要每天有时间操作，或者设计一个机器人自动帮你操作。

表 7 - 13　三番四次策略

A 代码	A 名称	B 代码	B 名称	母基代码	母基名称	2016 年收益率	年化收益率
150152	创业板 A	150153	创业板 B	161022	创业分级	12.11%	48.24%
150171	证券 A	150172	证券 B	163113	申万证券	11.20%	44.15%
150194	互联网 A	150195	互联网 B	161025	移动互联	26.75%	126.19%
150205	国防 A	150206	国防 B	160630	国防分级	30.08%	147.30%
150261	医疗 A	150262	医疗 B	162412	医疗分级	18.53%	79.55%

有人质疑，中国股市可能会像日本那样20年萎靡不振。从表7－14，27年中国股市的发展可以看到，最多连头带尾7年，中国股市一定会有一次涨幅超过50%的大牛市。定投就是在底部吸足筹码，到大牛市一次出仓。当然，历史不能代表将来，如果你对中国经济长期看空，那就不要来股市了。

表7－14　中国股市七年之痒

时间	收盘	涨幅
1990/12/31	127.61	
1991/12/31	292.75	129.41%
1992/12/31	780.39	166.57%
1993/12/31	833.8	6.84%
1994/12/30	647.87	－22.30%
1995/12/29	555.29	－14.29%
1996/12/31	917.01	65.14%
1997/12/31	1194.1	30.22%
1998/12/31	1146.7	－3.97%
1999/12/30	1366.58	19.18%
2000/12/29	2073.47	51.73%
2001/12/31	1645.97	－20.62%
2002/12/31	1357.65	－17.52%
2003/12/31	1497.04	10.27%
2004/12/31	1266.5	－15.40%
2005/12/30	1161.06	－8.33%
2006/12/29	2675.47	130.43%
2007/12/28	5261.56	96.66%
2008/12/31	1820.81	－65.39%
2009/12/31	3277.14	79.98%
2010/12/31	2808.08	－14.31%
2011/12/30	2199.42	－21.68%
2012/12/31	2269.13	3.17%
2013/12/31	2115.98	－6.75%
2014/12/31	3234.68	52.87%
2015/12/31	3539.18	9.41%
2016/04/15	3078.12	－13.03

第五节　定投万能模板

为了方便读者自己计算定投的收益率等各项指标，笔者设计了一个定投万能模板，如表7－15所示。该模板对成本平均策略、价值平均策略、有限价值平均策略通用，下面逐一介绍。

A 列是定投日期，表中选择了从 2015 年 5 月 29 日开始定投，每个月月底定投一次，当然你也可以选择其他日期。B 列是在对应日期的价格，如果是场外基金，则是净值。C 列是基金的分红额，这里用了分红不再投的保守算法。

T2 是定投金额。T3 是月增长率，用在价值平均策略中，为每个因通胀而需要补偿的比例。T4 是有限价值平均策略定投的上限，T5 是下限，上限等于下限，等于 T2 的定投金额，就是成本平均策略；如果 T4 正无穷大，T5 负无穷大，那么就是标准的价值平均策略；如果 T4、T5 是一个有限值，那么就是有限价值平均策略；如果 T5 是负数，那么就是表明在极端情况下，最多可以卖出或者赎回 T5 金额的股票或者基金。

从 T7 到 T13 的年化收益率、累计投入、累计次数、累计盈利、总收益率、最大回撤、夏普比例等参数都会自动计算。读者可下载模板使用。

表 7－15　定投万能模板

	A	B	C	D	E	F	G	H	I	J	K	L	M	N	O	P	Q	R	S	T
1	月份	收盘	分红	累计分红金额	应到金额	应投入金额	实际投入金额	实际累计投入金额	累计理论投入	定投份额	累计份额	累计价值	累计盈利	收益率	净值	月收益率	最大回撤	现金流	项目	数据
2	2015/5/29	1.686		0.00	0	1000	1000	1000	1000	593	593	1000	0	0.00%	1.000			1000	定投金额	1000.00
3	2015/6/30	1.561		0.00	1000	1074	1000	2000	2000	641	1234	1926	-74	-3.71%	0.963	-3.71%	3.71%	1000	月增长率	0.00%
4	2015/7/31	1.111		0.00	2000	1629	1000	3000	3000	900	2134	2371	-629	-20.98%	0.790	-17.94%	20.98%	1000	定投上限	1000.00
5	2015/8/31	0.966		0.00	3000	1939	1000	4000	4000	1035	3169	3061	-939	-23.47%	0.765	-3.15%	23.47%	1000	定投下限	1000.00
6	2015/9/30	0.949		0.00	4000	1993	1000	5000	5000	1054	4223	4007	-993	-19.85%	0.801	4.73%	19.85%	1000		
7	2015/10/30	1.284		0.00	5000	578	1000	6000	6000	779	5002	6422	422	7.03%	1.070	33.55%	0.00%	1000	年化收益率	64.34%
8	2015/11/30	1.557		0.00	6000	-787	1000	7000	7000	642	5644	8787	1787	25.54%	1.255	17.29%	0.00%	1000	累计投入	21000.00
9	2015/12/31	1.816		0.00	7000	-2249	1000	8000	8000	551	6195	11249	3249	40.62%	1.406	12.01%	0.00%	1000	累计次数	21.00
10	2016/1/29	1.258	0.30	1858.35	8000	1207	1000	9000	9000	795	6989	10651	1651	18.34%	1.183	-15.84%	15.84%	1000	累计盈利	11576.39
11	2016/2/29	1.249		1858.35	9000	1270	1000	10000	10000	801	7790	11588	1588	15.88%	1.159	-2.08%	17.59%	1000	总收益率	55.13%
12	2016/3/31	1.533		1858.35	10000	-942	1000	11000	11000	652	8442	14801	3801	34.55%	1.346	16.11%	4.31%	1000	最大回撤	23.47%
13	2016/4/29	1.593		1858.35	11000	-1449	1000	12000	12000	628	9070	16307	4307	35.89%	1.359	1.00%	3.36%	1000	夏普比例	1.46
14	2016/5/31	1.587		1858.35	12000	-1394	1000	13000	13000	630	9700	17253	4253	32.71%	1.327	-2.34%	5.62%	1000		
15	2016/6/30	1.731		1858.35	13000	-2791	1000	14000	14000	578	10278	19649	5649	40.35%	1.404	5.76%	0.19%	1000		
16	2016/7/29	1.722		1858.35	14000	-2699	1000	15000	15000	581	10859	20557	5557	37.05%	1.370	-2.36%	2.54%	1000		
17	2016/8/31	1.835		1858.35	15000	-3926	1000	16000	16000	545	11404	22784	6784	42.40%	1.424	3.91%	0.00%	1000		
18	2016/9/30	1.890		1858.35	16000	-4553	1000	17000	17000	529	11933	24411	7411	43.60%	1.436	0.84%	0.00%	1000		
19	2016/10/31	1.966	0.35	6034.80	17000	-5460	1000	18000	18000	509	12441	30495	12495	69.41%	1.694	17.98%	0.00%	1000		
20	2016/11/30	1.969		6034.80	18000	-5497	1000	19000	19000	508	12949	31532	12532	65.96%	1.660	-2.04%	2.04%	1000		
21	2016/12/30	1.969		6034.80	19000	-5497	1000	20000	20000	508	13457	32532	12532	62.66%	1.627	-1.99%	3.99%	1000		
22	2017/1/24	1.898		6034.80	20000	-4542	1000	21000	21000	527	13984	32576	11576	55.13%	1.551	-4.63%	8.43%	-31576		

第六节　何时结束定投

对于什么时候入场定投，绝大部分投资者的观点基本一致：任何时候都可以开始。但对于基金在什么时候退出定投，众说纷纭。有说不用清仓的，有说 PE 或者 PB 到了某一个高点退出的，还有人说年化收益率到某一数值的。我们这里用了整体收益率作为清仓阈值，清仓后继续开始定投。主要原因是整体收益率的计算对普通投资者最方便，累计投入多少，盈利多少，计算一目了然。从 2007 年初开始到 2017 年 3 月 9 日，一共有 10 多年的数据，笔者选取了兴全趋势、博时主题、华夏收入、富国天惠、汇添富优势、东方精选、红利 ETF 等七只有 10 年以上数据的基金以及中证 100、中证 200、中证 500、中证 1000 四个大、中、小、微型企业指数，对比如图 7－4 所示。

从整体看，波动率越大，到达阈值后清仓的次数就越多，整体的年化收益率也越高。如果在 10 年内不清仓，年化收益率大概率是垫底，最高的博时主题也只有 24.22%。如果在整体收益率 100% 清仓，最高的博时主题高达 32.53%；80% 清仓，最高的依然是博时主题，35.06%；60% 清仓，最高的是中证 1000，32.10%。当然这些都是过去的历史数据，将来不可能完全一致。但选择类似博时主题这样的基金，80%～100% 的清仓阈值，最长 7 年左右总有一次清仓机会，而且从数据来看，清仓时间均集中在 2007 年和 2014 年底、2015 年中几个高峰中，从而保证了落袋为安。

选择以上基金，只是因为有 10 年以上的数据可以用来对比，读者也可以选择最近几年表现出色的量化基金，如长信量化、申万量化等。读者可下载计算模板，自行把基金净值和分红值等输入后计算结果。

清仓阈值：整体盈利100%											
	163402	160505	288002	161005	519008	400003	510880	000903	000904	000905	000852
清仓次数	兴全趋势投资	博时主题行业	华夏收入混合	富国天惠成长	汇添富优势精	东方精选	红利ETF	中证100	中证200	中证500	中证1000
1	2015年4月	2007年12月	2015年4月	2015年2月	2015年1月	2015年4月	2015年5月		2015年5月	2015年4月	2015年3月
2		2015年1月									
最长清仓期(年)	8.33	7.09	8.33	8.16	8.08	8.33	8.41	10.19	8.41	8.33	8.25
最短清仓期(年)	1.86	0.99	1.86	2.03	2.11	1.86	1.78	10.19	1.78	1.86	1.94
清仓阈值：整体盈利80%											
清仓次数	兴全趋势投资	博时主题行业	华夏收入混合	富国天惠成长	汇添富优势精	东方精选	红利ETF	中证100	中证200	中证500	中证1000
1	2015年3月	2007年12月	2015年3月	2015年1月	2007年10月	2015年3月	2007年8月		2015年4月	2015年3月	2014/11/28
2		2014年12月			2015年2月		2015年4月				
最长清仓期(年)	8.25	7.01	8.25	8.08	7.33	8.25	7.66	10.19	8.33	8.25	7.91
最短清仓期(年)	1.94	0.99	1.94	2.11	0.83	1.94	0.67	10.19	1.86	1.94	2.28
清仓阈值：整体盈利60%											
清仓次数	兴全趋势投资	博时主题行业	华夏收入混合	富国天惠成长	汇添富优势精	东方精选	红利ETF	中证100	中证200	中证500	中证1000
1	2007年9月	2007年8月	2007年8月	2010年12月	2007年8月	2015年3月	2007年4月	2007年8月	2007年8月	2015年2月	2007年4月
2	2015年2月	2014年12月	2015年2月	2015年1月	2010年11月		2015年3月	2015年4月	2015年3月		2010年10月
3					2015年2月						2015年2月
最长清仓期(年)	7.42	7.33	7.49	4.08	4.24	8.25	7.92	7.66	7.58	8.16	4.33
最短清仓期(年)	0.74	2.19	2.03	2.11	3.92	1.94	1.94	1.86	1.94	2.03	0.33
清仓阈值：整体盈利40%											
清仓次数	兴全趋势投资	博时主题行业	华夏收入混合	富国天惠成长	汇添富优势精	东方精选	红利ETF	中证100	中证200	中证500	中证1000
1	2007年7月	2007年5月	2007年5月	2007年8月	2007年6月	2007年5月	2007年1月	2007年7月	2007年4月	2007年4月	2007年4月
2	2014年12月	2007年12月	2014年12月	2010年10月	2009年7月	2015年1月	2007年8月	2015年3月	2015年3月	2010年2月	2009年11月
3		2014年9月		2015年1月	2014年11月	2015年5月	2014年12月			2015年1月	2014年9月
4		2015年5月			2015年4月						2015年4月
最长清仓期(年)	7.42	6.76	7.59	4.25	5.33	7.67	7.33	7.67	7.92	4.93	4.83
最短清仓期(年)	0.58	0.41	0.41	0.67	0.49	0.41	0.08	0.58	0.33	0.33	0.33
波动率	93.59%	116.11%	91.74%	74.50%	77.96%	33.75%	68.69%	36.30%	42.45%	69.97%	154.75%

年化收益率	兴全趋势投资	博时主题行业	华夏收入混合	富国天惠成长	汇添富优势精	东方精选	红利ETF	中证100	中证200	中证500	中证1000
整体收益率100%清仓	16.36%	32.53%	18.29%	17.88%	19.23%	16.44%	16.27%	3.26%	16.32%	19.36%	20.34%
整体收益率80%清仓	14.67%	35.06%	16.11%	16.48%	25.20%	14.54%	21.87%	3.26%	14.31%	16.02%	14.26%
整体收益率60%清仓	15.35%	26.09%	16.04%	27.48%	42.75%	14.54%	14.23%	16.07%	15.20%	11.87%	32.10%
整体收益率40%清仓	13.52%	15.04%	11.73%	29.41%	24.26%	10.31%	13.51%	10.19%	12.60%	21.79%	27.23%
不清仓年化收益率	12.87%	24.22%	12.09%	18.72%	22.72%	8.74%	9.60%	3.26%	4.35%	9.25%	13.80%

图7-4 定投清仓对比

第八章

量化效果的衡量

第一节　年化收益率与最大回撤率

年化收益率

我们看到某些基金公司的宣传，经常会出现成立以来获得了多少的总收益率，如100%的总收益率。如果我们不知道这个100%是在多少年里取得的，就很难对比这个基金的好坏。实际投资中，一般用年化收益率这个概念来对比。

$$年化收益率 = (总收益 + 1)^{(365.25/天数)} - 1$$

注意：这里的天数不是交易日而是自然日。如一只基金2年获得100%的收益，那么年化收益率是41%，是非常不错的收益了。如果是10年，那么年化收益率就只有7%，也就是刚刚好而已。

最大回撤率

两个量化策略虽然有同样的年化收益率，但一个在其中回撤了5%，一个回撤了50%，后一个策略在过程中就很难坚持下去，而前一个策略相对来说坚持下去的可能性就比较大。

最大回撤率：在选定周期内任一历史时点往后推，净值下降到最低点时的收益率回撤幅度的最大值。最大回撤用来描述买入产品后可能出现的最糟糕的情况。具体计算方法有两种，一种是往前计算，一种是往后计算。

往前计算，首先计算出每天和前面最高点比的最大回撤：1－当天值/前面的最大值，然后计算出这些数据里的最大值。

往后计算，首先计算出每天和后面最低点比较的最大回测：1－后面的最小值/当天值，然后计算出这些数量里的最大值。

表8－1　最大回测率计算

时间	收盘	方法1	方法2
2017/1/3	3135.92	0.00%	1.10%
2017/1/4	3158.79	0.00%	1.82%
2017/1/5	3165.41	0.00%	2.03%
2017/1/6	3154.32	0.35%	1.68%
2017/1/9	3171.24	0.00%	2.21%
2017/1/10	3161.67	0.30%	1.91%
2017/1/11	3136.75	1.09%	1.13%
2017/1/12	3119.29	1.64%	0.58%
2017/1/13	3112.76	1.84%	0.37%
2017/1/16	3103.43	2.14%	0.07%
2017/1/17	3108.77	1.97%	0.24%
2017/1/18	3113.01	1.84%	0.38%
2017/1/19	3101.30	2.21%	0.00%
2017/1/20	3123.14	1.52%	0.00%
2017/1/23	3136.77	1.09%	0.00%
2017/1/24	3142.55	0.90%	0.00%
2017/1/25	3149.55	0.68%	0.00%
2017/1/26	3159.17	0.38%	0.00%

从表8－1可以看到，用第一种方法，最大值在2017年1月19日，而用第二种方法，最大值在2017年1月9日。其实就是1月9日跌到1月19日的最大回撤。

第二节　夏普比率与年换手率

夏普比率

同样的年化收益率、同样的最大回撤，是不是一样的策略呢？也不是！假定有两个策略，年化收益率都是30%，回撤都是10%，但一个回撤了一次10%，而另一个策略则回撤了十多次10%，显然后一个策略不如前一个策略好。那么，用什么来定量描述这个差异呢？

一般用夏普比率来描述这个差异，夏普比率表示每承受一单位风险，会产生多少的超额回报。计算公式为：

（年化收益率－无风险收益率）/年化收益波动率

其中，无风险收益率一般取4%，当然也可以按照实际情况予以调整，夏普比率是一个相对比较值。

年化收益波动率 ＝stdev（日收益率） ×sqrt（250）

其中，250是一年的平均交易日。

夏普比率越大，策略越好。比率＞1，策略的收益很好；比率＞3时，代表组合的收益超好。我们平时在晨星网等基金网站上看到的夏普比率就是这样计算出来的。

年换手率

即使年化收益率、最大回撤、夏普比率都一样，但一个在一年里换手率是200%，一个是2000%，那肯定后者不如前者。换手率高，不仅佣金等成本高，而且还因为资金量大，造成冲击成本增大，再加上频繁的操作还有时间成本。所以在年化收益率、最大回撤、夏普比率都相同的条件下，年换手率越低越好。

年换手率 = Σ（每天交易金额/当天总市值）

例如，一般小市值策略在中国很长一段时间内是非常有效的，笔者在全体 A 股中取排名最小的前 10 名，剔除日成交额 1000 万元以下及 ST 股票，每 21 个交易日换一次（每月平均 21 个交易日），使用果仁网数据，如表 8 – 2 所示。

表 8 – 2　小市值策略换手率回测

	沪深 300	策略
2010 年	–12.51%	52.17%
2011 年	–25.02%	7.56%
2012 年	7.56%	14.39%
2013 年	–7.65%	61.63%
2014 年	51.67%	131.54%
2015 年	5.58%	311.47%
2016 年	–6.49%	41.71%
总计	–2.43%	3827.33%
年化收益率	–0.36%	70.24%
最大回撤	46.70%	52.08%
夏普比率	–0.174	1.908
换手率		507.29%

换手率高，还容易产生更大的冲击成本。所谓冲击成本，就是指更大的成交量使得实际成交价格比回测成交价格更加不理想，即卖出的时候因为成交量大而实际没那么多买单成交，导致实际成交价格比回测价格低，反之会高。由于存在冲击成本，最后的收益率会低于回测收益率很多。所以，一方面要选择成交量大的品种来回测，另一方面，最好是降低操作频次、降低年换手率，使实际成交价格接近回测成交价格。

当然，除了以上四个指标外，还有波动率等其他次要指标，但最主要的还是这四个指标。

第九章

量化中常见的问题

第一节　数据过少

上证指数数据优化回测

从历史数据中发掘规律，一般来说至少需要经历一个牛熊周期。在A股，一般一个牛熊周期3~5年，最长7年，所以少于3年的数据就不太合适，如2014、2015年两年是牛市，如果用这两年的数据找到的最佳值，到2016年走熊的时候就不一定合适了。我们来看一个最简单的，用上证指数2014、2015年两年数据找到最佳均线策略的一个例子，如表9-1所示。

表9-1　上证指数2014、2015年收益率回测

均线天数	2014、2015年总收益率	均线天数	2014、2015年总收益率
10	55.00%	62	92.31%
20	73.49%	64	93.50%
30	85.64%	66	96.89%
40	77.37%	68	99.37%
50	88.45%	72	97.63%
60	89.62%	74	95.46%
70	101.21%	76	91.96%
80	80.04%	78	91.96%
90	68.07%	69	99.72%
100	71.85%	71	101.42%

从表9-1中我们可以看到，通过部分数据的遍历，找到了均线为71天，对应2014、2015年两年总收益率101.42%这个最佳值，但这个

71 天的参数在 2016 年表现又如何呢?

表 9－2　上证指数近 7 年收益率（MA71）

时间	上证指数	优化（71 天）
2010/12/31	－14.31%	－8.33%
2011/12/30	－21.68%	－6.77%
2012/12/31	3.17%	－2.55%
2013/12/31	－6.75%	－8.07%
2014/12/31	52.87%	51.89%
2015/12/31	9.41%	32.60%
2016/11/25	－7.83%	－9.76%
总收益率	－0.46%	39.16%
年化收益率	－0.07%	4.90%

如果用 71 天这个参数，2014 年基本持平，2015 年跑赢指数 23 个点，表现不错，但在 2016 年熊市却大跌了近 10 个点，还跑输了指数。2015 年的跑赢，只是在纸面上的，而如果采用此策略进入实战，在 2016 年亏损 10 个点，则是实实在在的。这个量化其实也模拟了很多人的牛市思维进入熊市后的结果。

上证指数 25 年数据优化回测

把上证指数 1991—2015 年 25 年的数据做个优化，还是用 MA 均线策略，线上买进并持有，线下卖出并空仓。通过部分遍历优化，找到了 22 日均线这个最佳值，如表 9－3 所示。

表 9－3　上证指数近 25 年收益率回测

天数	年化收益率	天数	年化收益率
10	29.64%	12	28.73%
20	33.67%	14	32.65%
30	28.46%	16	33.14%
40	28.64%	18	32.13%
50	25.30%	22	34.41%
60	22.69%	24	31.71%
70	20.90%	26	29.80%
80	19.38%	28	29.31%
90	18.89%	21	34.19%
100	19.48%	23	32.24%

对比一下用 22 日均线策略对应的每年的收益率情况，如表 9－4 所示。

表 9-4 上证指数近 25 年收益率（MA22）回测

	上证指数	22 天均线
1991-12-31	129.41%	167.48%
1992-12-31	166.57%	569.08%
1993-12-31	6.84%	86.74%
1994-12-30	-22.30%	32.82%
1995-12-29	-14.29%	0.86%
1996-12-31	65.14%	50.47%
1997-12-31	30.22%	18.86%
1998-12-31	-3.97%	11.44%
1999-12-30	19.18%	20.14%
2000-12-29	51.73%	38.96%
2001-12-31	-20.62%	-1.07%
2002-12-31	-17.52%	6.67%
2003-12-31	10.27%	5.36%
2004-12-31	-15.40%	1.61%
2005-12-30	-8.33%	-2.49%
2006-12-29	130.43%	126.08%
2007-12-28	96.66%	77.36%
2008-12-31	-65.39%	-17.43%
2009-12-31	79.98%	62.44%
2010-12-31	-14.31%	-0.55%
2011-12-30	-21.68%	-1.85%
2012-12-31	3.17%	7.59%
2013-12-31	-6.75%	2.66%
2014-12-31	52.87%	43.86%
2015-12-31	9.41%	18.79%
2016-11-25	-7.83%	4.02%
总收益率	2456.18%	169032.98%
年化收益率	13.33%	33.24%

量化最佳均线回测

显然，都是截至 2015 年的数据，前一个方案只用了 2 年的数据，2016 年的实盘收益率是 -9.76%，而后一个方案用了 25 年的数据，2016 年对应的收益率却是 4.02%，不仅远远跑赢了 2 年策略，而且还大幅度跑赢了指数。从这个案例也可以看出数据量大，对于优化策略的好处。

但在实盘中依然有问题，除了上证指数，很少有指数、股票有 25 年的数据可供使用，那我们该怎么办呢？前文提到，最近的一个牛熊周期，基本能代表历史的所有情况，特别是 2010 年后这个周期，基本反映了股指期货这个做空工具对大盘的影响。还是拿上证指数为例子，用2010—2015 年共 6 年的数据进行优化，结果找到了 21 天这个非常接近用 25 年数据得到的结果，如表 9 - 5、表 9 - 6 所示。

表 9 - 5　上证指数近 6 年收益率回测

天数	年化收益率	天数	年化收益率
10	3.26%	12	4.87%
20	10.24%	14	8.62%
30	9.55%	16	7.21%
40	8.87%	18	7.39%
50	8.11%	22	10.72%
60	8.24%	24	8.27%
70	8.69%	26	8.27%
80	6.52%	28	10.32%
90	4.28%	21	11.61%
100	5.45%	23	10.38%

表 9 - 6　上证指数近 25 年（MA21、MA22）收益率对比

	上证指数	22 天均线	21 天均线	差异
1991/12/31	129.41%	167.48%	166.63%	-0.85%
1992/12/31	166.57%	569.08%	567.08%	-2.00%
1993/12/31	6.84%	86.74%	94.41%	7.67%
1994/12/30	-22.30%	32.82%	18.89%	-13.93%
1995/12/29	-14.29%	0.86%	-1.68%	-2.54%
1996/12/31	65.14%	50.47%	45.72%	-4.75%
1997/12/31	30.22%	18.86%	14.46%	-4.40%
1998/12/31	-3.97%	11.44%	9.33%	-2.10%
1999/12/30	19.18%	20.14%	21.79%	1.65%
2000/12/29	51.73%	38.96%	38.31%	-0.64%
2001/12/31	-20.62%	-1.07%	-2.44%	-1.37%
2002/12/31	-17.52%	6.67%	8.51%	1.84%
2003/12/31	10.27%	5.36%	5.36%	0.00%
2004/12/31	-15.40%	1.61%	0.72%	-0.88%
2005/12/30	-8.33%	-2.49%	5.30%	7.78%
2006/12/29	130.43%	126.08%	122.34%	-3.74%
2007/12/28	96.66%	77.36%	81.57%	4.21%
2008/12/31	-65.39%	-17.43%	-16.86%	0.57%
2009/12/31	79.98%	62.44%	63.66%	1.22%
2010/12/31	-14.31%	-0.55%	-0.55%	0.00%
2011/12/30	-21.68%	-1.85%	0.04%	1.89%
2012/12/31	3.17%	7.59%	13.16%	5.57%
2013/12/31	-6.75%	2.66%	-0.50%	-3.16%
2014/12/31	52.87%	43.86%	43.86%	0.00%
2015/12/31	9.41%	18.79%	19.95%	1.15%
2016/11/25	-7.83%	4.02%	4.02%	0.00%
总收益率	2456.18%	169032.98%	162113.46%	-6919.52%
年化收益率	13.33%	33.24%	33.02%	-0.21%

用6年数据优化得到的21天均线策略和用25年数据优化得到的22天均线策略，进行比较可以看出，不仅2016年的收益率完全相同，而且历史数据差异也不大，最近10年21天均线策略还平均每年跑赢了22天均线策略大概1个点。

从上面的案例可以看到，回测用的历史数据太少了肯定不好，但太多了也没有必要，采用一个牛熊周期的数据就足够了。考虑到2010年以后股指期货的做空力量对大盘的影响，从2010年开始的数据，基本就能满足回测的需求。

第二节 技术错误

使用未来函数

例如，2015年年报的数据，从理论上说，可以在2016年1月1日后使用，但实际情况并非如此，因为很少有公司在2016年的第一天公布年报。假如公司在2016年2月1日公布年报，那么回测时用到2015年年报数据，就只能在2016年2月1日后使用，如果在2016年2月1日前使用，就是使用未来函数。

除了年报、季报数据，还有如分红送股、重大利好等，在回测时，都必须在这些消息在公开媒体上公布后才能作为计算的依据，否则就是使用了未来函数。使用未来函数的坏处是：回测取得了非常高的收益率，但实际情况根本做不到，这样就给我们很大的误导，使实战的结果远远偏离回测。

还有一个错误也是初学者经常犯的，就是用当天的数据作为当天操作的依据，如计算出当天的均线，线上当天做多。其实当天的收益率是和昨天的收盘价去比较的，你昨天根本没买进，如何取得当天的收益率？

要100%避免未来函数是一件几乎不可能的事情，但我们还是要尽可能地减少使用未来函数。避免使用未来函数的主要目的是：使实盘尽可能接近模拟盘的结果，而不是去做什么学术讨论。

不注意边界条件

中国A股有些边界条件是比较特殊的，一不注意就使回测进入误区，如在回测中买进了涨停、停牌的股票和基金，卖出了跌停的股票和基金等。不注意这些边界条件，会使回测收益率巨高无比，实盘结果却差异甚大，最后导致对量化丧失信心。

过度优化

过度优化好比做了一件非常贴身的西服，穿在这个人身上还不错，但只要换一个人马上就穿不了。

往往过度优化后实盘和模型的差异非常大，最后导致否认模型。笔者建议的办法是：一方面不要使用过多的参数来优化模型；另一方面，可以采取这样的办法，如现在有2010—2016年的数据，你可以先去掉2016年的数据，“假装”回到了2015年，然后优化模型，再把2016年的数据放到模型中，看是否有效，如果效果非常差，十有八九就是过度优化了。

另外，关于优化因子，一般建议不要超过5个，如果超过10个因子，过度拟合的可能性就非常大。当然，这只是经验之谈。

第三节　理念错误

对收益有不切合实际的期望值

有些初学者过度相信量化投资，希望能每个月甚至每周都战胜大盘。存在这种想法，其实还是没有真正理解量化投资。好的量化策略确实能大概率地跑赢大盘，但不能说每个月甚至每周都跑赢。从概率上说，甚至某一年战胜不了都是很正常的事情。特别是在大牛市，跑输也是正常的。我们看量化策略的效果，不是看一年甚至一个月、一周，而是看一个较长时间内是否大概率地战胜大盘。初学者跟踪了某个模型后，问的最多的问题就是，为什么今天会跑输？为什么这个月也跑输了？笔者可以很负责地告诉大家，我做了十多年的量化，还从来没有遇到过一年里每个月都能跑赢参照指数的系统。将来随着散户的慢慢退出，更加不可能有。

把量化等同于对冲

诚然，对冲策略是量化的一种，但不是所有的量化策略都是对冲策略。本书讨论的策略很多都是通过数学统计得到的。国外量化投资做对冲的非常多，但在 A 股并不常见，主要由于做空品种少，无法做到完全对冲或大部分对冲；有一些类似牛熊宝的产品不是场内的，而且交易量也不大，并且经常偏差较大；同时，现在的政策又限制做空。所以，本书的模型，大部分只用概率和负相关品种，而没有用对冲。当然，如果是在商品市场、外币市场等，就另当别论了，这里讨论的范围仅仅限于 A 股市场，而且是绝大部分“小散”可以做的事情。

把量化等同于高频交易

确实，高频交易是量化的一种，但量化交易不仅限于高频交易。应该这样说，大部分高频交易都是量化交易，而量化交易不仅仅是高频交易，除了高频交易，每周一次甚至每月一次的量化交易模型在A股市场也可以取得很好的收益。笔者因为前几年工作很忙，没有用过日线外的任何数据，交易也仅仅是最多一周交易一次，但依然可以获得很好的效果。

量化一定要用“高大上”的工具

经典的量化书上使用了大量的高等数学公式及“高大上”的复杂语言，如Matlab、Python等，当然，这些工具会使量化锦上添花。但绝大部分普通投资者学习量化的主要目的不是去掌握这些工具，而是能真正在实战中用量化获得良好的收益。总结下来，目前的量化工具和方法可以分为以下三类。

第一种：用专用的工具如Matlab、Python，或者使用这些工具做成的平台，如优矿、米筐等。这种工具就好像机关枪，熟悉了后效率非常高，但枪械相对复杂，对非专业人士显得要求高，而且扫射可能有死角。

第二种：就是笔者现在用的，已经用了十年的Excel加上类似果仁这样不用编程的平台，非常“土”，适合非专业投资者。好比一把小手枪，因为方便，可以随身带着，拿出来就可以打，但可能打不远。

第三种：用高级语言针对一个特定的需求编制软件，计算求得最佳值，如人气网友flitter，当年为了求得封基的多因子最佳配比，编写了专用的软件，动用了四台服务器，算一次花很长时间，但能找到一个最佳值。这比较像狙击枪，一次狙击要花很长时间，要有耐心，但好的狙击手则会一枪制胜。

不管你用什么枪，能战胜对手就是好枪。目前的中国资本市场还处在“大刀长矛”时代，有一把枪就足够你横行江湖了。

第十章

常见操作和技术指标的量化分析

第一节　近因效应

所谓近因效应，心理学的解释是，人容易受最近的事物的影响。在投资上，最常见的现象是：连涨几天就看多，连跌几天就看空。这里用沪深300作为标的，策略是连续涨N天做多，连续跌N天做空，其他情况维持原状，N分别等于2至10天，对应的回测结果如表10－1所示。

表10－1　沪深300近因效应回测1（N为2到10天）

时间	沪深300	2天	3天	4天	5天	6天	7天	8天	9天	10天	平均	超越
2005/12/30	-6.96%	-9.31%	-6.83%	3.99%	-6.88%	-11.09%	-12.72%	-6.96%	-6.96%	-6.96%	-7.08%	-0.12%
2006/12/29	121.02%	58.46%	93.42%	112.02%	118.74%	112.56%	111.32%	105.66%	102.11%	121.02%	103.92%	-17.10%
2007/12/28	161.55%	104.86%	178.59%	169.16%	161.55%	161.55%	161.55%	161.55%	161.55%	161.55%	157.99%	-3.56%
2008/12/31	-65.95%	-39.73%	-53.38%	-28.06%	-21.76%	-47.92%	-42.22%	-44.19%	-44.70%	-46.75%	-40.97%	24.98%
2009/12/31	96.71%	60.29%	50.69%	68.10%	51.95%	33.07%	29.22%	28.20%	0.00%	0.00%	35.72%	-60.99%
2010/12/31	-12.51%	-6.08%	1.04%	7.02%	-5.17%	-4.15%	-21.38%	-12.51%	0.00%	0.00%	-4.67%	7.85%
2011/12/30	-25.01%	-16.65%	-3.76%	-6.84%	-13.44%	-25.17%	-25.01%	-25.01%	0.00%	0.00%	-12.88%	12.14%
2012/12/31	7.55%	-1.38%	8.23%	1.27%	-1.57%	-7.58%	3.41%	7.55%	0.00%	0.00%	1.10%	-6.45%
2013/12/31	-7.65%	-12.90%	-1.46%	-3.94%	4.97%	-0.64%	0.00%	-1.54%	0.00%	0.00%	-1.72%	5.92%
2014/12/31	51.66%	47.64%	35.28%	26.26%	48.93%	51.66%	52.06%	51.57%	19.08%	13.83%	38.48%	-13.18%
2015/12/31	5.58%	1.40%	10.10%	-14.10%	-17.24%	5.58%	5.58%	5.58%	5.58%	5.58%	0.90%	-4.69%
2016/11/25	-5.62%	-23.41%	-10.70%	-12.15%	5.12%	-13.19%	-5.62%	-5.62%	-5.62%	-5.62%	-8.54%	-2.91%

从表10－1中可以看出，无论N等于几，2014、2015、2016年平均连续三年跑输，特别是2016年，除了用5天策略跑赢指数外，其他均严重跑输标的。2015年除了3天策略跑赢，其他均跑输。2014年除了7天策略略微跑赢，其余也是全部跑输，平均每年跑输5个点。

量化回测定性解释了为什么投资者受近因效应的影响会跑输大盘。

有人说既然这样会亏钱，那我反过来做，即连涨N天做空，连跌N

天做多，其他时间维持昨天的状态，结果会如何呢？回测结果如表10－2所示。

表 10－2　沪深 300 近因效应回测 2（N 为 2 到 10 天）

时间	沪深 300	2 天	3 天	4 天	5 天	6 天	7 天	8 天	9 天	10 天	平均	超越
2005/12/30	－6.96%	2.72%	－6.83%	3.99%	－6.88%	－11.09%	－12.72%	－6.96%	－6.96%	－6.96%	－5.74%	1.22%
2006/12/29	121.02%	39.49%	93.42%	112.02%	118.74%	112.56%	111.32%	105.66%	102.11%	121.02%	101.82%	－19.21%
2007/12/28	161.55%	27.67%	178.59%	169.16%	161.55%	161.55%	161.55%	161.55%	161.55%	161.55%	149.41%	－12.13%
2008/12/31	－65.95%	－43.51%	－53.38%	－28.06%	－21.76%	－47.92%	－42.22%	－44.19%	－44.70%	－46.75%	－41.39%	24.56%
2009/12/31	96.71%	22.72%	50.69%	68.10%	51.95%	33.07%	29.22%	28.20%	0.00%	0.00%	31.55%	－65.16%
2010/12/31	－12.51%	－6.08%	1.04%	7.02%	－5.17%	－4.15%	－21.38%	－12.51%	0.00%	0.00%	－4.58%	7.93%
2011/12/30	－25.01%	－10.04%	－3.76%	－6.84%	－13.44%	－25.17%	－25.01%	－25.01%	0.00%	0.00%	－12.14%	12.87%
2012/12/31	7.55%	9.05%	8.23%	1.27%	－1.57%	－7.58%	3.41%	7.55%	0.00%	0.00%	2.26%	－5.29%
2013/12/31	－7.65%	6.03%	－1.46%	－3.94%	4.97%	－0.64%	0.00%	－1.54%	0.00%	0.00%	0.38%	8.03%
2014/12/31	51.66%	2.72%	35.28%	26.26%	48.93%	51.66%	52.06%	51.57%	19.08%	13.83%	33.49%	－18.17%
2015/12/31	5.58%	4.12%	10.10%	－14.10%	－17.24%	5.58%	5.58%	5.58%	5.58%	5.58%	1.20%	－4.38%
2016/11/25	－5.62%	23.23%	－10.70%	－12.15%	5.12%	－13.19%	－5.62%	－5.62%	－5.62%	－5.62%	－3.35%	2.27%

从表 10－2 的回测中看出，反过来的策略依然平均每年跑输 5 个点。除了个别年份的个别 N 天数据跑赢指数，大部分还是跑输了。

通过上面的定量分析，我们可以看到，人的感觉是多么不靠谱。A 股那么多投资者都是凭着自己的感觉在做投资，这些人成为“七输二平一赢”中的输家，必定是大概率事件。

第二节　止盈止损

很多经典的教科书会告诫投资者一定要设置止盈止损。其实理性地思考，我们都是“小散”，我们这点持仓成本，对这个品种将来的涨跌有影响吗？丝毫没有影响！但为什么专家们会告诫我们一定要设置止盈止损呢？我们还是通过案例来说明。

仍然以沪深 300 为例，数据为 2005 年 1 月 4 日—2016 年 11 月 25 日，假设每个月最后一个交易日以收盘价买进沪深 300，下个月累计涨幅超过止盈线或跌破止损线卖出，直到月底最后一个交易日买入。止盈线和止损线对称，也就是说如果设置的止盈线是 10%，那么止损线就

是 – 10%。为了简化，没有考虑佣金和冲击成本，结果如表 10 – 3 所示。

表 10 – 3　沪深 300 止盈止损线回测

	沪深300	5%	10%	15%	20%	25%	30%	13%	17%	16%	14%
2005/12/30	-6.04%	-10.50%	-6.04%	-6.04%	-6.04%	-6.04%	-6.04%	-6.04%	-6.04%	-6.04%	-6.04%
2006/12/29	121.02%	26.47%	70.23%	93.77%	121.02%	121.02%	121.02%	86.88%	108.60%	103.27%	93.77%
2007/12/28	161.55%	32.62%	88.76%	124.98%	142.83%	166.99%	161.55%	113.12%	126.08%	131.70%	114.22%
2008/12/31	-65.95%	-13.91%	-33.34%	-51.96%	-65.86%	-63.54%	-65.95%	-50.25%	-56.10%	-56.04%	-45.83%
2009/12/31	96.71%	28.67%	96.92%	147.90%	137.34%	96.71%	96.71%	133.35%	151.91%	149.88%	143.68%
2010/12/31	-12.51%	8.23%	-14.88%	-12.62%	-12.51%	-12.51%	-12.51%	-16.55%	-12.55%	-12.55%	-14.42%
2011/12/30	-25.01%	-12.62%	-25.01%	-25.01%	-25.01%	-25.01%	-25.01%	-25.01%	-25.01%	-25.01%	-25.01%
2012/12/31	7.55%	-7.48%	-4.40%	4.21%	7.55%	7.55%	7.55%	1.51%	5.73%	5.73%	1.51%
2013/12/31	-7.65%	-1.74%	0.75%	-2.75%	-7.65%	-7.65%	-7.65%	-2.75%	-9.00%	-2.75%	-2.75%
2014/12/31	51.66%	16.16%	24.90%	34.11%	43.60%	48.39%	51.66%	34.11%	38.08%	38.08%	34.11%
2015/12/31	5.58%	24.35%	23.88%	2.81%	2.73%	5.58%	5.58%	9.43%	5.50%	2.81%	8.13%
2016/11/25	-5.62%	5.27%	10.09%	3.02%	0.24%	-5.62%	-5.62%	7.69%	1.69%	3.20%	7.69%
总收益率	258.30%	117.35%	315.00%	360.14%	293.79%	283.24%	258.30%	324.21%	357.95%	380.22%	409.35%
年化收益率	11.33%	6.75%	12.71%	13.70%	12.22%	11.96%	11.33%	12.92%	13.65%	14.11%	14.67%
最大回撤	72.30%	33.13%	48.24%	60.88%	72.23%	70.34%	72.30%	63.42%	65.94%	64.20%	60.17%

从表 10 – 3 的回测可以看出，最佳值是：止盈线 14%，止损线 –14%。在此个案中，可以使年化收益率提高 3 个点，同时回撤降低 12 个点。但如果把止盈线设置为 5%，止损线 –5%，那么，年化收益率降低了一半，好处是回撤也降低了一半。

从表面上看，5% 止盈止损的方案适合风险厌恶者，但仔细想想，这并不是一个好方案，因为收益率和回撤同步下降，我们根本不用止盈止损，而采用半仓就能达到了，多余出来的资金哪怕是做逆回购或者放在货币基金，都是有正贡献的，何况上面的案例中还要减掉因为交易而产生的冲击成本和费用。

第三节　网格交易

网格交易也是部分投资者常用的方法。所谓网格交易，就是一种仓位策略，根据涨跌来动态调仓。原则上涨得越多，仓位越轻，甚至空仓；跌得越多，仓位越重，甚至满仓。下面通过一个案例看看实际情况如何。

假设每年年底以收盘价买进半仓，以后以这个收盘价为基准，在一年里涨 N 就把仓位下降到 25%，涨 2N 清仓；跌 N 则仓位增加到 75%，跌 2N 满仓。N 为 5% 至 50%，结果如表 10－4 所示。

表 10－4　沪深 300 网格交易回测

	沪深 300	5%	10%	15%	20%	25%	30%	35%	40%	45%	50%
2005/12/30	-6.04%	2.18%	-0.38%	-1.22%	-2.55%	-2.55%	-2.55%	-2.55%	-2.55%	-2.55%	-2.55%
2006/12/29	121.02%	4.87%	8.69%	11.81%	16.05%	20.57%	21.41%	24.93%	27.88%	36.77%	36.27%
2007/12/28	161.55%	5.19%	9.73%	15.29%	16.30%	22.04%	24.78%	24.09%	31.11%	33.00%	36.75%
2008/12/31	-65.95%	-62.06%	-51.67%	-58.48%	-58.27%	-54.24%	-49.01%	-46.68%	-47.81%	-43.61%	-45.18%
2009/12/31	96.71%	5.87%	9.98%	14.10%	19.34%	21.84%	27.36%	28.53%	33.59%	34.67%	37.65%
2010/12/31	-12.51%	-2.56%	1.73%	-5.64%	-1.34%	-4.95%	-5.75%	-5.75%	-5.75%	-5.75%	-5.75%
2011/12/30	-25.01%	-18.06%	-16.95%	-13.77%	-14.14%	-12.22%	-12.95%	-12.95%	-12.95%	-12.95%	-12.95%
2012/12/31	7.55%	12.08%	6.82%	4.79%	4.22%	4.22%	4.22%	4.22%	4.22%	4.22%	4.22%
2013/12/31	-7.65%	3.43%	-0.76%	-3.34%	-3.34%	-3.34%	-3.34%	-3.34%	-3.34%	-3.34%	-3.34%
2014/12/31	51.66%	8.78%	9.37%	11.67%	15.70%	17.94%	19.73%	22.25%	22.61%	23.47%	23.71%
2015/12/31	5.58%	21.85%	15.24%	15.46%	9.09%	7.92%	8.43%	7.84%	6.10%	8.25%	5.39%
2016/11/25	-5.62%	0.56%	2.42%	1.47%	-0.40%	-2.28%	-2.28%	-2.28%	-2.28%	-2.28%	-2.28%
总收益率	258.30%	-44.14%	-42.09%	-34.95%	-29.74%	-16.40%	0.54%	10.26%	19.70%	45.34%	44.32%
年化收益率	11.33%	-4.78%	-4.49%	-3.55%	-2.92%	-1.50%	0.55%	0.82%	1.52%	3.19%	3.13%
最大回撤	72.30%	70.63%	67.39%	64.39%	63.94%	60.46%	55.94%	52.79%	53.79%	50.07%	51.47%

从表 10－4 可以看出，在 2015、2016 年这样的震荡市中，网格投资策略表现还不错，但在 2014 年牛市中表现就很差，在 2006、2007、2008 年这三年的大牛、大熊市中表现更差了。有人会说，我在震荡市中使用网格法，在趋势市中不使用，这样是不是更好呢？2014 年下半年的牛市其实一直延续到 2015 年上半年，2015 年上半年其实也是很明显的趋势市，你如果不用网格法，到了下半年，什么时候能看出是震荡市呢？往往等你看出是震荡市了，可能震荡市也结束了，下一个趋势市又开始了。所以，网格投资法只用在震荡市，这句话说说容易，难的是我们事先怎么就知道今年是震荡市呢？

第四节　MA 策略

MA 策略是最基本、最古老的策略，也叫均线策略。如果当天的收盘价大于 N 天收盘价的均值，做多持有；如果小于，做空空仓。为了简化，笔者依然用沪深 300 – 2005 年 1 月 4 日—2016 年 11 月 25 日的数据，做空时完全空仓，不考虑冲击成本、佣金和任何费用。N 取值为 10 ~ 120 天，对应结果如表 10 – 5 所示。

表 10 – 5　沪深 300MA 回测 1（不考虑冲击成本）

	沪深 300	10	20	30	40	50	60	70	80	90	100	110	120
2005/12/30	-6.04%	-0.10%	3.60%	-4.16%	-0.98%	-2.21%	-3.19%	-7.07%	-7.29%	-7.94%	-11.34%	-9.21%	-11.46%
2006/12/29	121.02%	78.50%	118.48%	103.56%	113.37%	117.77%	119.08%	110.68%	109.64%	108.96%	107.30%	116.03%	121.02%
2007/12/28	161.55%	122.77%	115.39%	123.20%	154.98%	146.43%	127.63%	141.25%	147.24%	135.39%	137.10%	140.64%	129.90%
2008/12/31	-65.95%	-22.20%	-10.00%	-12.96%	-21.82%	-34.95%	-6.85%	-6.72%	-13.52%	-7.18%	-3.61%	-3.61%	-3.61%
2009/12/31	96.71%	63.97%	75.37%	53.27%	84.59%	82.14%	72.18%	43.80%	38.88%	46.99%	56.05%	50.00%	49.87%
2010/12/31	-12.51%	-15.26%	-8.37%	-3.44%	2.20%	-4.20%	-10.58%	-4.74%	-4.84%	-7.01%	-4.53%	-6.02%	-4.83%
2011/12/30	-25.01%	-13.23%	-1.43%	-3.87%	-1.43%	-3.61%	-10.84%	-7.69%	-5.72%	-8.93%	-7.58%	-7.66%	-0.96%
2012/12/31	7.55%	3.21%	10.12%	-3.63%	-3.84%	-5.02%	-2.94%	-0.22%	0.76%	3.10%	2.75%	0.71%	1.28%
2013/12/31	-7.65%	-9.82%	-6.76%	-0.97%	-3.49%	-6.21%	-4.76%	-5.17%	-5.11%	-12.16%	-11.51%	-9.36%	-13.77%
2014/12/31	51.66%	31.26%	46.89%	49.72%	45.47%	50.57%	54.27%	55.62%	54.16%	55.80%	55.14%	56.88%	61.16%
2015/12/31	5.58%	4.53%	10.13%	24.76%	22.71%	25.87%	28.84%	26.17%	25.84%	12.26%	1.38%	9.42%	15.48%
2016/11/25	-5.62%	-2.46%	1.02%	-9.59%	2.72%	-1.75%	-9.86%	-6.47%	-8.04%	-4.23%	-1.16%	-0.95%	3.89%
总收益率	258.30%	364.11%	1066.16%	769.06%	1232.79%	852.41%	922.34%	868.10%	783.23%	693.68%	717.44%	819.14%	934.45%
年化收益率	11.33%	13.78%	22.95%	19.94%	24.34%	20.87%	21.59%	21.04%	20.11%	19.03%	19.33%	20.51%	21.71%
最大回撤	72.30%	41.00%	27.41%	26.13%	29.26%	40.09%	41.12%	38.00%	38.09%	44.46%	41.39%	38.14%	32.99%
夏普比例	0.25	0.51	0.99	0.81	1.06	0.87	0.92	0.88	0.83	0.78	0.79	0.84	0.90
年平均交易次数		38.85	22.71	17.49	13.46	12.28	12.62	9.42	9.76	9.92	10.26	9.42	7.23

从表 10 – 5 中可以看出，在趋势明显的年份，如 2006、2008、2014 年，均线用 120 天为佳；而在趋势不明显或者震荡时，如 2005、2012、2016 年，均线用 20 天为佳。整体来说，40 天均线年化收益率可以达到 24.34%；均线用的天数越大，年交易次数越少；在同样的条件下，因为考虑冲击成本和佣金等，选年交易次数少的长均线比较有利。另外，从最大回撤看，无论用几天的均线，回撤均比原来的指数要大大减少。

由于版面的原因，只列举了每隔 10 天的均线结果，读者可以根据模板自行调整天数因子，满足个性化的需求。

如果考虑印花税、佣金、冲击成本等交易成本，短均线的影响要比长均线大很多。假设单向平均交易成本是 0.1%，计算结果如表 10 – 6 所示。

表 10 – 6　沪深 300MA 回测 2（单向平均交易成本 0.1%）

	沪深 300	10	20	30	40	50	60	70	80	90	100	110	120
2005/12/30	-6.04%	-3.08%	1.33%	-6.07%	-2.56%	-3.77%	-5.12%	-8.74%	-8.77%	-9.59%	-13.28%	-10.66%	-13.40%
2006/12/29	121.02%	73.16%	116.71%	101.10%	111.65%	116.45%	117.76%	109.40%	108.37%	108.12%	106.04%	115.60%	121.02%
2007/12/28	161.55%	115.61%	109.76%	120.03%	152.89%	144.44%	125.80%	140.26%	146.25%	133.97%	136.14%	139.66%	127.58%
2008/12/31	-65.95%	-25.07%	-11.54%	-13.94%	-22.86%	-35.68%	-7.13%	-7.01%	-13.96%	-7.65%	-3.71%	-3.71%	-3.71%
2009/12/31	96.71%	57.93%	71.34%	50.65%	83.29%	80.86%	70.61%	41.63%	36.78%	44.77%	54.32%	48.64%	48.81%
2010/12/31	-12.51%	-19.84%	-11.38%	-5.67%	0.86%	-5.45%	-12.29%	-5.80%	-5.71%	-8.22%	-5.49%	-7.52%	-5.78%

续表

	沪深300	10	20	30	40	50	60	70	80	90	100	110	120
2011/12/30	-25.01%	-16.58%	-3.78%	-5.22%	-2.22%	-4.20%	-11.74%	-8.44%	-6.67%	-9.66%	-8.78%	-8.86%	-1.46%
2012/12/31	7.55%	-0.27%	8.02%	-6.03%	-6.23%	-7.01%	-4.98%	-2.12%	-0.95%	1.96%	1.62%	-0.20%	0.57%
2013/12/31	-7.65%	-13.56%	-9.08%	-2.46%	-4.94%	-7.99%	-6.56%	-6.03%	-5.77%	-13.14%	-12.67%	-10.90%	-15.40%
2014/12/31	51.66%	25.57%	42.95%	46.89%	43.57%	48.32%	52.57%	54.22%	52.77%	54.40%	53.74%	55.47%	61.00%
2015/12/31	5.58%	-0.15%	7.36%	22.74%	20.86%	24.60%	27.79%	25.91%	25.32%	11.56%	0.15%	8.32%	15.25%
2016/11/25	-5.62%	-6.03%	-1.10%	-11.58%	0.77%	-3.13%	-11.31%	-7.23%	-9.33%	-5.39%	-2.16%	-1.56%	3.68%
总收益率	258.30%	190.84%	787.38%	603.98%	1033.61%	721.68%	778.63%	764.32%	685.41%	604.38%	622.65%	720.85%	848.38%
年化收益率	11.33%	9.39%	20.15%	17.84%	22.65%	19.38%	20.05%	19.89%	18.93%	17.84%	18.10%	19.37%	20.83%
最大回撤	72.30%	51.97%	29.73%	31.18%	30.40%	41.18%	44.94%	42.00%	41.85%	48.05%	42.68%	42.47%	36.15%
夏普比例	0.25	0.28	0.83	0.70	0.97	0.79	0.84	0.82	0.76	0.71	0.72	0.78	0.85
年平均交易次数		38.85	22.71	17.49	13.46	12.28	12.62	9.42	9.76	9.92	10.26	9.42	7.23

如果交易成本是其他数字，读者可以根据本书提供的模板自行计算。

第五节　EMA策略

EMA即指数平均数指标（Exponential Moving Average，EXPMA或EMA），也是一种趋向类指标。其构造原理是：对收盘价进行算术平均，用于判断价格未来走势的变动趋势。与MACD指标、DMA指标相比，EMA指标由于其计算公式中着重考虑了当天价格（当期）行情的权重，决定了其作为一类趋势分析指标，在使用中克服了MACD指标对于价格走势的滞后性缺陷，同时，也在一定程度上消除了DMA指标在某些时候对于价格走势所产生的信号提前性，是一个非常有效的分析指标。

EMA（收盘价，N），求收盘价的N日指数平滑移动平均，计算方法是：

若Y＝EMA（收盘价，N），则EMA＝［2×收盘价＋（N－1）×EMA′］／（N＋1）

其中EMA′表示上个交易日的EMA值。同样以沪深300为例，单向交易成本设为0.1%，结果如表10－7所示。

表 10-7 沪深 300EMA 回测（单向平均交易成本 0.1%）

	沪深 300	10	20	30	40	50	60	70	80	90	100	110	120
2005/12/30	-6.04%	-1.74%	-2.49%	-4.86%	-4.30%	-5.42%	-4.22%	-6.72%	-8.43%	-7.93%	-7.93%	-10.40%	-11.13%
2006/12/29	121.02%	86.99%	122.55%	105.84%	118.09%	115.32%	115.32%	120.90%	117.55%	110.37%	111.59%	114.82%	115.60%
2007/12/28	161.55%	131.56%	95.79%	137.70%	137.23%	129.51%	144.73%	138.44%	141.30%	128.23%	140.73%	135.46%	151.57%
2008/12/31	-65.95%	-23.51%	-18.97%	-18.26%	-27.04%	-19.47%	-12.38%	-10.53%	-3.71%	-11.04%	-11.04%	-19.28%	-18.47%
2009/12/31	96.71%	67.95%	68.42%	49.97%	59.19%	75.85%	68.75%	56.83%	62.61%	42.13%	35.70%	39.07%	23.72%
2010/12/31	-12.51%	-17.59%	-11.57%	-5.76%	-13.24%	-13.59%	-15.02%	-16.09%	-20.53%	-19.69%	-22.03%	-13.79%	-14.19%
2011/12/30	-25.01%	-7.31%	-7.51%	-6.25%	-5.23%	-2.85%	-7.33%	-5.05%	-4.14%	-3.01%	-4.77%	-7.29%	-6.79%
2012/12/31	7.55%	-2.74%	3.14%	2.01%	-1.82%	-1.50%	-7.31%	-3.98%	-6.04%	-3.38%	-3.52%	-2.73%	-1.56%
2013/12/31	-7.65%	-13.86%	-12.98%	-10.12%	-11.64%	-17.93%	-16.64%	-16.85%	-12.74%	-12.09%	-9.16%	-13.76%	-15.58%
2014/12/31	51.66%	32.76%	44.51%	46.44%	52.82%	47.74%	49.07%	48.04%	50.17%	58.17%	57.54%	57.54%	57.54%
2015/12/31	5.58%	4.40%	8.33%	26.52%	15.65%	14.92%	20.34%	16.99%	14.00%	8.04%	6.38%	-0.72%	-2.76%
2016/11/25	-5.62%	-9.41%	-4.42%	3.16%	-6.69%	-9.31%	-11.97%	-10.88%	-4.82%	-2.59%	-1.20%	-1.91%	2.97%
总收益率	258.30%	339.21%	536.98%	783.65%	576.53%	591.67%	617.05%	576.93%	666.03%	515.54%	510.05%	423.26%	409.76%
年化收益率	11.33%	13.25%	16.85%	20.11%	17.44%	17.66%	18.02%	17.45%	18.68%	16.51%	16.43%	14.93%	14.68%
最大回撤	72.30%	44.12%	34.53%	30.85%	38.00%	43.48%	49.54%	51.25%	48.85%	47.87%	47.88%	44.17%	48.64%
夏普比例	0.25	0.47	0.66	0.84	0.70	0.70	0.73	0.70	0.76	0.64	0.63	0.55	0.54
年平均交易次数		38.18	25.57	20.69	17.66	15.14	13.79	13.12	12.45	10.76	10.43	10.60	10.93

从表 10-7 可以看出，最佳天数在 30 天左右，不过和简单的 MA 相比，EMA 并没有在收益率等指标上超过简单的 MA。看起来不错的指标，最后还是要看结果，往往复杂指标的效果不一定超过如 MA 这样的简单指标。

第六节 MACD 策略

MACD 指标量化回测

理解了 EMA，再来看 MACD 就比较容易了。MACD 是一种指数平滑移动平均线，也是目前技术派专家提及最多的指标之一。

MACD 的计算方法为：

（1）计算出短期（一般取 12 天）指数移动平均线 EMA1；

（2）计算出长期（一般取 26 天）指数移动平均线 EMA2；

（3）DIF = EMA1 - EMA2；

（4）最后计算出 MACD = 2 ×（DIF - DEA）。

MACD 最常用的方法：

（1）DIF、DEA 均大于 0，DIF 向上突破 DEA，买入；

（2）DIF、DEA 均小于 0，DIF 向下突破 DEA，卖出；

（3）其他情况维持昨天状态。

那么，这个向上向下突破在数学上怎么描述呢？我们可以设立向上突破条件：

当天的 DIF 大于 DEA，N 天前的 DIF 小于 DEA，这个 N 不能简单取 1，因为这样做会发出错误的信号。分别计算 N = 1 到 10 对应的结果，如表 10 – 8 所示。

表 10 – 8　沪深 300MACD 回测

条件 1	沪深 300	1	2	3	4	5	6	7	8	9	10	11
2005/12/30	–6.04%	–14.11%	–14.10%	–15.09%	–16.04%	–14.68%	–15.23%	–16.14%	–13.92%	–8.60%	–9.06%	–5.54%
2006/12/29	121.02%	67.46%	66.96%	67.32%	69.25%	69.31%	70.19%	70.59%	74.57%	74.12%	94.82%	65.17%
2007/12/28	161.55%	143.30%	143.55%	147.00%	151.52%	151.83%	148.76%	139.30%	143.88%	137.98%	136.64%	–8.14%
2008/12/31	–65.95%	0.00%	0.00%	0.00%	0.00%	0.00%	0.00%	0.00%	0.00%	0.00%	0.00%	–17.83%
2009/12/31	96.71%	34.10%	32.75%	35.91%	38.23%	63.08%	60.89%	63.94%	67.67%	68.14%	64.08%	–7.26%
2010/12/31	–12.51%	11.12%	10.38%	9.80%	9.81%	7.55%	12.12%	8.08%	2.54%	1.72%	1.08%	–5.15%
2011/12/30	–25.01%	–9.50%	–11.21%	–10.90%	–11.25%	–9.95%	–10.87%	–12.24%	–13.00%	–13.52%	–5.88%	–17.72%
2012/12/31	7.55%	–12.35%	–10.33%	–5.01%	–4.55%	–6.78%	–6.98%	–6.98%	–8.14%	4.76%	–3.68%	2.18%
2013/12/31	–7.65%	–0.43%	–1.21%	–1.11%	–8.14%	–11.41%	–12.70%	–15.09%	–17.75%	–10.31%	–9.30%	–27.39%
2014/12/31	51.66%	62.47%	62.47%	62.47%	55.08%	55.08%	53.31%	62.19%	62.19%	62.19%	62.19%	25.10%
2015/12/31	5.58%	20.80%	18.54%	15.95%	14.29%	17.08%	15.02%	6.23%	7.41%	10.25%	7.18%	–18.96%
2016/11/25	–5.62%	–22.88%	–23.45%	–18.21%	–12.24%	–10.07%	–2.98%	–3.06%	–3.34%	–2.98%	–2.98%	13.31%
总收益率	258.30%	523.29%	493.57%	575.36%	556.79%	674.85%	701.62%	602.26%	597.46%	813.20%	864.32%	–27.35%
年化收益率	11.33%	16.64%	16.16%	17.43%	17.15%	18.79%	19.13%	17.81%	17.74%	20.44%	21.00%	–2.65%
最大回撤	72.30%	40.59%	42.29%	42.75%	42.30%	40.89%	38.39%	38.68%	41.91%	36.31%	38.08%	72.29%
夏普比例	0.25	0.66	0.64	0.70	0.69	0.75	0.78	0.70	0.69	0.81	0.84	–0.32
年平均交易次数		2.61	2.61	2.52	2.35	2.35	2.35	2.35	2.52	2.35	2.35	61.06

从表 10 – 8 中可以看出，在 N = 6 和 N = 10 时，分别有两个不错的年化收益率：19.13%、21.00%，而且这两个对应的 2016 年的收益率亏损不到 3%，年平均交易次数不到 3 次，都是相当不错的结果。

DEA 线与 K 线发生背离量化回测

DEA 线与 K 线发生背离，发出反转信号。

同样的道理，把当天的 DEA 和 N 天前的 DEA 做比较，把当天收盘价和 N 天前收盘价做比较，如果前者为正后者为负，或者前者为负后者为正，就认为发出反转信号，改变当天买卖或者持有的状态。N = 1 ~ 10的结果如表 10 – 9 所示。

表 10－9　沪深 300MACD 回测（DEA 线与 K 线发生背离）

条件 2	沪深 300	1	2	3	4	5	6	7	8	9	10
2005/12/30	-6.04%	-7.58%	1.98%	2.35%	-7.47%	3.41%	-4.22%	-2.46%	-4.64%	-10.72%	-14.78%
2006/12/29	121.02%	111.13%	86.56%	79.40%	83.92%	106.86%	104.16%	71.02%	76.12%	28.69%	22.31%
2007/12/28	161.55%	87.52%	78.21%	95.74%	79.17%	68.13%	52.09%	47.96%	54.57%	34.26%	21.60%
2008/12/31	-65.95%	-34.49%	-39.88%	-51.76%	-51.34%	-50.35%	-42.26%	-57.72%	-55.06%	-49.89%	-51.75%
2009/12/31	96.71%	75.12%	32.83%	53.19%	56.05%	54.99%	60.54%	50.24%	34.18%	11.09%	23.78%
2010/12/31	-12.51%	-9.00%	-2.67%	-1.99%	1.29%	-10.16%	-18.10%	-12.74%	-13.16%	-14.38%	-20.18%
2011/12/30	-25.01%	-10.75%	-7.88%	-11.40%	-10.21%	-8.11%	-8.56%	-6.14%	-16.14%	-23.71%	-13.97%
2012/12/31	7.55%	14.20%	14.40%	13.10%	16.92%	5.18%	0.15%	8.29%	7.83%	15.14%	10.81%
2013/12/31	-7.65%	-3.97%	-7.07%	1.18%	-1.05%	-5.14%	0.69%	-1.61%	-5.29%	-2.55%	-3.39%
2014/12/31	51.66%	6.50%	9.59%	21.05%	52.81%	46.45%	39.71%	44.99%	42.84%	5.87%	6.74%
2015/12/31	5.58%	-4.81%	7.94%	15.26%	-15.48%	-18.34%	11.43%	2.07%	6.91%	2.55%	11.89%
2016/11/25	-5.62%	13.19%	12.08%	13.33%	-0.72%	5.15%	-3.03%	-5.73%	-5.75%	-8.27%	-5.22%
总收益率	258.30%	329.01%	242.18%	317.27%	212.40%	186.65%	214.33%	90.88%	67.59%	-37.32%	-37.02%
年化收益率	11.33%	13.03%	10.90%	12.77%	10.05%	9.26%	10.11%	5.59%	4.44%	-3.85%	-3.81%
最大回撤	72.30%	45.00%	49.06%	56.23%	54.68%	53.75%	51.84%	61.69%	61.97%	68.61%	62.93%
夏普比例	0.25	0.47	0.34	0.44	0.28	0.24	0.27	0.07	0.02	-0.36	-0.38
年平均交易次数		16.32	15.47	14.47	13.62	12.95	12.45	12.11	11.27	10.76	9.42

从表 10－9 可以看出，最佳值为 N＝1 天，即将当天的数据和 1 天前进行比较，得到年化收益率是 13.03%，超过了指数本身的 11.33%。但是对应的年交易次数偏大，一年 16.32 次，基本每月一次多，就算每次 0.1% 的成本，和条件 1 比，年平均交易次数还是偏大，而且收益率也不如条件 1。

MACD 柱状线由红变绿（由绿变红）量化回测

MACD 柱状线由红变绿，即正变负，发出卖出信号，反之则发出买入信号。

同样，把当天的 MACD 和 N 天前的 MACD 进行比较：

当天 MACD 为正，N 天前为负，买入；

当天 MACD 为负，N 天前为正，卖出；

其他则维持昨天状态。

计算结果如表 10－10 所示。

表 10－10　沪深 300MACD 柱状线回测 1（不考虑交易成本）

条件 3	沪深 300	1	2	3	4	5	6	7	8	9	10
2005/12/30	-6.04%	-3.35%	-3.52%	-1.07%	-0.01%	-5.00%	1.63%	2.55%	6.54%	3.89%	0.82%
2006/12/29	121.02%	98.28%	98.28%	98.47%	94.81%	91.01%	88.75%	87.38%	86.10%	87.09%	102.31%
2007/12/28	161.55%	91.43%	91.43%	88.44%	85.35%	77.36%	81.74%	66.25%	59.22%	69.36%	77.77%
2008/12/31	-65.95%	-36.90%	-36.90%	-36.44%	-35.44%	-35.44%	-35.92%	-33.86%	-37.26%	-43.23%	-47.68%
2009/12/31	96.71%	67.45%	61.46%	55.55%	54.96%	65.47%	63.52%	61.26%	58.51%	56.11%	66.89%
2010/12/31	-12.51%	-14.20%	-15.49%	-13.24%	-14.76%	-9.56%	-10.72%	-9.02%	-10.42%	-10.16%	-14.65%

续表

条件3	沪深300	1	2	3	4	5	6	7	8	9	10
2011/12/30	-25.01%	-13.64%	-13.64%	-16.37%	-15.69%	-20.04%	-20.56%	-18.39%	-15.02%	-13.52%	-8.98%
2012/12/31	7.55%	7.89%	7.89%	7.66%	8.13%	5.60%	5.37%	6.91%	2.61%	8.75%	7.68%
2013/12/31	-7.65%	6.12%	6.30%	6.70%	5.98%	2.21%	0.72%	0.18%	-2.95%	-2.83%	-1.97%
2014/12/31	51.66%	21.44%	21.44%	19.52%	16.15%	20.17%	15.02%	14.47%	11.24%	8.53%	3.21%
2015/12/31	5.58%	18.02%	13.64%	13.76%	12.57%	7.80%	8.77%	8.49%	11.80%	15.34%	10.07%
2016/11/25	-5.62%	12.56%	12.06%	13.23%	15.90%	16.52%	15.81%	15.81%	15.81%	15.26%	15.10%
总收益率	258.30%	430.57%	383.01%	369.46%	350.70%	305.03%	298.33%	289.81%	242.81%	245.56%	239.46%
年化收益率	11.33%	15.07%	14.16%	13.89%	13.50%	12.48%	12.33%	12.12%	10.92%	10.99%	10.83%
最大回撤	72.30%	49.47%	49.47%	49.11%	48.31%	48.31%	48.69%	47.04%	49.76%	54.54%	58.11%
夏普比例	0.25	0.57	0.52	0.51	0.49	0.44	0.43	0.42	0.35	0.36	0.35
年平均交易次数		17.16	17.16	16.82	16.15	15.64	15.31	14.97	14.80	14.63	13.79

从结果可以看出，N = 1 对应的年化收益率 15.07% 已经是最佳值了。条件3，即看 MACD 红绿柱似乎是个不太靠谱的条件，是否和沪深300 指数相关还有待研究。

下面再按照这个条件，固定 N = 1，变化交易成本对收益率的影响，计算结果如表 10 – 11 所示。

表 10 – 11　沪深 300MACD 柱状线回测 2（交易成本为 0 到 1%）

费用变化	沪深300	0	0.10%	0.20%	0.30%	0.40%	0.50%	0.60%	0.70%	0.80%	0.90%	1.00%
2005/12/30	-6.04%	-3.35%	-5.27%	-7.16%	-9.01%	-10.83%	-12.61%	-14.36%	-16.08%	-17.76%	-19.41%	-21.03%
2006/12/29	121.02%	98.28%	96.28%	94.31%	92.35%	90.40%	88.48%	86.57%	84.68%	82.81%	80.95%	79.11%
2007/12/28	161.55%	91.43%	88.35%	85.32%	82.34%	79.39%	76.50%	73.64%	70.83%	68.07%	65.34%	62.66%
2008/12/31	-65.95%	-36.90%	-38.11%	-39.29%	-40.46%	-41.60%	-42.73%	-43.83%	-44.91%	-45.97%	-47.02%	-48.04%
2009/12/31	96.71%	67.45%	64.60%	61.80%	59.04%	56.33%	53.66%	51.03%	48.45%	45.91%	43.40%	40.94%
2010/12/31	-12.51%	-14.20%	-16.01%	-17.77%	-19.50%	-21.20%	-22.86%	-24.49%	-26.08%	-27.64%	-29.18%	-30.68%
2011/12/30	-25.01%	-13.64%	-15.27%	-16.88%	-18.45%	-20.00%	-21.52%	-23.01%	-24.48%	-25.92%	-27.33%	-28.72%
2012/12/31	7.55%	7.89%	6.16%	4.46%	2.79%	1.14%	-0.49%	-2.09%	-3.66%	-5.22%	-6.75%	-8.25%
2013/12/31	-7.65%	6.12%	4.74%	3.38%	2.04%	0.71%	-0.61%	-1.91%	-3.19%	-4.46%	-5.71%	-6.95%
2014/12/31	51.66%	21.44%	19.03%	16.65%	14.33%	12.04%	9.80%	7.61%	5.45%	3.34%	1.26%	-0.77%
2015/12/31	5.58%	18.02%	15.68%	13.38%	11.12%	8.90%	6.73%	4.60%	2.51%	0.45%	-1.56%	-3.53%
2016/11/25	-5.62%	12.56%	11.10%	9.66%	8.23%	6.82%	5.43%	4.06%	2.70%	1.36%	0.03%	-1.28%
总收益率	258.30%	430.57%	331.91%	251.52%	186.04%	132.70%	89.27%	53.92%	25.14%	1.72%	-17.33%	-32.83%
年化收益率	11.33%	15.07%	13.09%	11.15%	9.24%	7.36%	5.51%	3.69%	1.90%	0.14%	-1.59%	-3.29%
最大回撤	72.30%	49.47%	50.39%	51.29%	52.17%	53.04%	56.87%	60.90%	65.46%	69.55%	73.16%	76.34%
夏普比例	0.25	0.57	0.46	0.36	0.26	0.17	0.08	-0.02	-0.10	-0.19	-0.27	-0.35
年平均交易次数		17.16	17.16	17.16	17.16	17.16	17.16	17.16	17.16	17.16	17.16	17.16

从 0 到 1% 的交易成本，年化收益率就从 15.07% 跌到 –3.29%，单向 0.8% 的交易成本，就使得这个策略的收益率和指数相当了。看起来 0.8% 的交易成本并不是那么高，但在市场暴涨时踏空，暴跌时无法成交，一不小心就可能超过 0.8%，这还是年平均交易 17 次的策略。

当然，EMA1、EMA2、EMA 的参数 12、26、9 不一定是最佳参数，另外也可以组合 2～3 个策略，以获得更好的结果，这里只是给出一个范例，读者可以根据模板自行修改参数，得到相应的数据后，寻找最佳参数。另外，这里为了计算方便，统一用了沪深300作为对象，不同对象对应的最佳参数可能不一样，这些都是需要注意的。

第七节　DMA 策略

DMA 指标是一种平均线差指标，也是股市技术分析中的中短期指标之一，从本质上说也是一种运用较多的趋势类指标。

DMA 是依靠快慢两条移动平均线的差值来分析，计算方法如下：

（1）计算出短期 N1 的均线 MA1 和长期 N2 的均线 MA2；

（2）计算出平均线差 DMA = MA1 - MA2；

（3）计算出 N3 日的移动平均线 AMA。

这里 N1、N2、N3 最常见的参数是 12、50、6。

DMA 的使用有两种条件。

条件 1：DMA 和 AMA 向上交叉（金叉），买入；向下交叉（死叉）卖出，其他则维持上个交易日的状态不变。

条件 2：DMA 和股价产生顶背离，即股价不断上升，但 DMA 不断下降，卖出；底背离，即股价不断下降，但 DMA 不断上升，买入。

还是用沪深300作为标的，其他条件同上，条件1的金叉、死叉天数取值为1～10，条件2的背离天数取值也是1～10，结果如表10-12、表10-13所示。

表 10-12　沪深 300（DMA 回测，条件 1）

条件1	沪深300	1	2	3	4	5	6	7	8	9	10
2005/12/30	-6.04%	1.62%	1.63%	0.99%	5.79%	3.17%	11.82%	7.61%	10.29%	16.17%	12.07%
2006/12/29	121.02%	114.15%	114.15%	114.15%	114.15%	114.15%	114.15%	114.15%	111.37%	110.23%	112.74%
2007/12/28	161.55%	126.44%	128.86%	142.86%	142.86%	147.24%	142.59%	140.14%	138.25%	143.42%	139.97%
2008/12/31	-65.95%	-27.62%	-28.87%	-30.72%	-32.11%	-39.73%	-39.15%	-36.28%	-40.69%	-43.78%	-46.51%
2009/12/31	96.71%	51.53%	51.53%	51.53%	51.53%	51.53%	51.53%	50.96%	50.35%	47.04%	43.20%
2010/12/31	-12.51%	-1.62%	0.58%	-5.46%	3.41%	3.65%	2.36%	0.26%	-2.29%	-1.23%	-1.43%
2011/12/30	-25.01%	-7.63%	-7.17%	-6.64%	-5.70%	-7.05%	-7.43%	-10.18%	-10.71%	-3.09%	-4.73%
2012/12/31	7.55%	4.27%	4.27%	4.27%	4.21%	3.59%	3.83%	5.13%	4.13%	5.07%	4.20%
2013/12/31	-7.65%	-3.51%	-3.51%	-4.82%	-5.91%	-5.31%	-7.10%	-8.91%	-12.54%	-13.75%	-12.24%

续表

条件1	沪深300	1	2	3	4	5	6	7	8	9	10
2014/12/31	51.66%	33.71%	30.72%	35.30%	33.61%	30.90%	27.54%	26.36%	25.68%	21.54%	22.55%
2015/12/31	5.58%	-0.20%	-0.20%	-2.86%	-1.54%	2.85%	-0.08%	-4.40%	-3.82%	4.33%	6.04%
2016/11/25	-5.62%	1.67%	3.61%	1.77%	1.12%	4.69%	4.61%	4.60%	2.95%	2.86%	2.85%
总收益率	258.30%	570.53%	581.70%	546.06%	619.89%	564.43%	552.68%	480.06%	389.70%	456.05%	402.98%
年化收益率	11.33%	17.36%	17.52%	16.99%	18.06%	17.27%	17.09%	15.93%	14.29%	15.52%	14.55%
最大回撤	72.30%	36.57%	37.67%	39.29%	40.32%	47.01%	46.50%	43.98%	47.85%	50.57%	52.98%
夏普比例	0.25	0.67	0.67	0.65	0.71	0.67	0.66	0.60	0.52	0.58	0.53
年平均交易次数		15.31	14.47	14.30	13.62	13.46	12.78	12.95	12.62	12.45	12.11

表10－13　沪深300（DMA回测，条件2）

条件2	沪深300	1	2	3	4	5	6	7	8	9	10
2005/12/30	-6.04%	4.28%	6.34%	-4.61%	-8.82%	-0.97%	-3.17%	-3.49%	-6.85%	-10.72%	-14.78%
2006/12/29	121.02%	119.83%	116.06%	107.56%	108.15%	105.83%	103.48%	74.85%	72.32%	29.01%	22.11%
2007/12/28	161.55%	102.26%	105.11%	112.74%	96.34%	71.86%	51.49%	44.02%	60.96%	30.79%	25.66%
2008/12/31	-65.95%	-53.60%	-36.91%	-43.08%	-34.68%	-40.70%	-27.01%	-44.71%	-47.29%	-46.87%	-50.88%
2009/12/31	96.71%	35.53%	13.94%	43.68%	51.50%	53.17%	60.54%	50.24%	15.61%	11.09%	23.78%
2010/12/31	-12.51%	-5.65%	-1.41%	-0.57%	2.93%	-4.04%	-16.94%	-14.21%	-21.71%	-17.66%	-20.18%
2011/12/30	-25.01%	5.93%	-8.93%	-7.54%	-9.01%	-3.25%	-2.76%	-0.60%	-11.23%	-18.61%	-8.71%
2012/12/31	7.55%	8.98%	9.80%	10.10%	15.41%	4.21%	2.04%	8.12%	6.05%	13.74%	8.60%
2013/12/31	-7.65%	-10.82%	-13.06%	-6.34%	-2.29%	-7.23%	-4.07%	-6.21%	-5.18%	-4.81%	-3.72%
2014/12/31	51.66%	34.59%	33.77%	39.15%	43.65%	37.66%	40.90%	54.31%	50.22%	4.28%	6.31%
2015/12/31	5.58%	-4.42%	9.76%	44.88%	43.00%	56.57%	42.56%	5.63%	7.00%	-3.85%	14.38%
2016/11/25	-5.62%	15.39%	4.07%	-0.32%	3.48%	7.20%	-0.69%	-4.31%	-3.93%	-6.51%	-0.70%
总收益率	258.30%	320.45%	343.74%	556.27%	727.89%	559.76%	451.48%	172.25%	69.87%	-39.52%	-26.85%
年化收益率	11.33%	12.84%	13.35%	17.14%	19.45%	17.20%	15.44%	8.79%	4.56%	-4.14%	-2.60%
最大回撤	72.30%	56.79%	45.37%	48.35%	40.73%	46.19%	39.79%	49.90%	62.70%	69.41%	60.85%
夏普比例	0.25	0.45	0.47	0.65	0.75	0.65	0.54	0.22	0.03	-0.39	-0.32
年平均交易次数		18.84	14.63	13.96	12.11	12.45	11.44	11.44	10.93	10.43	9.08

从表10－12和表10－13可以发现，条件1和条件2，都是天数为4时取得最佳值，最大回撤都在40%左右，平均交易次数都是每个月1次。两个条件相比较，还是条件2比较好，特别是最佳几年。条件1在2015年的表现远远不如条件2，这是因为条件1其实是以趋势为主，条件2是以背离为主。在震荡市背离条件比较出色；在趋势市，则金叉、死叉那样的趋势条件比较出色。例如，2006、2007、2008三年大牛、大熊市中，条件1的表现好于条件2。这也给了我们一个启发，在震荡市中多用条件2的背离条件，反之则多用条件1的趋势条件。

我们再做个对比，就能看得更加清楚。在条件1的金叉、死叉条件和条件2中的背离条件中，均取4天做对比，如表10－14所示。

表10－14　沪深300（DMA回测，对比）

	条件1：趋势	条件2：背离	差异
2005/12/30	5.79%	-8.82%	-14.61%
2006/12/29	114.15%	108.15%	-6.00%
2007/12/28	142.86%	96.34%	-46.52%

续表

	条件1：趋势	条件2：背离	差异
2008/12/31	-32.11%	-34.68%	-2.56%
2009/12/31	51.53%	51.50%	-0.03%
2010/12/31	3.41%	2.93%	-0.48%
2011/12/30	-5.70%	-9.01%	-3.30%
2012/12/31	4.21%	15.41%	11.19%
2013/12/31	-5.91%	-2.29%	3.62%
2014/12/31	33.61%	43.65%	10.03%
2015/12/31	-1.54%	43.00%	44.54%
2016/11/25	1.12%	3.48%	2.36%
总收益率	619.89%	727.89%	108.00%
年化收益率	18.06%	19.45%	1.40%
最大回撤	40.32%	40.73%	0.41%
夏普比例	0.71	0.75	4.32%
年平均交易次数	13.62	12.11	-1.51

可以非常清楚地看出，以2011年为界，2005—2011年，条件1每年都战胜了条件2，而2012—2016年，条件2每年都战胜了条件1。也就是说，2011年前以趋势为主，2012年后以背离为主。笔者认为主要的原因就是股指期货，2010年前没有做空的力量，导致了以趋势为主；而2011年后股指期货开始发挥作用，到2012年背离彻底战胜了趋势。笔者估计未来也是以背离为主，趋势为辅。这个结论对我们将来的操作具有非常重要的参考意义。

第八节　TRIX策略

TRIX指标其实是一个三重指数平滑移动平均指标，它对股价进行了三次指数平滑处理，再根据这条移动平均线的变化情况来决定买入卖出。TRIX具体计算如下：

（1）EMA1=前一个交易日的EMA1×（N-1）/（N+1）+当天收盘价×2/（N+1），其中，EMA0=当天收盘价，N为待定天数，常用12；

（2）EMA2 = 前一个交易日的 EMA2 ×（N − 1）/（N + 1）+ 当天 EMA1 × 2/（N + 1）；

（3）TR = 前一个交易日的 TR ×（N − 1）/（N + 1）+ 当天的 EMA2 × 2/（N + 1）；

（4）TRIX =（TR − 昨天 TR）/昨天 TR × 100；

（5）MATRIX = average（TRIX，M），其中 M 为 TRIX 均值的平均天数，常用 20。

判别条件：TRIX 在 MATRIX 线上，买入或者持有；线下，卖出或空仓。

假设 N 分别等于 9、12、15，M 分别等于 15、20、25，组成一个简单的两维矩阵，结果如表 10 − 15 所示。

表 10 − 15　沪深 300（TRIX 回测）

	沪深 300	9/15	12/15	15/15	9/20	12/20	15/20	9/25	12/25	15/25
2005/12/30	−6.04%	−7.02%	−8.44%	−17.08%	−8.20%	−9.11%	−3.57%	−9.86%	−10.37%	−1.06%
2006/12/29	121.02%	74.24%	109.37%	114.03%	96.65%	111.77%	103.19%	104.92%	92.61%	102.30%
2007/12/28	161.55%	74.40%	100.96%	109.37%	71.97%	108.67%	92.47%	97.27%	103.87%	98.23%
2008/12/31	−65.95%	−40.30%	−43.99%	−42.80%	−34.86%	−46.64%	−41.60%	−38.52%	−50.23%	−47.45%
2009/12/31	96.71%	66.48%	49.12%	42.14%	51.05%	45.97%	41.93%	57.21%	38.37%	49.15%
2010/12/31	−12.51%	−13.00%	−0.50%	2.09%	−8.84%	−4.21%	−2.96%	−2.51%	−6.03%	0.74%
2011/12/30	−25.01%	−5.86%	−8.27%	−7.55%	−2.34%	−3.49%	−5.18%	−12.09%	−7.83%	−8.92%
2012/12/31	7.55%	7.30%	14.04%	9.14%	17.65%	6.97%	9.02%	14.21%	9.96%	9.43%
2013/12/31	−7.65%	0.05%	−1.51%	−1.11%	−6.28%	1.80%	3.29%	−5.04%	0.84%	7.08%
2014/12/31	51.66%	31.53%	37.06%	53.89%	30.38%	48.80%	48.08%	38.49%	51.67%	44.83%
2015/12/31	5.58%	9.04%	5.98%	−4.87%	20.19%	−1.16%	−3.65%	12.51%	9.69%	−5.31%
2016/11/25	−5.62%	7.83%	5.01%	0.83%	8.01%	6.23%	2.26%	7.75%	1.81%	−0.71%
总收益率	258.30%	281.86%	403.11%	354.24%	407.51%	392.02%	372.63%	449.62%	294.31%	355.31%
年化收益率	11.33%	11.93%	14.55%	13.57%	14.64%	14.34%	13.95%	15.41%	12.23%	13.60%
最大回撤	72.30%	48.22%	52.73%	48.80%	47.33%	52.87%	46.33%	49.79%	54.66%	51.15%
夏普比例	0.25	0.41	0.54	0.50	0.55	0.53	0.52	0.59	0.43	0.49
年平均交易次数		14.80	11.61	9.76	12.28	9.76	8.58	11.27	9.08	8.07

从表 10 − 15 可以得到，相对最佳值是 N = 9，M = 25，和传统常用的 12、20 有些差异。因为篇幅的原因，没有再进一步遍历下去找到更好的参数，读者可以根据本书提供的模型自行寻找。

第九节 EMV 策略

和前面的 MA、MACD、DMA、TRIX 等指标不同，EMV 不仅用到了日线的收盘价，还用到了最高价、最低价和日成交额。其目的是将价格的变化和成交额的变化合成一个波动指标来反映价格或者指数的变动。由于股价和成交额的变化都可以引起 EMV 的变动，所以 EMV 指标实际上是一个量价合成指标。EMV 计算如下：

（1）A =（当日最高价 + 当日最低价）/2

（2）B =（前日最高价 + 前日最低价）/2

（3）C = 当日最高价 - 当日最低价

（4）EM =（A - B）×C/当日成交额（亿元）

（5）EMV = N1 日内 EM 的合计（常用 N1 = 14）

（6）MAEMV = EMV 的 N2 日的算术平均值（常用 N2 = 9）

条件 1：EMV/MAEMV 大于 0 并向上，买入；EMV/MAEMV 小于 0 并向下，卖出。大于/小于比较天数 M 常用 1。

条件 2：EMV 向上穿过 MAEMV，买入；EMV 向下穿过 MAEMV，卖出。

条件 1、条件 2 变动，N1、N2、M 变动对应的相应结果如表 10 - 16 所示（品种及条件同上）。

表 10 - 16a　沪深 300（EMV 回测，条件 1）

条件 1（比较天数 1）	沪深 300	14/9	14/3	14/15	12/3	12/9	12/15	16/3	16/9	16/15
2005/12/30	-6.16%	-15.12%	-3.93%	-13.46%	0.84%	-12.56%	-15.67%	-10.50%	-15.24%	-22.42%
2006/12/29	113.39%	105.10%	108.39%	86.25%	112.67%	109.99%	91.63%	101.72%	87.73%	92.32%
2007/12/28	170.07%	88.45%	130.51%	73.33%	110.35%	89.67%	88.38%	108.94%	86.01%	68.97%
2008/12/31	-65.89%	-2.44%	-10.01%	-4.10%	1.19%	-7.43%	-11.36%	7.54%	-0.89%	-11.87%
2009/12/31	94.07%	48.92%	39.23%	37.50%	43.73%	38.40%	44.84%	34.41%	52.32%	49.78%
2010/12/31	-13.82%	-8.17%	-0.75%	-6.92%	-4.30%	-13.11%	-11.44%	-2.98%	-11.87%	-8.74%

续表

条件1（比较天数1）	沪深300	14/9	14/3	14/15	12/3	12/9	12/15	16/3	16/9	16/15
2011/12/30	-24.45%	-12.03%	-6.96%	-11.13%	-3.71%	-11.78%	-14.99%	-6.88%	-12.31%	-10.79%
2012/12/31	7.20%	12.74%	10.98%	9.08%	6.28%	16.26%	10.16%	8.24%	7.66%	5.73%
2013/12/31	-7.91%	-1.99%	-0.51%	-7.25%	-0.78%	-4.12%	-10.59%	2.01%	-7.04%	-0.54%
2014/12/31	51.26%	31.49%	39.66%	43.06%	45.82%	37.22%	44.78%	33.31%	36.97%	42.29%
2015/12/31	8.62%	43.20%	12.92%	38.45%	17.63%	26.19%	34.72%	28.03%	33.46%	42.38%
2016/11/25	-7.20%	-3.44%	-11.91%	-4.31%	-2.53%	-6.19%	6.52%	-8.37%	-7.08%	3.10%
总收益率	250.84%	673.43%	718.94%	484.32%	965.84%	519.36%	502.13%	750.63%	487.01%	495.16%
年化收益率	11.13%	18.77%	19.35%	16.00%	22.02%	16.57%	16.30%	19.73%	16.05%	16.18%
最大回撤	72.30%	22.90%	29.25%	27.79%	21.09%	25.37%	34.15%	23.26%	31.11%	26.77%
夏普比例	0.24	0.92	0.91	0.71	1.05	0.74	0.75	0.97	0.72	0.73
年平均交易次数		8.24	11.94	6.90	13.46	9.08	6.90	10.93	8.41	6.39

表 10-16b 沪深 300（EMV 回测，条件 2）

条件2	沪深300	14/9/1	14/9/2	14/9/3	14/9/4	20/9/3	25/9/3	30/9/3	31/9/3	29/9/3
2005/12/30	-6.16%	10.99%	12.84%	14.23%	5.03%	-11.32%	6.13%	1.06%	0.38%	-2.48%
2006/12/29	113.39%	45.67%	48.48%	42.18%	45.66%	71.80%	48.66%	45.57%	42.37%	45.32%
2007/12/28	170.07%	56.24%	38.62%	42.91%	33.42%	56.61%	46.16%	86.44%	77.23%	95.24%
2008/12/31	-65.89%	-46.93%	-45.15%	-42.55%	-42.22%	-53.27%	-17.91%	-45.45%	-48.22%	-37.46%
2009/12/31	94.07%	1.69%	5.32%	16.16%	11.80%	86.35%	49.99%	55.79%	62.96%	56.25%
2010/12/31	-13.82%	6.16%	3.65%	4.46%	5.04%	13.96%	-12.02%	-1.16%	4.29%	-12.63%
2011/12/30	-24.45%	-13.91%	-13.25%	-10.61%	-11.81%	-13.80%	-16.79%	-17.54%	-17.19%	-12.89%
2012/12/31	7.20%	19.91%	15.46%	14.72%	21.14%	10.54%	14.45%	25.31%	24.25%	10.08%
2013/12/31	-7.91%	-1.33%	2.49%	2.17%	-3.79%	1.09%	-7.73%	5.37%	1.50%	4.02%
2014/12/31	51.26%	33.33%	32.14%	35.75%	33.46%	40.16%	25.22%	37.15%	24.13%	40.48%
2015/12/31	8.62%	-10.34%	2.08%	14.16%	-3.33%	40.67%	11.73%	49.55%	47.45%	32.62%
2016/11/25	-7.20%	-4.83%	-2.74%	-5.40%	-8.24%	4.23%	6.35%	16.04%	8.29%	15.92%
总收益率	250.84%	67.70%	87.27%	148.53%	68.54%	368.63%	226.64%	497.03%	361.44%	408.87%
年化收益率	11.13%	4.44%	5.42%	7.96%	4.49%	13.87%	10.47%	16.21%	13.72%	14.66%
最大回撤	72.30%	55.97%	54.31%	47.89%	47.58%	62.67%	31.91%	56.26%	58.35%	49.32%
夏普比例	0.24	0.02	0.07	0.20	0.02	0.50	0.33	0.63	0.51	0.54
年平均交易次数		39.53	36.00	33.14	31.29	32.97	31.12	29.27	30.36	29.10

通过表 10-16 可知，条件 2 的结果不如条件 1。条件 1 中，N1 = 12、N2 = 3、M = 1 对应的年化收益率是 22.02%，最大回撤 21.02%，也远远小于指数的最大回撤，而且年平均交易次数为 13 次，平均每个月才交易一次，相对来说是一个比较理想的结果。

第十节 DMI 策略

DMI 指标是动向指标或趋向指标，通过分析股票价格在涨跌过程中买卖双方力量均衡点的变化情况，即多空双方力量的变化受价格波动的影响而发生由均衡到失衡的循环过程，从而提供对趋势判断的依据。

DMI 的计算比较复杂，具体如下：

（1）上升动向（DM）：代表正趋向变动值，即上升动向值，其数值等于当日的最高价减去前一日的最高价，如果≤0 则 DM = 0。

（2）下降动向（ - DM）：代表负趋向变动值，即下降动向值，其数值等于前一日的最低价减去当日的最低价，如果≤0 则 - DM = 0。注意：- DM 也是非负数。

（3）A = | 当日的最高价 - 当日的最低价 |

（4）B = | 当日的最高价 - 前一日的收盘价 |

（5）C = | 当日的最低价 - 前一日的收盘价 |

（6）TR = MAX（A、B、C），为上述三个数字的最大值。

（7）上升动向 PDI = ΣDM/ΣTR × 100%，其中交易天数 N。

（8）下降动向 MDI = Σ - DM/ΣTR × 100%，其中交易天数 N。

（9）动向指标 DX = （PDI - MDI）/（PDI + MDI）

（10）ADX 是 DX 在 M 天中的均值。

（11）ADXR = （当天的 ADX + 前一天的 ADX）/2

常用 N = 14、M = 6，其他数据对应的结果如表 10 - 17 所示。

表 10 - 17　沪深 300（DMI 回测）

条件 2	沪深 300	14/6	13/6	13/9	13/15	13/16	13/14	12/15	14/15	14/10
2005/12/30	-6.16%	-2.58%	3.06%	2.63%	-0.20%	-2.44%	-0.20%	-1.51%	-1.10%	-3.45%
2006/12/29	113.39%	127.53%	128.32%	127.54%	120.29%	120.29%	117.37%	112.17%	118.46%	124.46%
2007/12/28	170.07%	161.55%	152.12%	128.99%	114.27%	114.27%	110.92%	104.89%	113.31%	125.22%
2008/12/31	-65.89%	-39.88%	-39.70%	-36.34%	-40.01%	-40.01%	-40.01%	-50.33%	-37.59%	-39.88%
2009/12/31	94.07%	77.59%	87.12%	90.68%	96.79%	95.20%	96.79%	83.10%	78.22%	91.70%
2010/12/31	-13.82%	-11.69%	-11.69%	6.54%	8.02%	2.23%	6.05%	5.40%	1.42%	2.01%
2011/12/30	-24.45%	-14.65%	-10.08%	-10.08%	-12.99%	-12.99%	-12.99%	-12.07%	-12.66%	-9.74%
2012/12/31	7.20%	7.22%	0.00%	-8.12%	-3.17%	-3.17%	-8.12%	6.56%	8.30%	5.53%
2013/12/31	-7.91%	-7.92%	1.46%	-2.65%	-8.89%	-4.56%	-8.89%	-7.73%	-1.87%	0.25%
2014/12/31	51.26%	48.22%	46.09%	46.89%	52.41%	50.06%	52.41%	50.62%	46.02%	42.92%
2015/12/31	8.62%	5.58%	7.33%	-4.36%	16.22%	16.85%	17.66%	-3.65%	-11.13%	-9.91%
2016/11/25	-7.20%	-7.60%	-7.59%	5.05%	1.75%	-5.31%	-0.28%	3.15%	-10.13%	2.78%
总收益率	250.84%	566.03%	681.39%	720.93%	730.96%	636.04%	645.96%	431.15%	462.75%	625.08%
年化收益率	11.13%	17.29%	18.88%	19.37%	19.49%	18.28%	18.41%	15.08%	15.64%	18.13%
最大回撤	72.30%	51.10%	50.96%	50.96%	50.96%	50.96%	50.96%	61.29%	51.10%	51.10%
夏普比例	0.24	0.50	0.57	0.63	0.66	0.61	0.61	0.44	0.47	0.56
年平均交易次数		2.86	4.21	6.73	7.74	7.57	7.91	8.24	6.56	5.38

N = 13、M = 15 对应的结果是部分数据得到的最佳值，可能还有其他更好的，读者可以根据模板自行寻找。

还是以沪深 300 为例，对 MA、EMA、DMA、MACD、TRIX、EMV、DMI 七个趋势指标做个对比，在七个对比样本数据中，全部都是用其中的最佳数据来比较，结果令人大吃一惊。虽然在个别年份有其他指标胜出，但整体来说，最简单的 42 天均线，竟然战胜了其他复杂的指标，而且夏普比率最高，年交易次数 13 次，基本每个月交易一次，很容易接受。当然，在其他品种和将来的日子里，不一定就是最简单的 MA 表现最好，也不一定就是 42 天均线表现最好，但这至少说明了一个问题，复杂的、看起来“高大上”的指标，不一定比最简单的指标表现好！而且 MA42 策略和指数比较，除了 2006、2009、2012、2014 这四年牛市跑输外，其他年份均跑赢了指数本身。测试结果如表 10 - 18 所示。

表 10 - 18　沪深 300（多技术指标综合回测）

	沪深 300	MA/1/42	EMA/30	DMA/背离/4	MACD/趋势/6	TRIX/9/25	EMV/趋势/12/3	DMI/13/15
2005/12/30	-6.04%	-0.98%	-4.86%	-8.82%	-15.23%	-9.86%	0.84%	-0.20%
2006/12/29	121.02%	108.62%	105.84%	108.15%	70.19%	104.92%	112.67%	120.29%
2007/12/28	161.55%	163.92%	137.70%	96.34%	148.76%	97.27%	110.35%	114.27%
2008/12/31	-65.95%	-24.55%	-18.26%	-34.68%	0.00%	-38.52%	1.19%	-40.01%
2009/12/31	96.71%	79.42%	49.97%	51.50%	60.89%	57.21%	43.73%	96.79%
2010/12/31	-12.51%	3.03%	-5.76%	2.93%	12.12%	-2.51%	-4.30%	8.02%
2011/12/30	-25.01%	-1.60%	-6.25%	-9.01%	-10.87%	-12.09%	-3.71%	-12.99%
2012/12/31	7.55%	-0.10%	2.01%	15.41%	-6.98%	14.21%	6.28%	-3.17%
2013/12/31	-7.65%	-1.38%	-10.12%	-2.29%	-12.70%	-5.04%	-0.78%	-8.89%
2014/12/31	51.66%	47.56%	46.44%	43.65%	53.31%	38.49%	45.82%	52.41%
2015/12/31	5.58%	28.33%	26.52%	43.00%	15.02%	12.51%	17.63%	16.22%
2016/11/25	-5.62%	4.48%	3.16%	3.48%	-2.98%	7.75%	-2.53%	1.75%
总收益率	258.30%	1358.66%	783.65%	727.89%	701.62%	449.62%	965.84%	730.96%
年化收益率	11.33%	25.28%	20.11%	19.45%	19.13%	15.41%	22.02%	19.49%
最大回撤	72.30%	31.72%	30.85%	40.73%	38.39%	49.79%	21.09%	50.96%
夏普比例	0.25	1.11	0.84	0.75	0.78	0.59	1.05	0.66
年平均交易次数		13	21	12	2	11	13	8

前面介绍的都是趋势型指标，下面我们一起来看看超买超卖指标。

第十一节　KDJ 策略

KDJ 指标又叫随机指标，是一种实用的技术分析指标，它先是用于期货市场，后被广泛用于股市的中短期趋势分析，是期货和股票市场最常用的技术分析工具。

KDJ 一般是用于股票分析的统计体系，根据统计学原理，通过一个特定的周期（常为 9 日、9 周等）内出现过的最高价、最低价及最后一个计算周期的收盘价及这三者之间的比例关系，来计算最后一个计算周期的未成熟随机值 RSV，然后根据平滑移动平均线的方法来计算 K 值、D 值与 J 值，并绘成曲线图来研判股票价格走势。

这里我们还是用计算的方法来分析 KDJ，因为图形是很难做回测的，只有数字化后才能看清楚历史上 KDJ 的表现到底如何。

KDJ 的计算略微复杂，具体过程如下。

n 日 RSV =（Cn - Ln）/（Hn - Ln）×100

其中，Cn 为第 n 日收盘价；Ln 为 n 日内的最低价；Hn 为 n 日内的最高价。

特别注意，是 n 日内的最低价和最高价，不是 n 日的最低价和最高价，也就是在 n 日里的 n 个最低价中进行比较，找到唯一的最低价，同样的方法找到 n 日里的最高价。

计算 K 值与 D 值：

当日 K 值 =2/3×前一日 K 值 +1/3×当日 RSV

当日 D 值 =2/3×前一日 D 值 +1/3×当日 K 值

第一个 K 值与 D 值，则可分别用 50 来代替。

J 值 =3×当日 K 值 -2×当日 D 值

以 9 日为周期的 KDJ 线为例，即未成熟随机值，计算公式为：

9 日 RSV = （C – L9） ÷ （H9 – L9） ×100

其中，C 为第 9 日的收盘价；L9 为 9 日内的最低价；H9 为 9 日内的最高价。

K 值 =2/3 × 第 8 日 K 值 +1/3 × 第 9 日 RSV

D 值 =2/3 × 第 8 日 D 值 +1/3 × 第 9 日 K 值

J 值 =3 × 第 9 日 K 值 –2 × 第 9 日 D 值

若无前一日，K 值与 D 值则都可以用 50 代替。

使用条件 1：D 小于 20% 超卖，买入信号；大于 80% 超买，卖出信号。超卖信号 20% 变化区间为 5% ~45%，超买信号变化区间为 95% ~55%，对应结果如表 10 – 19a 所示。

表 10 – 19a　沪深 300（KDJ 回测，条件 1）

条件 1：N =9，D 超买超卖变化	沪深 300	5%	10%	15%	20%	25%	30%	35%	40%	45%
2005/12/30	–6. 16%	–6. 04%	–4. 32%	1. 02%	–4. 05%	–5. 11%	6. 28%	1. 22%	4. 24%	–1. 52%
2006/12/29	113. 39%	92. 84%	0. 00%	5. 87%	4. 31%	1. 62%	6. 99%	3. 24%	1. 29%	0. 77%
2007/12/28	170. 07%	0. 00%	0. 00%	0. 00%	0. 00%	2. 80%	9. 74%	–7. 84%	2. 28%	7. 20%
2008/12/31	–65. 89%	0. 00%	–38. 43%	–53. 26%	–57. 73%	–53. 66%	–54. 35%	–42. 47%	–41. 11%	–42. 83%
2009/12/31	94. 07%	0. 00%	19. 18%	16. 02%	22. 51%	23. 76%	53. 67%	34. 30%	29. 88%	31. 11%
2010/12/31	–13. 82%	0. 00%	0. 00%	4. 82%	–5. 77%	–18. 04%	–11. 67%	–6. 23%	6. 68%	9. 83%
2011/12/30	–24. 45%	0. 00%	0. 21%	–3. 32%	3. 66%	–17. 48%	–23. 37%	–23. 94%	–26. 89%	–12. 70%
2012/12/31	7. 20%	0. 00%	15. 86%	24. 47%	18. 49%	–1. 42%	–5. 10%	–3. 61%	5. 68%	6. 42%
2013/12/31	–7. 91%	0. 00%	0. 00%	9. 08%	–1. 96%	4. 26%	–6. 18%	–1. 94%	2. 13%	4. 34%
2014/12/31	51. 26%	0. 00%	0. 00%	0. 06%	8. 04%	4. 72%	5. 59%	5. 79%	6. 66%	7. 42%
2015/12/31	8. 62%	0. 00%	0. 00%	0. 00%	–10. 03%	22. 57%	25. 83%	11. 11%	0. 52%	14. 18%
2016/11/25	–7. 20%	0. 00%	0. 00%	1. 93%	–2. 60%	–6. 22%	–7. 52%	–7. 90%	–8. 87%	–3. 94%
总收益率	250. 84%	81. 19%	–18. 48%	–18. 61%	–44. 31%	–52. 44%	–35. 18%	–45. 70%	–32. 07%	0. 03%
年化收益率	11. 13%	5. 13%	–1. 70%	–1. 72%	–4. 80%	–6. 06%	–3. 58%	–5. 01%	–3. 20%	0. 00%
最大回撤	72. 30%	22. 02%	50. 57%	59. 87%	67. 58%	68. 79%	63. 23%	60. 79%	57. 63%	58. 12%
夏普比例	0. 24	0. 13	–0. 45	–0. 33	–0. 46	–0. 52	–0. 38	–0. 46	–0. 36	–0. 20
年平均交易次数		0. 08	0. 42	2. 10	3. 45	4. 46	6. 48	8. 33	10. 51	12. 70

从结果来看，无一能战胜指数。

条件同上，固定 20%、80% 不变，N 从 9 天改成 3 ~19 天变化，对应结果如表 10 – 19b 所示。

表 10 – 19b　沪深 300（KDJ 回测，条件 1，N = 3 ~ 19）

条件1 超买超卖 20%	沪深 300	3	5	7	9	11	13	15	17	19
2005/12/30	-6.16%	-4.32%	-7.45%	-2.25%	-4.05%	-5.35%	-4.07%	-1.36%	0.09%	0.01%
2006/12/29	113.39%	0.00%	5.83%	5.83%	4.31%	4.26%	3.98%	4.67%	4.99%	5.14%
2007/12/28	170.07%	0.00%	0.00%	0.00%	0.00%	14.83%	13.31%	8.67%	7.82%	7.82%
2008/12/31	-65.89%	-51.71%	-47.20%	-60.24%	-57.73%	-54.58%	-55.00%	-52.06%	-51.30%	-51.70%
2009/12/31	94.07%	19.18%	9.25%	22.17%	22.51%	22.51%	22.51%	18.08%	10.14%	6.14%
2010/12/31	-13.82%	0.00%	4.74%	-4.10%	-5.77%	-5.77%	-5.75%	-4.68%	-2.62%	-2.54%
2011/12/30	-24.45%	-20.60%	-3.96%	3.93%	3.66%	-6.72%	-5.74%	-5.98%	-4.93%	-6.71%
2012/12/31	7.20%	25.30%	21.79%	16.75%	18.49%	12.36%	10.85%	10.85%	10.96%	11.46%
2013/12/31	-7.91%	9.75%	2.85%	-1.96%	-1.96%	0.37%	9.03%	22.32%	19.11%	18.57%
2014/12/31	51.26%	0.06%	-0.26%	-0.79%	8.04%	14.62%	14.52%	14.52%	14.52%	13.07%
2015/12/31	8.62%	0.00%	0.00%	0.00%	-10.03%	-11.61%	-11.61%	-11.61%	-11.61%	-11.61%
2016/11/25	-7.20%	1.71%	-0.26%	-3.23%	-2.60%	1.05%	-1.36%	-1.36%	3.33%	3.50%
总收益率	250.84%	-38.81%	-29.19%	-44.96%	-44.31%	-36.01%	-33.19%	-22.94%	-22.24%	-27.75%
年化收益率	11.13%	-4.05%	-2.86%	-4.90%	-4.80%	-3.68%	-3.33%	-2.17%	-2.09%	-2.70%
最大回撤	72.30%	61.23%	60.32%	67.58%	67.58%	64.79%	64.90%	64.90%	65.20%	64.54%
夏普比例	0.24	-0.47	-0.40	-0.50	-0.46	-0.39	-0.37	-0.31	-0.30	-0.33
年平均交易次数		0.93	2.10	2.61	3.45	3.95	4.29	4.29	4.29	4.29

结果也很令人沮丧，竟然没有一个正收益。从上面两组数据基本可以得出结论，这个超买超卖信号至少在沪深 300 上是不太靠谱的，其他指数和品种读者可以自行用本书提供的模型回测。

条件 2：K 突破 D 买入，跌破 D 卖出。同样为了避免来回切换，和 N 天前比较，对应结果如表 10 – 20 所示。

表 10 – 20　沪深 300（KDJ 回测，条件 2）

条件 2	沪深 300	1	2	3	4	5	6	7	8	9
2005/12/30	-6.16%	1.98%	1.05%	-1.64%	7.00%	-13.89%	-7.47%	2.60%	8.36%	1.05%
2006/12/29	113.39%	53.09%	58.36%	59.97%	48.69%	33.99%	34.50%	29.17%	28.40%	23.82%
2007/12/28	170.07%	62.31%	47.16%	48.05%	52.96%	71.36%	69.67%	34.19%	19.54%	30.20%
2008/12/31	-65.89%	-34.09%	-34.27%	-31.35%	-42.53%	-41.77%	-35.77%	-39.85%	-43.52%	-46.90%
2009/12/31	94.07%	45.95%	44.71%	37.17%	42.79%	36.55%	44.94%	30.55%	38.74%	51.08%
2010/12/31	-13.82%	-3.61%	-10.96%	-8.81%	-3.80%	-11.62%	-8.39%	-8.61%	-15.60%	-5.64%
2011/12/30	-24.45%	-24.03%	-23.94%	-19.06%	-19.27%	-16.39%	-24.43%	-28.49%	-15.93%	-21.25%
2012/12/31	7.20%	-5.86%	-8.81%	-7.01%	-6.74%	-2.42%	-6.32%	-2.02%	-21.18%	-9.12%
2013/12/31	-7.91%	-7.89%	-12.24%	-2.94%	-4.49%	-3.80%	-5.05%	-3.94%	-0.66%	0.64%
2014/12/31	51.26%	20.70%	16.37%	17.96%	20.05%	17.36%	22.03%	27.97%	25.23%	20.36%
2015/12/31	8.62%	0.18%	0.95%	5.35%	5.73%	12.88%	-2.09%	-5.83%	21.41%	8.61%
2016/11/25	-7.20%	-8.77%	-6.77%	-3.23%	-7.57%	-9.96%	-9.53%	-11.04%	-9.53%	-2.19%
总收益率	250.84%	70.73%	32.94%	75.73%	62.07%	30.09%	30.85%	-7.93%	-0.39%	13.57%
年化收益率	11.13%	4.60%	2.42%	4.86%	4.14%	2.24%	2.29%	-0.69%	-0.03%	1.08%
最大回撤	72.30%	52.24%	61.20%	52.47%	56.30%	57.19%	52.86%	62.95%	67.22%	65.73%
夏普比例	0.24	0.03	-0.08	0.04	0.01	-0.09	-0.09	-0.24	-0.20	-0.15
年平均交易次数		44.74	42.05	37.17	34.14	32.80	30.95	29.10	27.92	27.08

结果也无一超过指数本身。

条件 3：J 和股价顶背离，买入；底背离，卖出。一样和 N 天前比较，对应结果如表 10 – 21 所示。

表 10－21　沪深 300（KDJ 回测，条件 3）

条件 3	沪深 300	1	2	3	4	5	6	7	8	9
2005/12/30	－6.16%	8.05%	－6.66%	1.93%	－1.36%	－12.50%	2.47%	10.33%	－12.19%	－15.24%
2006/12/29	113.39%	85.35%	84.56%	104.97%	114.95%	127.29%	134.52%	123.46%	112.87%	118.14%
2007/12/28	170.07%	100.48%	156.45%	109.31%	100.09%	161.65%	130.97%	164.52%	162.17%	160.23%
2008/12/31	－65.89%	－35.44%	－20.71%	－25.00%	－28.29%	－25.27%	－14.54%	－24.14%	－33.33%	－26.99%
2009/12/31	94.07%	68.39%	68.48%	45.88%	50.77%	47.42%	61.50%	43.76%	63.34%	65.24%
2010/12/31	－13.82%	5.83%	－18.55%	2.82%	－0.12%	7.58%	－10.88%	－9.00%	－8.47%	－9.39%
2011/12/30	－24.45%	－16.00%	－9.08%	－14.00%	－1.17%	－13.10%	－17.16%	－17.15%	－13.71%	－10.64%
2012/12/31	7.20%	2.78%	10.62%	6.88%	3.77%	4.19%	9.55%	13.63%	8.12%	14.12%
2013/12/31	－7.91%	－7.81%	0.19%	－8.32%	－7.10%	－5.56%	－5.48%	－16.61%	－9.73%	－10.75%
2014/12/31	51.26%	37.25%	35.25%	36.28%	35.81%	44.09%	41.28%	48.29%	47.36%	53.70%
2015/12/31	8.62%	－21.98%	－27.20%	15.90%	－6.14%	10.64%	37.09%	37.66%	12.18%	8.12%
2016/12/25	－7.20%	－1.28%	0.88%	－0.96%	－3.73%	0.84%	－14.49%	－7.57%	－10.06%	1.04%
总收益率	250.84%	288.68%	381.08%	548.36%	435.70%	747.77%	869.85%	679.17%	511.61%	703.77%
年化收益率	11.13%	12.09%	14.12%	17.02%	15.16%	19.69%	21.05%	18.85%	16.45%	19.16%
最大回撤	72.34%	47.35%	47.10%	41.70%	38.35%	35.26%	34.03%	43.11%	39.01%	40.26%
夏普比例	0.24	0.38	0.50	0.65	0.54	0.76	0.83	0.74	0.60	0.72
年平均交易次数		17.16	13.96	10.60	10.26	9.42	9.08	8.41	8.91	8.07

从表 10－21 可以看出，和 6 天前比较的顶背离、底背离策略 21.05% 的年化收益率比较理想，而且年交易次数仅 9 次。从整体来看，至少在沪深 300 上，KDJ 只有 J 的背离策略是比较有效的。

第十二节　RSI 策略

RSI 是相对强弱指数，根据一定时期内上涨点数和涨跌点数之和的比率制作出的一种技术曲线。能够反映出市场在一定时期内的景气程度。和其他指标相比，RSI 的计算简单得多，计算公式为：

RSI（n）＝N 天中收盘价涨的总和/（N 天中收盘价每天涨的总和－N 天中收盘价每天涨的总和）

＝1/（1－N 天中收盘价跌的总和/N 天中收盘价每天涨的总和）

其中，N 常用 14 天。

回测条件 1：RSI 小于 X（常用 20%）为超卖，是买入信号；大于 1－X（常用 80%）为超买，是卖出信号。X 从 5% 到 45% 对应的结果，如表 10－22 所示。

表 10-22　沪深 300（RSI 回测，条件 1）

条件1	沪深300	5%	10%	15%	20%	25%	30%	35%	40%	45%
2005/12/30	-6.16%	0.99%	0.99%	-2.88%	-2.88%	-6.63%	-1.75%	6.95%	-6.85%	3.42%
2006/12/29	113.39%	0.00%	0.00%	0.00%	8.41%	5.02%	0.09%	1.03%	5.49%	2.96%
2007/12/28	170.07%	0.00%	0.00%	0.00%	0.00%	11.85%	8.08%	14.28%	5.30%	18.31%
2008/12/31	-65.89%	0.00%	-25.73%	-36.06%	-51.71%	-60.36%	-55.02%	-56.44%	-47.04%	-60.38%
2009/12/31	94.07%	0.00%	26.35%	26.35%	19.18%	30.54%	15.10%	42.04%	38.11%	49.04%
2010/12/31	-13.82%	0.00%	0.00%	14.13%	-11.41%	-13.39%	-14.65%	-7.89%	-12.14%	-8.12%
2011/12/30	-24.45%	0.00%	0.00%	-16.04%	-7.38%	-16.95%	-13.94%	-13.03%	-22.57%	-24.63%
2012/12/31	7.20%	0.00%	0.00%	21.29%	20.51%	20.74%	10.92%	6.52%	-6.15%	-0.99%
2013/12/31	-7.91%	0.00%	0.37%	3.70%	2.19%	17.80%	-0.53%	0.91%	-7.95%	0.57%
2014/12/31	51.26%	0.00%	27.36%	0.06%	5.39%	6.22%	16.64%	9.26%	2.84%	5.70%
2015/12/31	8.62%	0.00%	0.00%	0.00%	-10.99%	-10.18%	-10.33%	-2.26%	32.32%	8.66%
2016/11/25	-7.20%	0.00%	0.00%	0.00%	-14.98%	-8.39%	2.29%	-2.36%	-4.54%	2.16%
总收益率	250.84%	0.99%	21.14%	-5.38%	-51.16%	-49.25%	-52.28%	-31.41%	-42.22%	-39.81%
年化收益率	11.13%	0.08%	1.63%	-0.46%	-5.85%	-5.54%	-6.03%	-3.12%	-4.51%	-4.18%
最大回撤	72.30%	0.00%	35.74%	47.28%	61.26%	67.58%	68.87%	65.01%	65.22%	67.72%
夏普比例	0.24	-13.39	-0.21	-0.29	-0.49	-0.44	-0.48	-0.34	-0.41	-0.38
年平均交易次数		0.00	0.34	1.18	2.02	3.70	5.38	6.90	8.41	13.12

条件 2：14 天不变，RSI 和股价背离，即 RSI 和股价顶背离，卖出信号，底背离，买入信号，背离天数为 1～9，计算结果如表 10-23 所示。

表 10-23　沪深 300（RSI 回测，条件 2）

条件2	沪深300	1	2	3	4	5	6	7	8	9
2005/12/30	-6.16%	-0.30%	3.34%	3.28%	6.59%	4.61%	6.79%	10.23%	5.79%	-1.60%
2006/12/29	113.39%	20.14%	21.05%	16.68%	4.94%	15.62%	9.40%	13.25%	4.48%	10.83%
2007/12/28	170.07%	14.05%	10.32%	2.61%	33.04%	28.17%	34.21%	36.12%	28.98%	37.77%
2008/12/31	-65.89%	-24.20%	-20.66%	-37.29%	-45.63%	-33.69%	-40.58%	-25.32%	-32.64%	-58.86%
2009/12/31	94.07%	18.13%	31.84%	36.65%	19.25%	16.24%	67.87%	65.57%	4.39%	15.68%
2010/12/31	-13.82%	-8.10%	-10.57%	0.18%	2.64%	11.50%	-20.04%	-3.69%	-7.79%	-15.61%
2011/12/30	-24.45%	-22.83%	-16.65%	-21.52%	-26.00%	-7.92%	-13.55%	-18.61%	-12.63%	-18.67%
2012/12/31	7.20%	17.02%	12.41%	19.68%	10.71%	19.85%	5.38%	17.13%	24.57%	8.59%
2013/12/31	-7.91%	-22.93%	-18.98%	-10.42%	-5.04%	6.26%	10.11%	4.72%	0.17%	4.55%
2014/12/31	51.26%	13.06%	25.99%	11.27%	13.91%	11.06%	12.92%	16.99%	2.36%	-1.37%
2015/12/31	8.62%	1.90%	-23.30%	-3.54%	-30.99%	-14.71%	-3.85%	-13.25%	14.06%	-10.07%
2016/11/25	-7.20%	12.10%	-20.94%	-16.02%	-8.41%	-15.28%	4.76%	-10.36%	3.06%	0.13%
总收益率	250.84%	1.06%	-25.13%	-19.51%	-44.53%	25.39%	42.70%	83.77%	21.25%	-50.52%
年化收益率	11.13%	0.09%	-2.40%	-1.81%	-4.84%	1.92%	3.04%	5.25%	1.63%	-5.75%
最大回撤	72.30%	58.29%	52.91%	48.31%	70.66%	44.82%	46.01%	39.76%	48.80%	71.64%
夏普比例	0.24	-0.21	-0.30	-0.28	-0.41	-0.11	-0.05	0.06	-0.12	-0.49
年平均交易次数		26.32	21.95	19.60	14.97	14.55	12.36	10.85	9.34	7.48

结果可知，背离天数 =7 为相对表现最好的，但也没战胜指数。

条件 3：用两条 RSI 线来判断，一般短 RSI1 穿过长 RSI2，买入，反之卖出。N1 和 N2 变化部分对应结果如表 10-24 所示。

表 10－24　沪深 300（RSI 回测，条件 3）

条件 3	沪深 300	14/60	14/73	14/86	17/60	17/73	17/86	20/60	20/73	20/86
2005/12/30	-6.16%	7.09%	0.23%	-4.10%	-2.19%	-3.10%	-0.60%	-7.76%	-4.49%	-6.71%
2006/12/29	113.39%	82.90%	90.93%	91.40%	101.44%	113.61%	109.02%	95.05%	107.20%	115.44%
2007/12/28	170.07%	130.61%	96.67%	79.97%	109.51%	120.23%	121.14%	102.38%	98.31%	112.70%
2008/12/31	-65.89%	-34.24%	-31.42%	-23.61%	-48.68%	-39.98%	-37.87%	-56.91%	-43.17%	-44.50%
2009/12/31	94.07%	46.44%	46.33%	40.90%	25.81%	33.48%	26.82%	43.93%	73.48%	57.17%
2010/12/31	-13.82%	-0.54%	3.65%	9.52%	-0.69%	14.01%	0.64%	-5.43%	-1.41%	5.69%
2011/12/30	-24.45%	-0.55%	-1.85%	-5.49%	-2.75%	0.35%	-10.19%	2.43%	1.71%	-5.22%
2012/12/31	7.20%	12.18%	16.74%	17.67%	8.01%	11.41%	16.48%	4.37%	3.48%	11.22%
2013/12/31	-7.91%	-1.80%	-7.91%	-13.20%	1.10%	6.43%	2.75%	10.30%	6.86%	-3.97%
2014/12/31	51.26%	37.41%	27.93%	26.84%	30.32%	33.13%	26.96%	27.22%	26.02%	28.76%
2015/12/31	8.62%	0.87%	0.56%	-5.74%	21.94%	32.36%	29.78%	5.76%	26.98%	39.66%
2016/11/25	-7.20%	-2.21%	-3.16%	0.55%	1.05%	-2.97%	-7.74%	10.13%	5.65%	5.87%
总收益率	250.84%	542.40%	414.62%	351.80%	351.29%	747.11%	495.28%	273.10%	625.36%	659.63%
年化收益率	11.13%	16.93%	14.77%	13.52%	13.51%	19.69%	16.19%	11.71%	18.13%	18.59%
最大回撤	72.30%	42.50%	40.04%	33.96%	57.23%	49.97%	44.43%	62.96%	51.15%	49.34%
夏普比例	0.24	0.67	0.56	0.50	0.51	0.84	0.66	0.40	0.74	0.78
年平均交易次数		26.16	24.64	25.99	24.64	21.61	21.78	23.46	19.26	19.76

结果可知，短线 17 天、长线 73 天，对应年化收益率 19.69% 为最佳。截至目前，所有的择时策略都很难超过 20%。

第十三节　WR 策略

WR，威廉氏超买超卖指标，属于摆动类指标，为分析市场短线买卖走势的技术指标。WR 的计算如下：

WR＝100－（当天收盘价－N 天内最低价）/（N 天内最高价－N 天内最低价）×100%

一般 N 取 14 天，超买取 20，超卖取 80。

首先，看一下 N＝14 不变，超买为 2～18 的对应值，结果如表10－25。

表 10－25　沪深 300（WR 回测 1）

	沪深 300	2	4	6	8	10	12	14	16	18
2005/12/30	－6.16%	－0.08%	1.81%	－3.37%	－4.24%	－0.28%	－0.47%	1.69%	－1.29%	－1.29%
2006/12/29	113.39%	2.44%	－0.15%	－1.44%	－1.44%	－1.44%	4.70%	3.87%	3.87%	3.87%
2007/12/28	170.07%	36.24%	30.11%	26.74%	19.11%	35.71%	35.71%	35.71%	27.50%	26.04%
2008/12/31	－65.89%	－42.23%	－45.27%	－47.53%	－49.87%	－49.87%	－49.87%	－49.87%	－43.20%	－51.08%
2009/12/31	94.07%	9.70%	21.05%	21.38%	25.03%	35.24%	33.43%	29.93%	25.14%	24.27%
2010/12/31	－13.82%	－11.33%	－20.55%	－22.26%	－22.26%	－17.98%	－19.17%	－13.66%	－9.30%	－11.29%
2011/12/30	－24.45%	－9.79%	－14.25%	－23.09%	－26.63%	－27.52%	－27.86%	－23.88%	－25.33%	－25.33%
2012/12/31	7.20%	6.28%	2.02%	1.26%	－1.73%	1.00%	0.24%	3.84%	3.42%	3.42%
2013/12/31	－7.91%	－0.73%	－2.70%	－3.78%	－6.99%	－5.74%	－5.74%	－6.94%	－7.44%	－7.44%
2014/12/31	51.26%	－2.99%	12.18%	10.28%	10.28%	5.80%	3.29%	5.80%	4.78%	4.45%
2015/12/31	8.62%	－18.57%	－3.56%	－3.56%	6.90%	6.90%	5.70%	2.40%	2.40%	－5.81%
2016/11/25	－7.20%	－6.19%	－7.69%	－5.10%	－5.10%	－5.10%	－5.46%	－1.97%	－5.82%	－6.89%
总收益率	250.84%	－44.72%	－40.83%	－54.81%	－58.91%	－45.07%	－46.20%	－37.02%	－39.14%	－54.37%
年化收益率	11.13%	－4.86%	－4.32%	－6.46%	－7.21%	－4.91%	－5.08%	－3.81%	－4.09%	－6.39%
最大回撤	72.30%	68.01%	64.15%	70.71%	73.56%	69.36%	70.57%	66.96%	63.30%	71.85%
夏普比例	0.24	－0.43	－0.41	－0.51	－0.54	－0.42	－0.43	－0.37	－0.39	－0.50
年平均交易次数		4.79	6.48	6.98	7.48	8.49	8.66	9.67	10.01	10.01

从表 10－25 可以看出，均没有战胜指数。超买 14、超卖 86 对应值相对最佳。固定这个值，然后看看 N＝2 到 18 的结果，如表 10－26 所示。

表 10－26　沪深 300（WR 回测 2）

	沪深 300	2	4	6	8	10	12	14	16	18
2005/12/30	－6.16%	－3.47%	3.12%	5.33%	－1.90%	－1.96%	4.22%	1.69%	－1.29%	－1.25%
2006/12/29	113.39%	24.47%	25.17%	25.38%	11.28%	4.29%	1.33%	3.87%	3.87%	7.68%
2007/12/28	170.07%	29.92%	34.57%	28.99%	29.12%	27.98%	31.15%	35.71%	27.50%	22.84%
2008/12/31	－65.89%	－31.47%	－39.21%	－43.08%	－44.24%	－52.54%	－45.78%	－49.87%	－43.20%	－43.63%
2009/12/31	94.07%	8.42%	36.07%	15.51%	24.71%	33.29%	36.15%	29.93%	25.14%	51.39%
2010/12/31	－13.82%	－6.39%	－1.68%	2.19%	0.99%	3.39%	－0.48%	－13.66%	－9.30%	－10.99%
2011/12/30	－24.45%	－3.98%	－10.91%	－8.36%	－23.29%	－24.70%	－24.56%	－23.88%	－25.33%	－24.68%
2012/12/31	7.20%	14.69%	11.89%	－3.10%	－3.30%	0.40%	2.46%	3.84%	3.42%	0.52%
2013/12/31	－7.91%	14.66%	17.10%	6.71%	－6.60%	－0.61%	－9.20%	－6.94%	－7.44%	－0.97%
2014/12/31	51.26%	32.54%	20.40%	21.00%	13.28%	7.86%	8.03%	5.80%	4.78%	9.15%
2015/12/31	8.62%	29.95%	－3.78%	3.95%	－0.51%	2.56%	5.40%	2.40%	2.40%	－20.94%
2016/11/25	－7.20%	11.54%	－3.40%	－3.54%	－4.66%	－11.15%	0.21%	－1.97%	－5.82%	－4.21%
总收益率	250.84%	163.31%	84.50%	31.57%	－26.32%	－36.78%	－18.51%	－37.02%	－39.14%	－38.51%
年化收益率	11.13%	8.48%	5.29%	2.33%	－2.54%	－3.78%	－1.71%	－3.81%	－4.09%	－4.01%
最大回撤	72.30%	42.84%	46.24%	51.19%	59.20%	60.86%	58.86%	66.96%	63.30%	63.52%
夏普比例	0.24	0.22	0.06	－0.08	－0.31	－0.37	－0.27	－0.37	－0.39	－0.38
年平均交易次数		41.46	29.69	22.29	15.73	12.70	11.35	9.67	10.01	8.33

从结果看，竟然 N＝2 是一个最佳值，但还是无法战胜指数。

第十四节　ROC 策略

ROC，变动率指标，其实就是和 N 天前收盘价比较的涨幅，等于当天收盘价/N 天前收盘价 -1。虽然简单，但其实效果还不错。先来看最简单的。

条件 1：ROC 大于 0 买入，小于 0 卖出，N =5 ~45，变化对应结果如表 10 -27 所示。

表 10 -27　沪深 300（ROC 回测，条件 1）

	沪深 300	5	10	15	20	25	30	35	40	45
2005/12/30	-6.16%	-8.25%	0.15%	-6.81%	-10.51%	-9.46%	-4.09%	0.41%	0.15%	-6.45%
2006/12/29	113.39%	76.80%	105.77%	115.53%	107.04%	103.35%	115.20%	107.51%	115.21%	102.84%
2007/12/28	170.07%	117.77%	97.73%	112.71%	95.27%	136.92%	167.70%	122.83%	117.83%	142.20%
2008/12/31	-65.89%	-29.65%	-30.25%	-20.20%	-43.89%	-36.93%	-40.51%	-23.25%	-33.38%	-33.09%
2009/12/31	94.07%	56.80%	79.76%	49.98%	80.75%	53.83%	65.34%	72.12%	69.41%	68.74%
2010/12/31	-13.82%	-2.77%	2.30%	-8.60%	-5.78%	0.59%	8.19%	5.23%	0.81%	0.10%
2011/12/30	-24.45%	-9.63%	-14.49%	-5.11%	-10.11%	-7.02%	-20.76%	-18.19%	-14.42%	-7.45%
2012/12/31	7.20%	8.49%	6.73%	9.80%	14.21%	7.74%	-8.09%	-0.55%	-3.85%	-3.60%
2013/12/31	-7.91%	-10.41%	4.50%	-10.51%	-1.00%	0.85%	-6.34%	-14.15%	-6.84%	-9.23%
2014/12/31	51.26%	29.17%	41.28%	51.77%	38.66%	49.81%	46.40%	46.02%	57.80%	57.14%
2015/12/31	8.62%	15.02%	8.24%	11.41%	21.28%	33.80%	17.85%	20.08%	29.74%	26.17%
2016/11/25	-7.20%	-9.75%	10.30%	-9.35%	10.01%	7.39%	9.31%	7.93%	-3.30%	-14.39%
总收益率	250.84%	346.20%	740.68%	567.81%	550.02%	825.75%	656.41%	753.23%	710.57%	613.89%
年化收益率	11.13%	13.40%	19.61%	17.32%	17.05%	20.58%	18.55%	19.76%	19.24%	17.98%
最大回撤	72.30%	41.80%	41.81%	35.75%	47.94%	42.83%	46.49%	46.57%	39.24%	42.33%
夏普比例	0.24	0.49	0.79	0.67	0.66	0.85	0.73	0.80	0.78	0.70
年平均交易次数		44.57	28.76	23.04	18.84	16.65	14.97	13.96	12.95	11.61

从表 10 -27 看，还有继续优化的可能，因为在 20 ~25 或者 25 ~30 之间，估计还会有比较好的值，读者可以用模板自行寻找。

条件 2：ROC 大于 MAROC，买入，反之卖出。其中 MAROC 是 ROC 在 M 天的平均值。当 ROC 的 N =25 时，M 从 5 ~45 的变化对应值如表 10 -28 所示。

表 10 -28　沪深 300（ROC 回测，条件 2）

	沪深 300	5	10	15	20	25	30	35	40	45
2005/12/30	-6.16%	-6.01%	-3.80%	-1.62%	-17.79%	-16.69%	-15.58%	-13.12%	-3.27%	-1.20%
2006/12/29	113.39%	37.63%	35.50%	54.61%	77.42%	84.78%	76.74%	89.45%	89.17%	94.64%

续表

	沪深300	5	10	15	20	25	30	35	40	45
2007/12/28	170.07%	32.20%	37.11%	68.00%	82.77%	91.66%	96.34%	86.75%	94.69%	102.97%
2008/12/31	-65.89%	-36.03%	-35.14%	-46.84%	-25.23%	-36.97%	-39.58%	-43.28%	-45.60%	-45.87%
2009/12/31	94.07%	62.57%	43.41%	50.09%	72.15%	50.41%	38.27%	33.64%	22.75%	14.32%
2010/12/31	-13.82%	-12.08%	-9.30%	-8.43%	0.64%	3.18%	1.51%	0.33%	-2.75%	-1.60%
2011/12/30	-24.45%	-16.12%	-18.02%	-17.80%	-16.48%	-21.48%	-14.96%	-16.35%	-17.24%	-16.37%
2012/12/31	7.20%	7.10%	24.40%	20.81%	4.88%	8.05%	4.34%	3.76%	6.88%	-0.58%
2013/12/31	-7.91%	-13.17%	-2.95%	2.45%	0.28%	-4.24%	-5.23%	-4.17%	-2.18%	-0.65%
2014/12/31	51.26%	25.27%	37.26%	36.63%	45.97%	43.67%	44.61%	38.39%	32.12%	33.16%
2015/12/31	8.62%	3.74%	20.73%	14.77%	18.52%	24.84%	26.35%	35.92%	30.17%	23.93%
2016/11/25	-7.20%	-2.59%	3.87%	9.97%	13.57%	6.60%	9.84%	8.84%	11.08%	8.55%
总收益率	250.84%	54.39%	156.89%	227.54%	496.06%	348.34%	319.29%	298.09%	282.40%	251.68%
年化收益率	11.13%	3.72%	8.26%	10.49%	16.20%	13.45%	12.81%	12.32%	11.94%	11.16%
最大回撤	72.30%	48.59%	45.01%	55.35%	37.41%	48.87%	51.15%	52.57%	53.85%	58.44%
夏普比例	0.24	-0.01	0.22	0.33	0.65	0.50	0.47	0.44	0.42	0.38
年平均交易次数		65.35	41.46	32.04	27.16	22.96	20.60	20.10	19.09	19.76

结果很有意思，在2005、2006、2007这三年，都是45天占优势，甚至笔者估计45天以上还有更好的值，但后面几年就不是这样。笔者估计还是因为受股指期货的影响，过去容易长期暴涨暴跌，而近几年这种现象已经不存在了。因为是两维因子，所以还会有最佳值。

第十五节 BIAS策略

BIAS，又叫乖离率，是反映一定时期内股价与其移动平均数偏离程度的指标。移动平均数一般可视为某一时期内买卖双方都能接受的均衡价格。因此，股价距离移动平均线太远时会重新向平均线靠拢。乖离率指标就是通过测算股价在波动过程中与移动平均线出现的偏离程度，从而得出股价在剧烈波动时因偏离移动平均趋势可能形成的回档或反弹。

BIAS也是我最推崇的一个指标，它和中国哲学思想中的“月圆则亏、水满则溢”完全吻合。BIAS的计算公式如下：

BIAS = 当天收盘价/N天的平均收盘价 - 1

笔者总结了关于BIAS的三线四区，具体如下。

第一条线 A1：过涨线。线上卖出，线下买入，常用 15%。

第二条线 A2：平衡线。线上买入，线下卖出，常用 0%。

第三条线 A3：过跌线。线上卖出，线下买入，常用 -15%。

其中 A1 > A2 > A3。

四个区域：

BIAS > A1，过涨区，卖出。

BIAS < A1 而且 BIAS > A2，持有区，买入。

BIAS < A2 而且 BIAS > A3，卖出区，卖出。

BIAS < A3，过跌区，买入。

这四个区域分别对应四句话十六个字：过强转弱、强者恒强、弱者恒弱、过弱转强。图 10-1 很好地解释了三线四区域的关系。

解释	条件	策略	
过强转弱	>A1	卖出	
→	→	→	A1：过涨线
强者恒强	<A1而且>A2	买入	
→	→	→	A2：平衡线
弱者恒弱	<A2而且>A3	卖出	
→	→	→	A3：过跌线
过弱转强	<A3	买入	

图 10-1 三线四区域

首先选 A1 = 10%，A2 = 0，A3 = -A1 = -10%，不同的均线的表现如表 10-29 所示。

表 10-29 沪深 300（BIAS 回测 1）

	沪深 300	10	12	14	16	18	20	22	24	26
2005/12/30	-6.16%	0.89%	2.29%	0.46%	3.02%	4.83%	4.63%	0.21%	-6.99%	-6.99%
2006/12/29	113.39%	81.32%	116.58%	114.76%	110.76%	120.57%	116.36%	119.55%	100.33%	92.27%
2007/12/28	170.07%	130.58%	115.70%	134.11%	126.82%	116.85%	87.87%	72.64%	42.23%	53.37%
2008/12/31	-65.89%	-16.40%	-22.42%	-0.58%	5.03%	17.29%	12.30%	2.34%	5.85%	10.11%

续表

	沪深300	10	12	14	16	18	20	22	24	26
2009/12/31	94.07%	72.76%	79.59%	61.58%	76.48%	63.25%	91.01%	86.53%	75.12%	94.15%
2010/12/31	-13.82%	-15.26%	-9.01%	0.46%	-11.19%	-7.53%	-6.07%	-3.81%	-6.76%	-7.83%
2011/12/30	-24.45%	-13.23%	-7.65%	-6.99%	-5.93%	1.41%	-1.43%	1.05%	-5.42%	-5.34%
2012/12/31	7.20%	3.21%	3.71%	11.31%	8.76%	15.74%	10.12%	7.83%	7.79%	1.33%
2013/12/31	-7.91%	-9.82%	-9.13%	-0.40%	-9.48%	-10.42%	-5.50%	-1.58%	0.29%	-7.43%
2014/12/31	51.26%	36.52%	38.97%	29.27%	26.85%	28.28%	26.53%	27.08%	27.63%	33.83%
2015/12/31	8.62%	24.33%	14.81%	3.56%	16.75%	14.34%	9.93%	7.41%	31.14%	25.07%
2016/11/25	-7.20%	-2.46%	1.24%	0.72%	2.54%	10.40%	4.26%	3.59%	-2.62%	-6.15%
总收益率	250.84%	590.27%	751.66%	1033.37%	1040.11%	1411.34%	1174.74%	957.52%	663.35%	653.78%
年化收益率	11.13%	17.64%	19.74%	22.65%	22.71%	25.66%	23.87%	21.94%	18.64%	18.52%
最大回撤	72.30%	41.00%	35.87%	29.57%	26.60%	25.89%	28.95%	33.19%	29.25%	28.48%
夏普比例	0.24	0.69	0.79	0.94	0.91	1.05	0.97	0.86	0.70	0.69
年平均交易次数		42.05	37.85	34.48	33.98	32.13	31.29	31.62	31.96	31.96

显然，N = 18 是最佳均值，对应的 25.66% 的收益率是目前所有指标中同比最佳值。

如果选用 N = 18，A2 = 0，A3 = - A1，不同的 A1 对比如表 10 - 30 所示。

表 10 - 30 沪深 300（BIAS 回测 2）

	沪深300	5%	6%	7%	8%	9%	10%	11%	12%	13%
2005/12/30	-6.16%	10.37%	6.00%	4.83%	4.83%	4.83%	4.83%	4.83%	4.83%	4.83%
2006/12/29	113.39%	66.66%	80.69%	99.50%	100.96%	113.75%	120.57%	121.04%	121.76%	121.76%
2007/12/28	170.07%	44.97%	52.73%	82.50%	103.02%	104.54%	116.85%	118.60%	114.86%	122.68%
2008/12/31	-65.89%	-48.54%	-30.95%	-19.11%	4.22%	5.07%	17.29%	2.71%	-5.07%	-0.17%
2009/12/31	94.07%	63.78%	80.60%	68.99%	74.57%	85.59%	63.25%	70.21%	75.21%	80.70%
2010/12/31	-13.82%	-20.49%	-7.89%	-11.52%	-13.59%	-7.72%	-7.53%	-9.22%	-9.24%	-9.24%
2011/12/30	-24.45%	4.51%	4.75%	3.70%	1.41%	1.41%	1.41%	1.41%	1.41%	1.41%
2012/12/31	7.20%	10.51%	15.13%	14.71%	15.74%	15.74%	15.74%	15.74%	15.74%	15.74%
2013/12/31	-7.91%	-16.64%	-14.19%	-15.74%	-10.42%	-10.42%	-10.42%	-11.74%	-11.85%	-11.62%
2014/12/31	51.26%	16.01%	19.58%	20.77%	25.23%	23.15%	28.28%	33.44%	44.58%	44.58%
2015/12/31	8.62%	-16.22%	-8.45%	-2.05%	16.46%	15.45%	14.34%	13.52%	13.52%	7.74%
2016/11/25	-7.20%	-7.45%	-1.20%	-0.19%	-0.47%	6.51%	10.40%	3.87%	3.33%	0.49%
总收益率	250.84%	54.75%	276.14%	446.38%	926.13%	1212.83%	1411.34%	1210.30%	1222.80%	1276.15%
年化收益率	11.13%	3.74%	11.79%	15.35%	21.63%	24.18%	25.66%	24.16%	24.26%	24.67%
最大回撤	72.30%	52.84%	44.40%	40.71%	33.48%	27.10%	25.89%	26.98%	27.52%	29.35%
夏普比例	0.24	-0.01	0.37	0.54	0.85	0.98	1.05	0.97	1.00	1.03
年平均交易次数		46.26	43.23	38.69	35.66	34.65	32.13	30.78	28.59	27.42

很惊奇地发现，依然是 A1 = 10%、N = 18 是最佳值。是否有过度拟合的嫌疑呢？其实这里只有两个变量，N 和 A1，而且即使把 2005—2015 年作为训练区，2016 年作为观察区，得到的结果依然是 N = 18、A1 = 10%。当然其他指数会有不同的结果，个股因为受人为因素影响大，结果差异也大。

此外，如果你独立修改 A2、A3 的值，效果肯定还要好，但 4 个参数容易过度拟合。

笔者对 BIAS 做了这个改造，就是把强弱量化了，最大的好处就是可以对多品种进行强弱比较，从而进行轮动。

第十六节　CCI 策略

CCI 指标，又叫顺势指标，属于超买超卖类指标中较特殊的一种。波动于正无穷大和负无穷大之间。但是，又不需要以 0 为中轴线，这一点也和波动于正无穷大和负无穷大的指标不同。CCI 的计算为：

CCI（N 日）=（TP－MA）/MD/0.015

其中，TP =（最高价 + 最低价 + 收盘价）/3

MA = 近 N 日 TP 的累计之和 ÷ N，其实就是 TP 在 N 日的均值。

MD = 近 N 日（MA－TP）的绝对值累计之和除以 N，其实就是 MA－TP 在 N 日的均值。

0.015 为计算系数，N 为计算周期。

条件 1：CCI 超过 100 出现超买，卖出；小于－100 出现超卖，买入。如果把 100 改成 90 ~ 106，对应结果如表 10－31 所示。

表 10－31　沪深 300（CCI 回测，条件 1）

	沪深 300	90	92	94	96	98	100	102	104	106
2005/12/30	-6.16%	-1.92%	-1.92%	-1.92%	1.26%	1.26%	-1.25%	-0.23%	-0.23%	4.28%
2006/12/29	113.39%	10.36%	10.36%	10.36%	10.36%	14.39%	10.13%	10.49%	10.49%	10.49%
2007/12/28	170.07%	24.80%	24.80%	29.62%	29.62%	29.62%	29.62%	29.62%	29.62%	29.62%
2008/12/31	-65.89%	-60.91%	-60.91%	-60.91%	-60.91%	-60.91%	-60.04%	-60.04%	-58.74%	-58.74%
2009/12/31	94.07%	19.16%	19.16%	19.16%	19.49%	19.49%	7.54%	6.18%	6.18%	5.20%
2010/12/31	-13.82%	-20.56%	-20.56%	-20.56%	-20.56%	-13.52%	-13.52%	-13.52%	-12.42%	-12.42%
2011/12/30	-24.45%	-13.64%	-13.64%	-13.64%	-13.64%	-13.64%	-13.64%	-13.64%	-13.64%	-25.01%
2012/12/31	7.20%	0.89%	0.89%	0.89%	0.89%	0.89%	0.89%	7.55%	7.55%	7.55%
2013/12/31	-7.91%	4.48%	4.48%	-2.91%	-2.91%	-2.91%	-2.91%	-7.65%	-7.65%	-7.65%
2014/12/31	51.26%	0.00%	0.00%	16.87%	16.87%	16.87%	16.87%	18.22%	18.22%	18.22%
2015/12/31	8.62%	-9.22%	-9.29%	-6.66%	-15.30%	-13.89%	-7.20%	-6.03%	-6.03%	-6.03%
2016/11/25	-7.20%	-6.33%	-6.33%	-6.33%	-6.33%	-6.33%	-6.33%	-6.33%	-6.33%	-6.33%

续表

	沪深300	90	92	94	96	98	100	102	104	106
总收益率	250.84%	-61.31%	-61.34%	-55.13%	-57.85%	-51.64%	-54.98%	-53.20%	-51.06%	-56.00%
年化收益率	11.13%	-7.68%	-7.68%	-6.52%	-7.01%	-5.93%	-6.49%	-6.19%	-5.83%	-6.67%
最大回撤	72.30%	77.66%	77.66%	75.04%	77.56%	75.23%	75.76%	75.15%	74.01%	77.64%
夏普比例	0.24	-0.54	-0.54	-0.48	-0.49	-0.44	-0.47	-0.45	-0.43	-0.46
年平均交易次数		3.78	3.78	3.78	3.62	3.62	3.28	3.11	3.11	2.94

从表10-31来看，对应最佳收益率的CCI值是104，但都没有战胜指数。固定104，把CCI和股价出现顶背离卖出，底背离买入，背离天数从1~9做个回算，如表10-32所示。

表10-32 沪深300（CCI回测，条件2）

	沪深300	1	2	3	4	5	6	7	8	9
2005/12/30	-6.16%	16.19%	8.99%	12.53%	5.62%	3.67%	-1.11%	9.26%	9.97%	19.72%
2006/12/29	113.39%	7.09%	28.15%	10.29%	-1.35%	6.87%	4.75%	-1.82%	-2.00%	2.33%
2007/12/28	170.07%	37.13%	20.64%	24.23%	4.92%	19.39%	8.85%	8.80%	21.98%	32.93%
2008/12/31	-65.89%	-55.30%	-43.49%	-56.22%	-40.95%	-43.82%	-57.39%	-56.03%	-43.38%	-56.90%
2009/12/31	94.07%	39.71%	14.67%	32.35%	14.24%	25.78%	34.75%	19.29%	20.76%	1.34%
2010/12/31	-13.82%	-7.24%	-12.90%	25.04%	-3.33%	3.01%	1.03%	-0.46%	-7.06%	-0.77%
2011/12/30	-24.45%	-16.59%	-7.92%	-18.19%	-7.02%	-12.80%	-14.15%	-11.20%	-17.58%	-13.90%
2012/12/31	7.20%	3.94%	0.70%	-4.24%	-2.74%	5.05%	1.27%	10.77%	9.81%	14.65%
2013/12/31	-7.91%	-16.21%	-2.93%	-1.79%	6.70%	1.48%	11.01%	5.70%	0.81%	7.50%
2014/12/31	51.26%	30.00%	41.47%	5.10%	-1.70%	15.61%	1.12%	1.53%	-5.12%	-5.52%
2015/12/31	8.62%	6.87%	20.88%	-8.80%	-18.37%	-13.78%	10.09%	-20.88%	-10.36%	-9.96%
2016/11/25	-7.20%	1.90%	-1.41%	10.05%	2.06%	6.48%	-11.31%	-15.04%	-2.24%	-1.06%
总收益率	250.84%	1.66%	44.30%	-9.35%	-43.67%	-5.01%	-37.68%	-56.77%	-36.62%	-36.96%
年化收益率	11.13%	0.14%	3.13%	-0.82%	-4.71%	-0.43%	-3.90%	-6.81%	-3.76%	-3.81%
最大回撤	72.30%	64.63%	56.42%	65.08%	58.47%	55.04%	66.39%	69.31%	61.45%	69.29%
夏普比例	0.24	-0.20	-0.04	-0.23	-0.45	-0.22	-0.39	-0.54	-0.39	-0.39
年平均交易次数		19.09	9.50	8.16	6.14	5.97	5.97	5.63	5.97	5.47

同样，最佳背离天数为2天，依然没有跑赢指数。

上面讲的都是趋势型指标和超买超卖型指标，下面把能量型指标做个量化分析。

第十七节 ARBR策略

ARBR，人气买卖指标，主要是把N天里的每天开盘价、收盘价和最高价、最低价进行比较。AR计算公式为：

AR=（当天最高价 - 当天开盘价）的N天之和/（当天开盘价 -

当天最低价）的 N 天之和

BR 计算公式为：

BR =（当天最高价 - 昨天收盘价）的 N 天之和/（昨天收盘价 - 当天最低价）的 N 天之和

特别注意：这里用的是昨天收盘价而不是当天收盘价。

N 一般用 42 天，一般 AR、BR 同时超过 100%，买入；同时跌破 100%，卖出。

当 N 取 42 天，阈值为 92% ~108%，对应结果如表 10 - 33 所示。

表 10 - 33　沪深 300（ARBR 回测 1）

	沪深 300	92%	94%	96%	98%	100%	102%	104%	106%	108%
2005/12/30	-6.16%	4.50%	0.77%	2.87%	2.32%	2.85%	-0.83%	-1.12%	2.49%	1.70%
2006/12/29	113.39%	125.49%	124.04%	115.83%	115.74%	104.20%	99.28%	96.71%	91.14%	80.95%
2007/12/28	170.07%	91.98%	85.72%	94.37%	101.22%	98.52%	87.45%	95.76%	95.70%	89.78%
2008/12/31	-65.89%	-20.47%	-20.47%	-18.36%	-19.20%	-19.20%	-19.20%	-13.35%	-16.61%	-6.94%
2009/12/31	94.07%	79.95%	86.43%	91.29%	94.32%	94.32%	98.82%	97.89%	97.89%	100.72%
2010/12/31	-13.82%	-4.95%	-3.47%	-1.29%	-1.58%	-3.74%	-2.38%	-6.78%	-8.42%	-6.66%
2011/12/30	-24.45%	-11.32%	-10.64%	-10.59%	-5.69%	-2.32%	-0.93%	0.77%	-1.16%	0.73%
2012/12/31	7.20%	-2.32%	-1.77%	-1.30%	-1.82%	4.97%	8.31%	1.46%	1.57%	-4.18%
2013/12/31	-7.91%	-14.93%	-12.82%	-11.42%	-1.89%	-3.75%	-2.92%	-1.82%	-1.77%	-4.54%
2014/12/31	51.26%	48.56%	57.00%	58.10%	62.15%	62.15%	62.03%	54.02%	49.75%	47.88%
2015/12/31	8.62%	56.09%	56.09%	56.09%	53.85%	40.97%	40.97%	39.25%	39.25%	43.55%
2016/11/25	-7.20%	-9.39%	-9.65%	-9.65%	-6.68%	-7.28%	-8.10%	-0.17%	-2.21%	-8.27%
总收益率	250.84%	852.88%	916.83%	1059.58%	1351.61%	1217.89%	1170.29%	1207.96%	1065.08%	992.33%
年化收益率	11.13%	20.88%	21.54%	22.89%	25.23%	24.22%	23.83%	24.14%	22.94%	22.27%
最大回撤	72.30%	45.74%	37.93%	31.65%	26.67%	26.67%	26.67%	17.61%	20.71%	24.27%
夏普比例	0.24	0.89	0.94	1.03	1.17	1.14	1.14	1.21	1.15	1.13
年平均交易次数		5.05	5.05	5.55	5.89	5.80	6.14	6.31	6.31	5.97

从表 10 - 33 看出，阈值用 98% 左右最佳。我们取阈值 98%，N = 34、50，对应结果如表 10 - 34 所示。

表 10 - 34　沪深 300（ARBR 回测 2）

	沪深 300	34	36	38	40	42	44	46	48	50
2005/12/30	-6.16%	2.50%	6.49%	0.85%	2.93%	2.32%	-0.14%	-3.06%	-4.29%	-4.62%
2006/12/29	113.39%	112.88%	110.81%	105.61%	104.44%	115.74%	96.07%	100.36%	95.37%	94.09%
2007/12/28	170.07%	126.23%	116.60%	109.61%	94.65%	101.22%	86.68%	97.67%	92.05%	91.19%
2008/12/31	-65.89%	-17.10%	-19.63%	-19.65%	-17.24%	-19.20%	-19.80%	-19.71%	-5.28%	-11.42%
2009/12/31	94.07%	85.73%	92.38%	102.83%	92.58%	94.32%	85.67%	92.84%	93.53%	79.84%
2010/12/31	-13.82%	7.38%	-4.53%	4.64%	-3.94%	-1.58%	-6.43%	4.21%	8.04%	8.96%
2011/12/30	-24.45%	-9.10%	-9.82%	-10.49%	-8.04%	-5.69%	-5.62%	-2.34%	-1.96%	-2.39%
2012/12/31	7.20%	-2.41%	0.83%	-3.77%	-2.08%	-1.82%	-0.59%	-3.36%	7.16%	4.66%
2013/12/31	-7.91%	-6.85%	-9.86%	-9.27%	-11.88%	-1.89%	-11.07%	-10.46%	-12.04%	-14.86%
2014/12/31	51.26%	32.97%	39.65%	47.11%	62.60%	62.15%	56.02%	56.22%	63.93%	61.46%
2015/12/31	8.62%	61.39%	57.73%	53.43%	51.35%	53.85%	43.47%	40.47%	35.56%	35.79%
2016/11/25	-7.20%	-5.56%	-6.55%	-5.25%	-3.75%	-6.68%	-11.96%	-12.95%	-12.75%	-15.45%

续表

	沪深300	34	36	38	40	42	44	46	48	50
总收益率	250.84%	1266.76%	1111.14%	1138.92%	1078.88%	1351.61%	737.44%	899.93%	1174.27%	890.49%
年化收益率	11.13%	24.60%	23.34%	23.57%	23.06%	25.23%	19.57%	21.37%	23.87%	21.27%
最大回撤	72.30%	36.26%	34.93%	34.94%	30.21%	26.67%	33.87%	27.19%	29.57%	30.69%
夏普比例	0.24	1.13	1.05	1.10	1.07	1.17	0.87	0.98	1.13	0.97
年平均交易次数		7.06	6.73	7.40	6.39	5.89	5.55	5.38	4.88	5.05

从表10－34可以看出，还是在42天左右为最佳值。ARBR的计算很简单，结果和MA一样，跑赢了很多计算很复杂，看起来很“高大上”的指标。这再次证明了，简单指标的效果不一定比复杂的差。

第十八节　CR策略

CR指标是能量指标，又叫“中间意愿指标”，也称作“价格动量指标”，它和AR、BR指标有很多相似之处，但和AR、BR最大的差异是，AR、BR是和最高价、最低价和收盘价做比较，而CR是和中间价做比较，这个中间价按照CR的概念大概有以下四种：

（1）$M=(2C+H+L)\div 4$

（2）$M=(C+H+L+O)\div 4$

（3）$M=(C+H+L)\div 3$

（4）$M=(H+L)\div 2$

公式中，C为收盘价，H为最高价，L为最低价，O为开盘价。

CR的计算公式如下：

CR（N日）$=P1\div P2\times 100\%$

其中：

$P1=\Sigma(H-YM)$，表示N日以来多方力量的总和；

$P2=\Sigma(YM-L)$，表示N日以来空方力量的总和；

H表示今日的最高价；L表示今日的最低价；YM表示上一个交易

日的中间价。

CR 计算公式中的中间价也是一个指标，它是通过对昨日（YM）交易的最高价、最低价、开盘价和收盘价进行加权平均而得到的，其每个价格的权重可以人为选定。

条件1：所有 CR 固定为50%，N =34 ~50，对应结果如表 10 –35 所示。

表 10 –35　沪深 300（CR 回测 1）

	沪深300	34	36	38	40	42	44	46	48	50
2005/12/30	-6.16%	14.97%	12.92%	13.83%	4.90%	3.87%	2.91%	0.58%	0.65%	1.73%
2006/12/29	113.39%	1.16%	0.00%	0.00%	0.00%	0.00%	0.00%	0.00%	0.00%	0.00%
2007/12/28	170.07%	2.37%	7.01%	0.00%	0.00%	0.00%	0.00%	0.00%	0.00%	0.00%
2008/12/31	-65.89%	-19.69%	-18.69%	-9.69%	-7.47%	-4.30%	-23.06%	-2.76%	-10.03%	-5.12%
2009/12/31	94.07%	0.00%	0.00%	0.00%	6.44%	0.00%	0.00%	0.00%	0.00%	0.00%
2010/12/31	-13.82%	0.15%	0.06%	-0.02%	-1.99%	1.10%	-0.26%	-1.67%	-3.02%	-1.04%
2011/12/30	-24.45%	10.07%	6.87%	2.07%	3.20%	3.23%	-1.67%	0.77%	1.19%	6.28%
2012/12/31	7.20%	14.39%	12.84%	9.67%	3.84%	5.17%	3.85%	5.33%	-3.11%	0.01%
2013/12/31	-7.91%	1.27%	3.69%	7.54%	11.97%	14.93%	2.55%	3.41%	2.64%	0.00%
2014/12/31	51.26%	4.09%	5.44%	3.30%	2.49%	0.00%	0.00%	0.00%	0.00%	0.00%
2015/12/31	8.62%	14.33%	8.66%	14.31%	12.44%	-7.63%	5.35%	2.78%	2.04%	2.78%
2016/11/25	-7.20%	-4.14%	7.24%	2.76%	10.32%	9.64%	5.81%	11.39%	10.59%	1.15%
总收益率	250.84%	39.30%	51.04%	50.14%	54.45%	27.01%	-7.82%	20.87%	-0.29%	5.55%
年化收益率	11.13%	2.83%	3.53%	3.48%	3.72%	2.03%	-0.68%	1.61%	-0.02%	0.45%
最大回撤	72.30%	29.08%	26.70%	25.44%	23.93%	18.84%	32.21%	30.92%	31.74%	26.80%
夏普比例	0.24	-0.09	-0.04	-0.05	-0.03	-0.19	-0.44	-0.22	-0.38	-0.33
年平均交易次数		5.21	5.38	5.21	4.71	4.04	3.70	3.53	2.86	2.86

从结果看，最佳值 N =40，对应的年化收益率也没超过指数。再固定 N =40，CR 为 39% ~47%，对应数据如表 10 –36 所示。

表 10 –36　沪深 300（CR 回测 2）

	沪深300	39%	40%	41%	42%	43%	44%	45%	46%	47%
2005/12/30	-6.16%	3.42%	3.42%	3.42%	3.42%	3.30%	3.92%	3.92%	4.20%	6.32%
2006/12/29	113.39%	0.00%	0.00%	0.00%	0.00%	0.00%	0.00%	0.00%	0.00%	0.00%
2007/12/28	170.07%	0.00%	0.00%	0.00%	0.00%	0.00%	0.00%	0.00%	0.00%	0.00%
2008/12/31	-65.89%	33.62%	24.67%	16.41%	20.63%	21.58%	10.92%	-14.13%	-19.27%	-11.77%
2009/12/31	94.07%	0.00%	0.00%	0.00%	0.00%	0.00%	0.00%	0.00%	0.00%	0.00%
2010/12/31	-13.82%	-1.75%	-1.75%	1.87%	4.00%	4.00%	2.91%	6.44%	6.44%	6.44%
2011/12/30	-24.45%	0.00%	1.17%	2.07%	2.07%	1.67%	1.85%	2.41%	0.36%	3.29%
2012/12/31	7.20%	0.00%	0.00%	4.33%	4.33%	4.33%	4.33%	4.33%	4.33%	4.33%
2013/12/31	-7.91%	0.00%	0.78%	3.19%	2.97%	5.94%	16.18%	15.27%	12.76%	12.76%
2014/12/31	51.26%	0.00%	0.00%	0.00%	0.00%	0.00%	0.00%	0.00%	0.00%	0.00%
2015/12/31	8.62%	0.00%	0.00%	0.00%	0.00%	0.00%	0.00%	0.00%	0.00%	0.00%
2016/11/25	-7.20%	6.04%	4.54%	4.54%	4.79%	4.79%	4.79%	-0.50%	4.43%	5.11%
总收益率	250.84%	43.98%	35.04%	40.90%	49.07%	53.80%	53.46%	16.40%	10.40%	27.53%
年化收益率	11.13%	3.11%	2.56%	2.93%	3.41%	3.69%	3.67%	1.29%	0.84%	2.07%
最大回撤	72.30%	5.28%	7.67%	8.66%	10.98%	10.98%	13.56%	24.27%	27.26%	26.55%
夏普比例	0.24	-0.17	-0.24	-0.16	-0.08	-0.04	-0.04	-0.30	-0.34	-0.20
年平均交易次数		1.51	1.85	2.35	2.52	2.86	3.03	3.03	3.03	3.36

当 CR 阈值为43%时，对应的年化收益率3.69%依然没有战胜指数11.13%的年化收益率。

第十九节 PSY 策略

PSY，心理线指标，是研究投资者对股市涨跌产生心理波动的情绪指标。它对股市短期走势的研判具有一定的参考意义。PSY 的计算也非常简单：

PSY = N 日内上涨天数/N × 100

PSYMA = PSY 的 M 日简单移动平均

一般常用参数 N 设置为 12 日，参数 M 设置为 6 日，但经过优化，适合在 A 股指数的 N 一般为 30。固定 N = 30，M 从 80 变动到 160，即 PSY 上穿 PSYMA 买入，反之，下穿卖出，对应结果如表 10 - 37 所示。

表 10 - 37 沪深 300（PSY 回测 1）

	沪深300	80	90	100	110	120	130	140	150	160
2005/12/30	-6.16%	-10.05%	-15.42%	-10.64%	-17.36%	-12.83%	-12.83%	-15.06%	-12.69%	-11.50%
2006/12/29	113.39%	83.23%	87.98%	93.78%	96.37%	111.14%	111.01%	108.06%	108.06%	103.28%
2007/12/28	170.07%	56.51%	71.94%	71.79%	66.33%	79.93%	68.48%	72.00%	76.14%	78.11%
2008/12/31	-65.89%	-37.69%	-35.83%	-34.43%	-24.01%	-21.05%	-37.17%	-31.28%	-29.06%	-30.45%
2009/12/31	94.07%	85.95%	80.86%	89.00%	90.78%	90.78%	89.63%	89.63%	89.63%	89.63%
2010/12/31	-13.82%	13.55%	21.84%	20.78%	20.78%	18.31%	17.52%	11.56%	11.56%	11.56%
2011/12/30	-24.45%	-12.44%	-11.73%	-9.95%	-9.56%	-10.03%	-9.07%	-8.11%	-8.98%	-12.59%
2012/12/31	7.20%	-2.09%	3.65%	-4.72%	-2.78%	-1.59%	0.63%	0.64%	-4.29%	-1.16%
2013/12/31	-7.91%	-3.93%	0.24%	12.75%	9.48%	0.49%	1.34%	-1.19%	-0.99%	-3.67%
2014/12/31	51.26%	35.83%	28.99%	34.98%	36.08%	39.43%	42.46%	42.96%	42.98%	42.98%
2015/12/31	8.62%	20.10%	18.19%	16.68%	14.05%	13.37%	14.98%	14.83%	15.61%	18.72%
2016/11/25	-7.20%	0.17%	-8.75%	-6.25%	-4.88%	-7.71%	-9.79%	-11.42%	-12.57%	-7.86%
总收益率	250.84%	356.78%	393.21%	536.02%	571.59%	666.00%	494.53%	487.20%	498.66%	513.66%
年化收益率	11.13%	13.63%	14.36%	16.83%	17.37%	18.68%	16.17%	16.05%	16.24%	16.48%
最大回撤	72.30%	48.15%	45.76%	44.57%	35.77%	33.26%	40.97%	35.44%	33.35%	34.66%
夏普比例	0.24	0.51	0.54	0.66	0.69	0.76	0.62	0.62	0.62	0.64
年平均交易次数		16.82	16.99	13.96	15.47	15.31	15.47	15.31	14.80	15.47

从表 10 - 37 可以看出，M = 120 对应年化收益率等指标最佳。

换个条件，PSY 小于 X 时超卖，大于 1 - X 超买。X 从 12%变动到 28%，对应结果如表 10 - 38 所示。

表 10-38 沪深 300（PSY 回测 2）

	沪深 300	12%	14%	16%	18%	20%	22%	24%	26%	28%
2005/12/30	-6.16%	-6.04%	-6.04%	-6.04%	-6.04%	-6.04%	-6.04%	-6.04%	-6.04%	-6.04%
2006/12/29	113.39%	121.02%	121.02%	121.02%	121.02%	121.02%	9.33%	8.19%	7.87%	7.87%
2007/12/28	170.07%	161.55%	161.55%	161.55%	81.34%	81.34%	0.00%	0.00%	0.00%	0.00%
2008/12/31	-65.89%	-65.95%	-65.95%	-65.95%	0.00%	0.00%	0.00%	0.00%	0.00%	0.00%
2009/12/31	94.07%	96.71%	96.71%	96.71%	0.00%	0.00%	0.00%	0.00%	0.00%	0.00%
2010/12/31	-13.82%	-12.51%	-12.51%	-12.51%	0.00%	0.00%	0.00%	0.00%	0.00%	0.00%
2011/12/30	-24.45%	-25.01%	-25.01%	-25.01%	0.00%	0.00%	0.00%	0.00%	-8.08%	-8.08%
2012/12/31	7.20%	7.55%	7.55%	7.55%	0.00%	0.00%	0.00%	0.00%	7.55%	7.55%
2013/12/31	-7.91%	-7.65%	-7.65%	-7.65%	0.00%	0.00%	0.00%	0.00%	-7.65%	-7.65%
2014/12/31	51.26%	51.66%	51.66%	51.66%	0.00%	0.00%	0.00%	0.00%	51.66%	51.66%
2015/12/31	8.62%	5.58%	5.58%	5.58%	0.00%	0.00%	0.00%	0.00%	3.05%	3.05%
2016/11/25	-7.20%	-5.62%	-5.62%	-5.62%	0.00%	0.00%	0.00%	0.00%	0.00%	0.00%
总收益率	250.84%	258.30%	258.30%	258.30%	276.61%	276.61%	2.73%	1.66%	44.64%	44.64%
年化收益率	11.13%	11.33%	11.33%	11.33%	11.80%	11.80%	0.23%	0.14%	3.15%	3.15%
最大回撤	72.30%	72.30%	72.30%	72.30%	22.02%	22.02%	22.02%	22.02%	24.82%	24.82%
夏普比例	0.24	0.25	0.25	0.25	0.70	0.70	-0.60	-0.62	-0.07	-0.07
年平均交易次数		0.00	0.00	0.00	0.08	0.08	0.08	0.08	0.25	0.25

从回测结果可以看出，虽然能找到一个最佳，但和指数比还是有差距，还不如 PSY 穿过 PSYMA 的设置有效。

第二十节　MTM 策略

MTM 指标又叫动量指标，是一种专门研究股价波动的中短期技术分析工具。MTM 的计算特别简单，就是当天的收盘价和 N 天前的收盘价进行比较。

MTM = 当天收盘价 - N 天前收盘价

MTMMA = M 天里 MTM 的算术平均值

使用方法一：MTM 穿过 MTMMA，买入，跌破 MTMMA，卖出。

M = 60，N = 2 ~ 10 对应的结果，如表 10-39 所示。

表 10-39 沪深 300（MTM 回测 1）

	沪深 300	2	3	4	5	6	7	8	9	10
2005/12/30	-6.16%	-3.95%	-6.13%	-5.76%	2.41%	4.99%	-5.59%	-8.44%	-16.81%	-12.85%
2006/12/29	113.39%	109.39%	118.21%	109.62%	100.14%	97.71%	109.40%	107.60%	104.89%	109.09%
2007/12/28	170.07%	140.95%	118.78%	128.40%	143.76%	140.02%	136.19%	147.74%	119.07%	125.58%
2008/12/31	-65.89%	-13.80%	-17.35%	-15.87%	-25.18%	-23.87%	-20.99%	-24.25%	-26.54%	-21.12%
2009/12/31	94.07%	52.94%	67.86%	68.54%	67.76%	79.52%	81.93%	88.44%	73.11%	55.59%

续表

	沪深 300	2	3	4	5	6	7	8	9	10
2010/12/31	-13.82%	5.40%	6.83%	-6.09%	-8.62%	-5.26%	-4.84%	-7.76%	-1.36%	-1.21%
2011/12/30	-24.45%	-8.40%	-6.31%	-7.93%	-11.98%	-7.63%	-9.94%	-6.68%	-13.62%	-18.05%
2012/12/31	7.20%	1.88%	3.58%	3.87%	1.51%	4.82%	3.81%	2.09%	8.11%	4.06%
2013/12/31	-7.91%	-11.94%	-12.71%	-10.24%	-9.98%	-9.18%	-14.65%	-11.53%	-20.83%	-20.93%
2014/12/31	51.26%	48.18%	50.91%	55.06%	56.94%	57.33%	59.93%	54.00%	52.44%	49.01%
2015/12/31	8.62%	24.21%	40.76%	24.26%	12.80%	22.49%	27.49%	22.06%	1.08%	13.01%
2016/11/25	-7.20%	-3.23%	-10.96%	-9.00%	-7.35%	-8.71%	-9.93%	-9.76%	-17.70%	-18.48%
总收益率	250.84%	885.69%	964.08%	804.18%	656.00%	897.90%	835.95%	786.41%	339.08%	361.35%
年化收益率	11.13%	21.22%	22.00%	20.34%	18.55%	21.35%	20.69%	20.14%	13.25%	13.72%
最大回撤	72.30%	37.58%	29.57%	34.47%	40.63%	33.35%	35.96%	35.46%	49.87%	49.28%
夏普比例	0.24	0.87	0.91	0.81	0.72	0.85	0.82	0.80	0.45	0.47
年平均交易次数		12.70	12.70	12.70	12.70	12.70	12.70	12.70	12.70	12.70

从回测结果看，N = 3 对应的年化收益率是最佳的。再固定 N = 3，M = 20 ~ 100，对应结果如表 10 - 40 所示。

表 10 - 40　沪深 300（MTM 回测 2）

	沪深 300	20	30	40	50	60	70	80	90	100
2005/12/30	-6.16%	-6.86%	-9.36%	-10.93%	-7.52%	-6.13%	-6.05%	-11.73%	-12.04%	-12.73%
2006/12/29	113.39%	113.47%	103.08%	117.16%	115.18%	118.21%	114.52%	114.54%	109.58%	116.95%
2007/12/28	170.07%	84.74%	134.05%	136.76%	121.22%	118.78%	141.09%	155.90%	142.67%	128.29%
2008/12/31	-65.89%	-30.59%	-16.55%	-10.97%	-22.01%	-17.35%	-14.82%	-15.73%	-8.09%	-5.83%
2009/12/31	94.07%	40.83%	40.98%	55.62%	56.37%	67.86%	52.25%	49.34%	60.44%	50.08%
2010/12/31	-13.82%	-11.50%	-7.51%	3.40%	4.37%	6.83%	-7.12%	-5.50%	-4.22%	-5.57%
2011/12/30	-24.45%	-6.42%	-10.68%	-9.32%	-10.78%	-6.31%	-6.07%	-7.77%	-4.83%	-6.46%
2012/12/31	7.20%	2.38%	-3.51%	-1.81%	9.07%	3.58%	6.24%	11.08%	11.17%	-2.51%
2013/12/31	-7.91%	-4.29%	-4.43%	-1.20%	-9.17%	-12.71%	-12.71%	-14.71%	-16.73%	-16.85%
2014/12/31	51.26%	37.63%	37.49%	39.74%	43.11%	50.91%	52.71%	50.86%	63.48%	63.17%
2015/12/31	8.62%	1.02%	23.80%	29.02%	48.09%	40.76%	16.93%	16.08%	21.66%	11.71%
2016/11/25	-7.20%	-7.19%	-3.38%	10.42%	-10.16%	-10.96%	-12.35%	-9.41%	-7.79%	-5.34%
总收益率	250.84%	275.98%	535.07%	1048.85%	842.90%	964.08%	697.83%	698.84%	920.85%	654.69%
年化收益率	11.13%	11.78%	16.82%	22.79%	20.77%	22.00%	19.08%	19.10%	21.58%	18.53%
最大回撤	72.30%	39.68%	45.97%	32.70%	34.95%	29.57%	38.30%	38.34%	34.47%	43.49%
夏普比例	0.24	0.39	0.64	0.97	0.85	0.91	0.75	0.75	0.88	0.72
年平均交易次数		22.79	17.58	13.54	12.36	12.70	9.50	9.84	10.01	10.34

从回测结果看，M = 40 时，对应的年化收益率 22.79% 为最佳。其实 MTM 几乎是所有技术指标中计算最简单的，但还是取得了比较好的结果，再次证明了简单的技术指标不一定比复杂的差。

第二十一节 VR 策略

VR 即成交量变异率，主要的作用在于以成交量的角度测量股价的热度，不同于 AR、BR、CR 的价格角度，但是却同样基于“反市场操作”的原理。和 VR 同性质的指标还有 PVT、PVI、NVI、A/DVOLUME 等。VR 的计算过程如下。

（1）N 天以来凡是股价上涨那一天的成交额都称为 AV，将 N 天内的 AV 总和相加后称为 AVS。

（2）N 天以来凡是股价下跌那一天的成交额都称为 BV，将 N 天内的 BV 总和相加后称为 BVS。

（3）N 天以来股价不涨不跌，则那一天的成交额都称为 CV，将 N 天内的 CV 总和相加后称为 CVS。

注意：本书用成交额代替了成交量，因为成交额更好地反映了资金推动的市场的特质。

（4）N 天开始计算：

$VR = (AVS + 0.5 \times CVS) / (BVS + 0.5 \times CVS)$

一般情况下，VR = 100% 是一条分界线，大于 100% 的成交量上升，价格上涨；小于 100% 的成交量下降，价格下降。但 VR 过大，如超过 500%，容易出现顶背离；同样 VR 过小，如小于 50%，容易出现底背离。

笔者设置了三条线 VR1、VR2、VR3：

（1）大于 VR1 的顶背离卖出；

（2）在 VR1 到 VR2 之间的买入，在 VR2 到 VR3 之间的卖出；

（3）小于 VR3 的底背离买入。

选定 N = 26，VR2 = 100%，变化 VR1 和 VR3，结果如表 10-41 所示。

表 10-41 沪深 300（VR 回测 1）

	沪深300	4/0.36	4/0.46	4/0.56	4.5/0.36	4.5/0.46	4.5/0.56	5/0.36	5/0.46	5/0.56
2005/12/30	-6.16%	0.57%	0.57%	-0.44%	0.53%	0.53%	-0.48%	0.53%	0.53%	-0.48%
2006/12/29	113.39%	114.86%	114.86%	114.86%	114.38%	114.38%	114.38%	112.61%	112.61%	112.61%
2007/12/28	170.07%	154.06%	154.06%	153.28%	171.37%	171.37%	170.54%	168.84%	168.84%	168.02%
2008/12/31	-65.89%	-21.05%	-22.60%	-31.14%	-21.05%	-22.60%	-31.14%	-21.05%	-22.60%	-31.14%
2009/12/31	94.07%	72.52%	72.52%	72.52%	82.14%	82.14%	82.14%	70.23%	70.23%	70.23%
2010/12/31	-13.82%	-5.60%	1.94%	-6.36%	-5.60%	1.94%	-6.36%	-5.60%	1.94%	-6.36%
2011/12/30	-24.45%	-10.32%	-6.71%	-9.90%	-10.32%	-6.71%	-9.90%	-10.32%	-6.71%	-9.90%
2012/12/31	7.20%	-6.08%	-4.69%	-1.95%	-6.08%	-4.69%	-1.95%	-6.08%	-4.69%	-1.95%
2013/12/31	-7.91%	-9.61%	-7.08%	-1.19%	-9.61%	-7.08%	-1.19%	-9.61%	-7.08%	-1.19%
2014/12/31	51.26%	44.03%	45.93%	44.21%	44.03%	45.93%	44.21%	44.03%	45.93%	44.21%
2015/12/31	8.62%	5.33%	5.33%	6.15%	3.97%	3.97%	4.77%	3.97%	3.97%	4.77%
2016/11/25	-7.20%	-8.69%	-8.69%	-8.69%	-8.69%	-8.69%	-8.69%	-8.69%	-8.69%	-8.69%
总收益率	250.84%	644.43%	766.39%	635.31%	726.43%	861.83%	716.31%	658.87%	783.21%	649.58%
年化收益率	11.13%	18.39%	19.91%	18.27%	19.44%	20.97%	19.31%	18.58%	20.11%	18.46%
最大回撤	72.30%	45.68%	44.48%	44.06%	45.68%	44.48%	44.06%	45.64%	44.48%	44.06%
夏普比例	0.24	0.63	0.69	0.60	0.68	0.73	0.65	0.64	0.69	0.61
年平均交易次数		20.35	22.37	26.74	19.17	21.19	25.57	18.17	20.18	24.56

从表 10-41 可以看出，当 N = 26 时，VR1 = 450，VR2 = 100%，VR3 = 46%，对应的年化收益率 20.97% 为最佳。固定其他值，N 取值 22～30，对应结果如表 10-42 所示。

表 10-42 沪深 300（VR 回测 2）

	沪深300	22	23	24	25	26	27	28	29	30
2005/12/30	-6.16%	-5.99%	1.53%	-1.92%	-3.06%	0.53%	0.52%	-6.23%	6.83%	-1.09%
2006/12/29	113.39%	101.08%	115.72%	96.26%	113.98%	114.38%	117.53%	112.01%	117.64%	108.72%
2007/12/28	170.07%	169.91%	159.19%	186.43%	175.10%	171.37%	180.21%	170.39%	144.94%	138.45%
2008/12/31	-65.89%	-28.02%	-34.41%	-33.67%	-29.55%	-22.60%	-25.26%	-34.57%	-27.73%	-47.08%
2009/12/31	94.07%	88.67%	78.74%	70.81%	71.62%	82.14%	71.00%	82.36%	92.87%	102.67%
2010/12/31	-13.82%	-7.06%	-8.85%	-7.33%	-1.16%	1.94%	-3.30%	-1.68%	1.51%	4.48%
2011/12/30	-24.45%	-4.21%	-3.56%	-6.55%	3.68%	-6.71%	-7.02%	-9.93%	-2.18%	-13.20%
2012/12/31	7.20%	6.80%	-1.07%	-11.77%	-3.48%	-4.69%	-5.23%	-6.27%	-11.69%	-17.69%
2013/12/31	-7.91%	-8.04%	-15.07%	-4.09%	-4.37%	-7.08%	0.38%	-0.40%	-6.59%	-3.82%
2014/12/31	51.26%	41.07%	34.48%	34.58%	48.32%	45.93%	46.84%	48.36%	38.08%	39.76%
2015/12/31	8.62%	34.19%	21.58%	15.29%	25.60%	3.97%	1.91%	4.48%	10.57%	0.93%
2016/11/25	-7.20%	-18.74%	-4.82%	-10.06%	-9.10%	-8.69%	-12.18%	-6.22%	-13.24%	-8.88%
总收益率	250.84%	831.99%	664.96%	538.79%	1005.22%	861.83%	780.27%	670.74%	761.22%	387.25%
年化收益率	11.13%	20.65%	18.66%	16.88%	22.39%	20.97%	20.07%	18.74%	19.85%	14.25%
最大回撤	72.30%	33.49%	39.26%	43.11%	37.19%	44.48%	48.88%	46.84%	45.69%	52.95%
夏普比例	0.24	0.72	0.64	0.56	0.80	0.73	0.69	0.64	0.68	0.44
年平均交易次数		27.25	27.25	25.73	19.51	21.19	19.85	20.02	17.16	18.33

通过回测可知，结果是 N = 25 最佳。

再次说明，本书只是在举例范围内找到相应的最佳值，因为年化收益率等不是一个数学意义上的单调函数，需要遍历才能获得最佳值，但由于书本篇幅有限，不可能把所有的组合，特别是二维因子全部列出，因此，可能只是找到一个次佳值而不是最佳值。当然，其中可能还涉及过度拟合等问题，在其他章节会讨论，这里不再赘述了。

第二十二节 BBI 策略

BBI，多空指标，是一种将不同日数移动平均线加权平均之后的综合指标，属于均线型指标，一般选用3 日、6 日、12 日、24 日等4 条平均线。在使用移动平均线时，投资者往往对参数值选择有不同的偏好，而多空指标恰好解决了中短期移动平均线的期间长短合理性问题。很明显，在 BBI 指标中，近期数据较多，远期数据利用次数较少，因而是一种变相的加权计算。由于多空指标是一条混合平均线，所以既有短期移动平均线的灵敏，又有明显的中期趋势特征。

计算公式为：

（1）3 日均价 =3 日收盘价之和/3

（2）6 日均价 =6 日收盘价之和/6

（3）12 日均价 =12 日收盘价之和/12

（4）24 日均价 =24 日收盘价之和/24

（5）BBI =（3 日均价 +6 日均价 +12 日均价 +24 日均价）/4

因为 BBI 没什么参数可以变化，笔者就用简单的均线 MA3、MA6、MA12、MA18、MA24、MA30、MA36、MA42 对应的结果和 BBI 做个对比，如表 10－43 所示。

表 10－43　沪深 300（BBI 回测）

	沪深 300	MA3	MA6	MA12	MA18	MA24	MA30	MA36	MA42	BBI
2005/12/30	－6. 16%	4. 96%	5. 75%	1. 28%	3. 80%	－7. 90%	－4. 16%	－4. 95%	－0. 98%	－2. 51%
2006/12/29	113. 39%	57. 97%	76. 11%	113. 22%	118. 32%	116. 18%	103. 56%	104. 13%	108. 62%	101. 16%
2007/12/28	170. 07%	85. 19%	113. 19%	114. 02%	113. 67%	102. 26%	123. 20%	152. 13%	163. 92%	127. 13%

续表

	沪深300	MA3	MA6	MA12	MA18	MA24	MA30	MA36	MA42	BBI
2008/12/31	-65.89%	-29.07%	-27.29%	-34.69%	-20.25%	-14.54%	-12.96%	-21.32%	-24.55%	-16.93%
2009/12/31	94.07%	67.29%	62.53%	70.46%	67.03%	70.22%	53.27%	63.43%	79.42%	76.41%
2010/12/31	-13.82%	-2.12%	-8.54%	-9.01%	-9.24%	-6.25%	-3.44%	-3.77%	3.03%	-12.45%
2011/12/30	-24.45%	-19.07%	-12.78%	-7.65%	1.41%	-5.42%	-3.87%	-5.04%	-1.60%	-2.03%
2012/12/31	7.20%	1.37%	-3.00%	3.71%	15.74%	7.79%	-3.63%	3.02%	-0.10%	8.10%
2013/12/31	-7.91%	7.47%	-2.81%	-8.89%	-11.62%	-1.05%	-0.97%	-3.78%	-1.38%	-3.11%
2014/12/31	51.26%	38.60%	33.36%	39.09%	42.97%	45.13%	49.72%	50.92%	47.56%	42.25%
2015/12/31	8.62%	11.67%	16.47%	2.04%	11.70%	21.86%	24.76%	21.02%	28.33%	1.14%
2016/11/25	-7.20%	-5.93%	-5.41%	-1.50%	0.49%	-8.97%	-9.59%	-5.20%	4.48%	-6.23%
总收益率	250.84%	357.86%	418.43%	471.06%	874.40%	791.82%	769.06%	886.34%	1358.66%	691.21%
年化收益率	11.13%	13.65%	14.84%	15.78%	21.10%	20.20%	19.94%	21.23%	25.28%	19.00%
最大回撤	72.30%	43.71%	36.36%	42.20%	29.75%	27.82%	26.13%	28.94%	31.72%	34.23%
夏普比例	0.24	0.48	0.56	0.62	0.88	0.83	0.81	0.90	1.11	0.79
年平均交易次数		83.43	50.29	33.47	24.05	21.53	17.49	16.32	13.12	20.35

从表 10-43 可以看出，BBI 跑赢了 3、6、12 天均线策略，但跑输了 18、24、30、36、42 天均线策略。所以，想象不能代替现实，其他均线的对比或者自行改造 BBI，读者可以在模板里测试。

第二十三节 ADL 策略

从 ADL 开始，都是大势型指标，和个股关系不大，主要是判断大盘。ADL 是腾落指标，是以股票每天上涨或下跌之家数作为计算与观察的对象，以了解股市人气状况，探测股市内在的资金动能是强势还是弱势，用以研判股市未来动向。ADL 的计算公式为：

ADL = Σ（整个市场的上涨家数 - 整个市场的下跌家数）

因为这个数字是从一开始就计算，所以绝对值没什么意义，有意义的是相对值。

ADLMA = ADL 在 N 天里的均值

条件 1：ADL 穿过 ADLMA，买入，反之卖出。N 取值为 35 ~ 75，对应结果如表 10-44 所示。

表 10－44　沪深 300（ADL 回测，条件 1）

	沪深 300	35	40	45	50	55	60	65	70	75
2005/12/30	－6. 16%	－6. 68%	－6. 45%	－7. 24%	－7. 07%	－6. 99%	－8. 02%	－10. 27%	－6. 41%	－6. 12%
2006/12/29	113. 39%	98. 36%	99. 49%	91. 34%	96. 49%	88. 87%	94. 32%	101. 94%	100. 66%	107. 73%
2007/12/28	170. 07%	168. 45%	181. 07%	178. 95%	178. 00%	191. 49%	179. 99%	183. 44%	185. 89%	157. 38%
2008/12/31	－65. 89%	－44. 07%	－45. 64%	－39. 58%	－38. 37%	－41. 43%	－40. 04%	－44. 68%	－48. 46%	－54. 00%
2009/12/31	94. 07%	64. 34%	82. 97%	86. 55%	94. 58%	96. 71%	96. 71%	96. 71%	96. 71%	96. 71%
2010/12/31	－13. 82%	－7. 56%	－4. 23%	－2. 60%	－1. 91%	－1. 50%	－5. 43%	－8. 91%	－8. 91%	－10. 02%
2011/12/30	－24. 45%	－9. 40%	－8. 73%	－12. 41%	－17. 55%	－18. 40%	－23. 07%	－17. 90%	－17. 45%	－17. 02%
2012/12/31	7. 20%	－6. 57%	－11. 88%	－13. 09%	－11. 22%	－5. 91%	－7. 11%	－4. 61%	－0. 45%	－5. 78%
2013/12/31	－7. 91%	－5. 69%	－6. 12%	－6. 13%	－3. 18%	－4. 33%	－8. 59%	－4. 81%	－10. 82%	－11. 54%
2014/12/31	51. 26%	41. 75%	48. 71%	49. 85%	46. 64%	49. 41%	44. 65%	41. 83%	44. 41%	42. 37%
2015/12/31	8. 62%	－13. 42%	－10. 75%	－9. 17%	－9. 88%	－1. 65%	－6. 16%	－1. 74%	－1. 17%	－11. 51%
2016/11/25	－7. 20%	－15. 74%	－17. 80%	－17. 57%	－15. 79%	－12. 60%	－18. 84%	－18. 82%	－15. 82%	－11. 72%
总收益率	250. 84%	248. 62%	311. 56%	335. 67%	371. 02%	448. 24%	301. 81%	329. 44%	336. 63%	214. 35%
年化收益率	11. 13%	11. 07%	12. 64%	13. 18%	13. 92%	15. 38%	12. 41%	13. 04%	13. 20%	10. 11%
最大回撤	72. 30%	56. 59%	56. 52%	54. 98%	54. 68%	51. 91%	57. 69%	55. 37%	53. 55%	58. 88%
夏普比例	0. 24	0. 31	0. 38	0. 40	0. 43	0. 49	0. 36	0. 39	0. 39	0. 26
年平均交易次数		20. 52	19. 34	17. 16	16. 48	14. 30	15. 14	15. 47	15. 31	13. 96

从表 10－44 可以看出，N＝55 天为最佳。

条件 2：ADL 和价格顶背离，卖出；底背离，买入。背离天数取值为 2～18 天，对应结果如表 10－45 所示。

表 10－45　沪深 300（ADL 回测，条件 2）

	沪深 300	2	4	6	8	10	12	14	16	18
2005/12/30	－6. 16%	0. 85%	－9. 89%	－10. 49%	－4. 57%	－6. 89%	－3. 12%	1. 92%	－5. 31%	－3. 75%
2006/12/29	113. 39%	25. 70%	－3. 07%	4. 10%	11. 99%	13. 88%	11. 56%	2. 83%	37. 36%	39. 38%
2007/12/28	170. 07%	67. 39%	95. 61%	120. 72%	97. 78%	114. 50%	146. 85%	182. 49%	126. 31%	153. 96%
2008/12/31	－65. 89%	－58. 64%	－68. 45%	－56. 78%	－58. 77%	－58. 15%	－61. 60%	－63. 44%	－65. 95%	－65. 95%
2009/12/31	94. 07%	26. 88%	25. 12%	48. 58%	21. 94%	68. 37%	51. 05%	63. 54%	58. 22%	68. 28%
2010/12/31	－13. 82%	－13. 44%	2. 33%	－25. 27%	－25. 42%	－7. 64%	－10. 57%	－10. 83%	－9. 79%	－11. 10%
2011/12/30	－24. 45%	－17. 36%	－12. 38%	－15. 37%	－26. 18%	－24. 71%	－23. 91%	－21. 20%	－16. 22%	－20. 14%
2012/12/31	7. 20%	5. 39%	－6. 84%	5. 31%	－0. 85%	1. 43%	－2. 63%	－3. 33%	－0. 21%	－4. 48%
2013/12/31	－7. 91%	－14. 87%	－15. 73%	－3. 49%	－9. 67%	－7. 06%	0. 11%	－15. 11%	－0. 47%	－11. 98%
2014/12/31	51. 26%	33. 32%	38. 90%	31. 26%	6. 23%	10. 01%	45. 95%	5. 96%	7. 22%	2. 83%
2015/12/31	8. 62%	－15. 92%	－7. 36%	7. 38%	10. 05%	13. 52%	11. 20%	9. 86%	1. 03%	11. 20%
2016/11/25	－7. 20%	－18. 08%	－18. 06%	－13. 13%	－13. 14%	－17. 86%	－9. 17%	－9. 67%	－14. 31%	－10. 40%
总收益率	250. 84%	－34. 36%	－49. 95%	3. 95%	－46. 78%	7. 76%	51. 31%	7. 34%	10. 50%	19. 38%
年化收益率	11. 13%	－3. 48%	－5. 65%	0. 33%	－5. 17%	0. 63%	3. 54%	0. 60%	0. 84%	1. 50%
最大回撤	72. 30%	72. 26%	76. 37%	65. 41%	79. 72%	65. 56%	67. 91%	71. 41%	71. 60%	72. 14%
夏普比例	0. 24	－0. 31	－0. 39	－0. 14	－0. 38	－0. 14	－0. 02	－0. 13	－0. 12	－0. 09
年平均交易次数		12. 03	10. 18	7. 15	5. 97	5. 80	4. 46	3. 45	3. 78	3. 28

从表 10－45 可以看出，12 天对应的年化收益率最佳，但还是没有战胜指数。

第二十四节 ADR 策略

ADR 指标又叫“涨跌比率”指标或“上升下降比”指标，它和 ADL 类似，都是用涨跌家数来表示大势强弱，只不过 ADL 用绝对数来比较，而 ADR 用相对数来比较。ADR 的计算公式为：

ADR = N 天内上涨家数之和/N 天内下跌家数之和

测试 1：ADR 大于 2 超买，ADR 小于 0.8 超卖，N 取不同值，对应的结果如表 10 – 46 所示。

表 10 – 46 沪深 300（ADR 回测，测试 1）

	沪深 300	30	35	40	45	50	55	60	65	70
2005/12/30	-6.16%	-2.33%	-2.33%	-2.33%	-2.33%	-2.33%	-2.33%	-2.33%	-2.33%	-2.33%
2006/12/29	113.39%	121.02%	121.02%	121.02%	121.02%	121.02%	121.02%	121.02%	121.02%	121.02%
2007/12/28	170.07%	30.75%	161.55%	48.85%	161.55%	68.12%	161.55%	161.55%	161.55%	161.55%
2008/12/31	-65.89%	-49.27%	-65.95%	-32.64%	-65.95%	-5.78%	-65.95%	-65.95%	-65.95%	-65.95%
2009/12/31	94.07%	28.97%	96.71%	96.71%	96.71%	96.71%	96.71%	96.71%	96.71%	96.71%
2010/12/31	-13.82%	3.69%	-12.51%	-12.51%	-12.51%	-12.51%	-12.51%	-12.51%	-12.51%	-12.51%
2011/12/30	-24.45%	-20.84%	-25.01%	-25.01%	-25.01%	-25.01%	-25.01%	-25.01%	-25.01%	-25.01%
2012/12/31	7.20%	7.55%	7.55%	7.55%	7.55%	7.55%	7.55%	7.55%	7.55%	7.55%
2013/12/31	-7.91%	-7.65%	-7.65%	-7.65%	-7.65%	-7.65%	-7.65%	-7.65%	-7.65%	-7.65%
2014/12/31	51.26%	51.66%	51.66%	51.66%	51.66%	51.66%	51.66%	51.66%	51.66%	51.66%
2015/12/31	8.62%	5.58%	5.58%	5.58%	5.58%	5.58%	5.58%	5.58%	5.58%	5.58%
2016/11/25	-7.20%	-5.62%	-5.62%	-5.62%	-5.62%	-5.62%	-5.62%	-5.62%	-5.62%	-5.62%
总收益率	250.84%	127.55%	272.44%	319.34%	272.44%	562.45%	272.44%	272.44%	272.44%	272.44%
年化收益率	11.13%	7.16%	11.69%	12.81%	11.69%	17.24%	11.69%	11.69%	11.69%	11.69%
最大回撤	72.30%	59.87%	72.30%	46.70%	72.30%	46.70%	72.30%	72.30%	72.30%	72.30%
夏普比例	0.24	0.13	0.26	0.34	0.26	0.52	0.26	0.26	0.26	0.26
年平均交易次数		0.59	0.08	0.25	0.08	0.25	0.08	0.08	0.08	0.08

从表 10 – 46 可以看出，N = 50 为最佳。

测试 2：保持 N = 50 不变，变动超买超卖阈值，回测结果如表 10 – 47 所示。

表 10 – 47 沪深 300（ADR 回测，测试 2）

	沪深 300	1.9/0.7	1.9/0.8	1.9/0.9	2/0.7	2/0.8	2/0.9	2.1/0.7	2.1/0.8	2.1/0.9
2005/12/30	-6.16%	0.99%	-2.33%	-2.47%	0.99%	-2.33%	-2.47%	0.99%	-2.33%	-2.47%
2006/12/29	113.39%	0.00%	121.02%	121.02%	0.00%	121.02%	121.02%	0.00%	121.02%	121.02%
2007/12/28	170.07%	0.00%	61.90%	61.90%	0.00%	68.12%	68.12%	0.00%	161.55%	161.55%
2008/12/31	-65.89%	-6.04%	-5.78%	-52.05%	-6.04%	-5.78%	-52.05%	-6.04%	-65.95%	-65.95%
2009/12/31	94.07%	96.71%	96.71%	96.71%	96.71%	96.71%	96.71%	96.71%	96.71%	96.71%

续表

	沪深300	1.9/0.7	1.9/0.8	1.9/0.9	2/0.7	2/0.8	2/0.9	2.1/0.7	2.1/0.8	2.1/0.9
2010/12/31	-13.82%	-12.51%	-12.51%	-12.51%	-12.51%	-12.51%	-12.51%	-12.51%	-12.51%	-12.51%
2011/12/30	-24.45%	-25.01%	-25.01%	-25.01%	-25.01%	-25.01%	-25.01%	-25.01%	-25.01%	-25.01%
2012/12/31	7.20%	7.55%	7.55%	7.55%	7.55%	7.55%	7.55%	7.55%	7.55%	7.55%
2013/12/31	-7.91%	-7.65%	-7.65%	-7.65%	-7.65%	-7.65%	-7.65%	-7.65%	-7.65%	-7.65%
2014/12/31	51.26%	51.66%	51.66%	51.66%	51.66%	51.66%	51.66%	51.66%	51.66%	51.66%
2015/12/31	8.62%	5.58%	5.58%	5.58%	5.58%	5.58%	5.58%	5.58%	5.58%	5.58%
2016/11/25	-7.20%	-5.62%	-5.62%	-5.62%	-5.62%	-5.62%	-5.62%	-5.62%	-5.62%	-5.62%
总收益率	250.84%	83.82%	537.96%	224.22%	83.82%	562.45%	236.66%	83.82%	272.44%	271.91%
年化收益率	11.13%	5.25%	16.86%	10.40%	5.25%	17.24%	10.75%	5.25%	11.69%	11.68%
最大回撤	72.30%	46.70%	46.70%	59.87%	46.70%	46.70%	59.87%	46.70%	72.30%	72.30%
夏普比例	0.24	0.06	0.51	0.24	0.06	0.52	0.25	0.06	0.26	0.26
年平均交易次数		0.08	0.25	0.25	0.08	0.25	0.25	0.08	0.08	0.08

回测结果显示，还是超买2、超卖0.8最佳。

第二十五节　OBOS策略

OBOS，超买超卖指标，和ADR类似，也是与上涨家数和下跌家数相关的一个指标，只不过把ADR的除法改成了减法。OBOS的计算公式为：

OBOS = N天内上涨家数之和 - N天内下跌家数之和

一般认为0是分界线，大于0，说明上涨家数大于下跌家数，大盘强势买入，反之则弱势卖出。

笔者用0作为OBOS的阈值，大于0买入，小于0卖出，N取值为30~70，计算结果如表10-48所示。

表10-48　沪深300（OBOS回测）

	沪深300	30	35	40	45	50	55	60	65	70
2005/12/30	-6.16%	-9.82%	-11.29%	-14.29%	-15.03%	-11.58%	-11.50%	-12.68%	-12.55%	-9.77%
2006/12/29	113.39%	82.64%	81.01%	92.52%	108.88%	111.09%	121.02%	121.02%	121.02%	117.18%
2007/12/28	170.07%	203.90%	186.87%	185.66%	152.86%	165.41%	135.48%	137.66%	154.64%	161.55%
2008/12/31	-65.89%	-58.36%	-47.56%	-48.02%	-45.45%	-24.94%	-43.83%	-41.56%	-45.56%	-57.47%
2009/12/31	94.07%	96.71%	96.71%	84.81%	96.71%	96.71%	96.71%	96.71%	96.71%	96.71%
2010/12/31	-13.82%	-3.48%	-10.36%	-6.68%	-5.63%	-7.61%	-10.49%	-17.42%	-17.49%	-16.61%
2011/12/30	-24.45%	-17.54%	-18.85%	-20.92%	-13.12%	-8.78%	-23.59%	-20.61%	-22.99%	-17.91%
2012/12/31	7.20%	-9.42%	-2.05%	-8.68%	-12.87%	-6.11%	-9.90%	-2.79%	-7.28%	-10.61%
2013/12/31	-7.91%	-7.18%	-11.87%	-16.65%	-16.88%	-10.39%	-12.80%	-14.90%	-6.04%	-12.41%
2014/12/31	51.26%	48.05%	38.21%	43.43%	39.78%	61.77%	49.30%	45.81%	44.16%	52.19%

续表

	沪深300	30	35	40	45	50	55	60	65	70
2015/12/31	8.62%	-6.28%	-1.82%	-9.75%	21.25%	11.64%	20.31%	22.47%	7.98%	-2.69%
2016/11/25	-7.20%	-18.89%	-15.84%	-18.06%	-20.19%	-16.20%	-13.08%	-15.97%	-8.92%	-9.06%
总收益率	250.84%	208.73%	240.81%	169.81%	286.82%	684.92%	327.07%	329.17%	313.61%	209.52%
年化收益率	11.13%	9.94%	10.86%	8.71%	12.05%	18.92%	12.99%	13.03%	12.68%	9.97%
最大回撤	72.30%	61.22%	53.48%	57.13%	52.57%	44.54%	56.03%	54.61%	54.52%	63.62%
夏普比例	0.24	0.25	0.29	0.20	0.34	0.64	0.38	0.38	0.35	0.24
年平均交易次数		15.81	14.80	15.98	15.81	11.77	12.95	12.11	10.26	9.92

回测显示，结果和ADR类似，也是N=50对应的年化收益率最佳。至于超买超卖阈值，和ADR不同的是，ADR是一个相对值，比较容易确定阈值，而OBOS的超买超卖阈值和整个市场的整体数量有关，读者可以用本书提供的模板自行寻找OBOS最佳阈值。

第二十六节 ABI策略

ABI，绝对广量指标，也是属于大势型的动量指标。本指标不以价格趋势为目标，主要的设计目的，是为了侦测市场潜在的活跃度。可以将ABI想象成“极端指标”，ABI的数据越高，表示整体市场的涨跌家数差异越大。ABI的计算公式为：

ABI = 100% ×（上涨家数 - 下跌家数）/（上涨家数 + 下跌家数）

ABIMA = ABI的N日算术平均

从公式中可以看出，上涨家数和下跌家数的差异越大，说明市场越活跃。

用ABI穿过ABIMA做多，反之做空，N取值为30～70，结果如表10-49所示。

表10-49 沪深300（ABI回测）

	沪深300	30	35	40	45	50	55	60	65	70
2005/12/30	-6.16%	-9.82%	-11.29%	-14.29%	-15.03%	-11.58%	-11.50%	-12.68%	-12.55%	-9.77%
2006/12/29	113.39%	82.64%	81.01%	92.52%	108.88%	111.09%	121.02%	121.02%	121.02%	117.18%
2007/12/28	170.07%	203.90%	186.87%	185.66%	152.86%	165.41%	135.48%	137.66%	154.64%	161.55%
2008/12/31	-65.89%	-58.36%	-47.56%	-48.02%	-45.45%	-24.94%	-43.83%	-41.56%	-45.56%	-57.47%

续表

	沪深300	30	35	40	45	50	55	60	65	70
2009/12/31	94.07%	96.71%	96.71%	84.81%	96.71%	96.71%	96.71%	96.71%	96.71%	96.71%
2010/12/31	-13.82%	-3.48%	-10.36%	-6.68%	-5.63%	-7.61%	-10.49%	-17.42%	-17.49%	-16.61%
2011/12/30	-24.45%	-17.54%	-18.85%	-20.92%	-13.12%	-8.78%	-23.59%	-20.61%	-22.99%	-17.91%
2012/12/31	7.20%	-9.42%	-2.05%	-8.68%	-12.87%	-6.11%	-9.90%	-2.79%	-7.28%	-10.61%
2013/12/31	-7.91%	-7.18%	-11.87%	-16.65%	-16.88%	-10.39%	-12.80%	-14.90%	-6.04%	-12.41%
2014/12/31	51.26%	48.05%	38.21%	43.43%	39.78%	61.77%	49.30%	45.81%	44.16%	52.19%
2015/12/31	8.62%	-6.28%	-1.82%	-9.75%	21.25%	11.64%	20.31%	22.47%	7.98%	-2.69%
2016/11/25	-7.20%	-18.89%	-15.84%	-18.06%	-20.19%	-16.20%	-13.08%	-15.97%	-8.92%	-9.06%
总收益率	250.84%	208.73%	240.81%	169.81%	286.82%	684.92%	327.07%	329.17%	313.61%	209.52%
年化收益率	11.13%	9.94%	10.86%	8.71%	12.05%	18.92%	12.99%	13.03%	12.68%	9.97%
最大回撤	72.30%	61.22%	53.48%	57.13%	52.57%	44.54%	56.03%	54.61%	54.52%	63.62%
夏普比例	0.24	0.25	0.29	0.20	0.34	0.64	0.38	0.38	0.35	0.24
年平均交易次数		15.81	14.80	15.98	15.81	11.77	12.95	12.11	10.26	9.92

ADL、ADR、OBOS、ABI 四个指标都是大势判断指标，核心都是以每天的上涨家数和下跌家数为基础，只是其中的计算公式不同而已。

第二十七节 BOLL 策略

BOLL，即大名鼎鼎的布林线，是技术分析的常用工具之一，通过计算股价的标准差，来确定上下限，把 N 个标准差作为上下限。BOLL 由中规、上轨、下轨三条线组成。

中轨：N 天收盘价的算术平均值；

上轨：中规 + K × N 天收盘价的标准差；

下轨：中规 - K × N 天收盘价的标准差。

说明：标准差在 Excel 里可以使用 STDEV 计算，K 一般取 2，从公式中可以看到，上轨 > 中轨 > 下轨。

一般而言，股价在上轨和中规之间做多，在中规和下轨之间做空。在上轨上面容易发生过涨，在下轨下面容易发生过跌。

条件 1：取 K = 2，N = 40 ~ 48，对应结果如表 10 - 50 所示。

表 10－50　沪深 300（BOLL 回测，条件 1）

	沪深 300	40	41	42	43	44	45	46	47	48
2005/12/30	-6.16%	3.86%	4.22%	4.73%	4.99%	4.02%	4.45%	8.11%	6.57%	8.18%
2006/12/29	113.39%	69.78%	68.49%	64.97%	71.07%	74.92%	76.45%	70.89%	63.93%	63.07%
2007/12/28	170.07%	136.49%	160.64%	149.31%	136.12%	132.93%	132.93%	106.29%	103.07%	98.60%
2008/12/31	-65.89%	-21.80%	-23.67%	-23.67%	-15.53%	-16.24%	-20.67%	-34.07%	-34.90%	-34.12%
2009/12/31	94.07%	76.56%	70.91%	64.41%	64.40%	70.60%	62.93%	61.00%	64.90%	72.44%
2010/12/31	-13.82%	-12.64%	-11.65%	-10.72%	-11.28%	-10.01%	-13.70%	-13.09%	-15.30%	-17.85%
2011/12/30	-24.45%	5.72%	5.72%	4.25%	5.82%	7.85%	6.55%	4.81%	5.60%	5.87%
2012/12/31	7.20%	-3.14%	-3.02%	0.33%	-4.22%	-3.41%	-3.41%	-0.29%	-0.75%	-2.82%
2013/12/31	-7.91%	-6.83%	-6.83%	-5.77%	-8.53%	-8.12%	-8.50%	-4.45%	-7.68%	-6.73%
2014/12/31	51.26%	12.71%	15.46%	16.05%	16.43%	14.53%	12.07%	12.46%	10.44%	10.07%
2015/12/31	8.62%	10.46%	4.16%	4.90%	16.47%	19.16%	9.30%	5.57%	4.29%	2.21%
2016/11/25	-7.20%	7.62%	6.82%	7.59%	-1.68%	0.74%	-0.12%	-0.81%	0.28%	0.28%
总收益率	250.84%	542.93%	547.32%	522.97%	545.91%	617.16%	451.65%	313.40%	260.47%	253.95%
年化收益率	11.13%	16.94%	17.01%	16.63%	16.99%	18.02%	15.44%	12.68%	11.39%	11.22%
最大回撤	72.30%	28.76%	29.59%	29.59%	26.91%	24.73%	28.69%	40.43%	39.30%	38.58%
夏普比例	0.24	0.65	0.65	0.64	0.66	0.71	0.58	0.44	0.37	0.37
年平均交易次数		34.57	34.73	33.22	33.22	32.72	31.37	31.54	31.03	31.37

从表 10－50 可以看出，取 N＝44 为最佳。

条件 2：取 N＝44，K 取值为 2～10，对应结果如表 10－51 所示。

表 10－51　沪深 300（BOLL 回测，条件 2）

	沪深 300	2	3	4	5	6	7	8	9	10
2005/12/30	-6.16%	4.02%	0.01%	0.01%	0.01%	0.01%	0.96%	0.96%	0.96%	0.96%
2006/12/29	113.39%	74.92%	114.20%	114.20%	114.20%	114.20%	114.20%	114.20%	114.20%	114.20%
2007/12/28	170.07%	132.93%	157.46%	157.46%	157.46%	157.46%	157.46%	157.46%	157.46%	157.46%
2008/12/31	-65.89%	-16.24%	-23.45%	-23.06%	-23.06%	-23.06%	-23.06%	-23.06%	-23.06%	-23.06%
2009/12/31	94.07%	70.60%	81.94%	81.94%	81.94%	81.94%	81.94%	81.94%	81.94%	81.94%
2010/12/31	-13.82%	-10.01%	-1.66%	3.00%	3.00%	3.00%	3.00%	3.00%	3.00%	3.00%
2011/12/30	-24.45%	7.85%	0.10%	-0.01%	-0.01%	-0.01%	-0.01%	-0.01%	-0.01%	-0.01%
2012/12/31	7.20%	-3.41%	-0.86%	-0.86%	-0.86%	-0.86%	-0.86%	-0.86%	-0.86%	-0.86%
2013/12/31	-7.91%	-8.12%	-4.97%	-4.84%	-4.84%	-4.84%	-4.84%	-4.84%	-4.84%	-4.84%
2014/12/31	51.26%	14.53%	32.58%	46.79%	47.27%	47.27%	47.27%	47.27%	47.27%	47.27%
2015/12/31	8.62%	19.16%	35.90%	28.79%	28.79%	28.79%	28.79%	28.79%	28.79%	28.79%
2016/11/25	-7.20%	0.74%	2.40%	-0.37%	-0.37%	-0.37%	-0.37%	-0.37%	-0.37%	-0.37%
总收益率	250.84%	617.16%	1214.27%	1312.91%	1317.46%	1317.46%	1330.99%	1330.99%	1330.99%	1330.99%
年化收益率	11.13%	18.02%	24.19%	24.95%	24.98%	24.98%	25.08%	25.08%	25.08%	25.08%
最大回撤	72.30%	24.73%	30.72%	30.36%	30.36%	30.36%	30.36%	30.36%	30.36%	30.36%
夏普比例	0.24	0.71	1.05	1.09	1.09	1.09	1.09	1.09	1.09	1.09
年平均交易次数		32.72	15.31	13.46	13.29	13.29	13.20	13.20	13.20	13.20

通过回测可知，当 K＝7，也就是上下轨等于 7 个标准差后，最佳值已经不变了。你当然也可以试试其他值，但在这个案例中，使用 BOLL 还不如用 BIAS 作为上下轨完美。这个结果再次证实了，复杂的技术指标并不比简单的强到哪里去。

第二十八节　MIKE 策略

MIKE 和 BOLL 一样，都是路径型指标，它除了用收盘价外，还用了最高价、最低价组成了 6 条线。计算公式如下。

（1）初始价（TYP）：

初始价（TYP）=（当日最高价 + 当日最低价 + 当日收盘价）/3

HH = N 日内最高价的最高值

LL = N 日内最低价的最低值

（2）压力线：

初级压力线（WEKR）= TYP +（TYP − LL）

中级压力线（MIDR）= TYP +（HH − LL）

强力压力线（STOR）= 2 × HH − LL

（3）支撑线：

初级支撑线（WEKS）= TYP −（HH − TYP）

中级支撑线（MIDS）= TYP −（HH − LL）

强力支撑线（STOS）= 2 × LL − HH

一般在使用时，用 TYP 和压力线、支撑线组成一组线。

初级：TYP 和 WEKR、WEKS

中级：TYP 和 MIDR、MIDS

强力：TYP 和 STOR、STOS

一般而言，股价在 TYP 和压力线之间，买入并持有信号；股价在 TYP 和支撑线之间，卖出并空仓；股价超过压力线，过强转弱，卖出；股价跌破支撑线，过弱转强，买入。

但经典的公式里用的 TYP，是一天里面最高价、最低价和收盘价的平均值，相对来说波动性还是偏大。经过回测，年交易次数 100 多次，显然不实用。笔者用 N 天的均值 TYPMA 替代 TYP，交易次数明显下降。先来看看用初级压力线和初级支撑线组成的策略，N 取值 36 ~ 44，结果如表 10 – 52 所示。

表 10 – 52　沪深 300（MIKE 回测 1）

	沪深 300	36	37	38	39	40	41	42	43	44
2005/12/30	-6.16%	7.73%	12.41%	15.29%	16.87%	16.81%	13.97%	12.13%	11.74%	10.48%
2006/12/29	113.39%	55.08%	48.40%	39.51%	38.77%	30.55%	31.41%	24.34%	25.05%	21.74%
2007/12/28	170.07%	101.83%	100.09%	102.69%	100.46%	121.24%	117.35%	115.82%	91.96%	79.42%
2008/12/31	-65.89%	-19.85%	-20.43%	-18.71%	-15.68%	-12.82%	-19.16%	-19.81%	-9.16%	-36.55%
2009/12/31	94.07%	59.54%	78.01%	84.76%	76.43%	73.10%	71.70%	68.82%	78.33%	69.82%
2010/12/31	-13.82%	-19.62%	-18.44%	-20.70%	-21.80%	-21.24%	-18.72%	-18.55%	-18.55%	-18.81%
2011/12/30	-24.45%	-2.62%	-3.89%	-2.47%	9.57%	12.75%	11.93%	10.13%	14.53%	17.47%
2012/12/31	7.20%	1.65%	-3.12%	-4.78%	-6.16%	-2.10%	-3.54%	0.37%	-1.82%	1.10%
2013/12/31	-7.91%	3.84%	1.79%	0.66%	2.25%	-1.49%	-1.20%	0.07%	-1.57%	-4.70%
2014/12/31	51.26%	15.97%	10.42%	10.64%	8.28%	10.74%	10.99%	11.62%	10.56%	9.17%
2015/12/31	8.62%	-2.10%	-8.24%	-0.62%	1.07%	15.93%	17.03%	13.12%	16.15%	24.20%
2016/11/25	-7.20%	-5.98%	0.39%	-4.65%	-5.49%	-6.34%	-4.41%	-4.21%	-10.60%	-8.82%
总收益率	250.84%	280.20%	271.72%	280.50%	311.19%	424.30%	386.39%	343.88%	349.60%	195.39%
年化收益率	11.13%	11.89%	11.67%	11.89%	12.63%	14.95%	14.23%	13.35%	13.48%	9.54%
最大回撤	72.30%	31.17%	32.83%	35.25%	28.72%	27.25%	28.90%	26.37%	25.01%	41.70%
夏普比例	0.24	0.39	0.38	0.39	0.43	0.55	0.51	0.47	0.48	0.28
年平均交易次数		39.78	41.29	40.12	38.77	36.25	35.07	34.57	34.57	32.88

从回测结果可以看出，N = 40 天是初级压力线、初级支撑线这组策略的最佳值。

再来看看中级压力线、中级支撑线对应的结果，如表 10 – 53 所示。

表 10 – 53　沪深 300（MIKE 回测 2）

	沪深 300	36	37	38	39	40	41	42	43	44
2005/12/30	-6.16%	-2.49%	-1.27%	-1.27%	0.18%	1.59%	1.59%	1.59%	1.59%	1.59%
2006/12/29	113.39%	108.11%	108.09%	113.37%	115.75%	114.69%	114.69%	113.92%	116.73%	116.73%
2007/12/28	170.07%	155.42%	155.10%	154.98%	154.98%	163.92%	163.92%	157.46%	157.46%	157.46%
2008/12/31	-65.89%	-21.32%	-21.72%	-20.70%	-21.82%	-22.50%	-24.55%	-24.55%	-22.88%	-28.75%
2009/12/31	94.07%	63.43%	74.34%	77.20%	73.24%	84.59%	79.42%	79.42%	79.42%	77.72%
2010/12/31	-13.82%	-3.77%	-3.77%	-3.77%	-3.77%	-0.48%	3.03%	-0.28%	-0.28%	-0.28%
2011/12/30	-24.45%	-5.04%	-6.80%	-5.56%	-3.48%	-1.43%	-1.43%	-1.60%	-1.60%	-0.01%
2012/12/31	7.20%	3.02%	-1.72%	-3.84%	-3.84%	-3.84%	-3.84%	-0.10%	-2.40%	-0.86%
2013/12/31	-7.91%	-3.78%	-3.78%	-4.86%	-3.86%	-3.49%	-3.49%	-2.76%	-4.52%	-5.00%
2014/12/31	51.26%	49.99%	49.55%	48.41%	45.47%	47.56%	47.56%	47.39%	49.33%	47.27%
2015/12/31	8.62%	15.99%	16.58%	13.90%	11.15%	23.84%	23.84%	28.33%	28.33%	29.59%
2016/11/25	-7.20%	-6.29%	0.67%	0.76%	1.39%	1.22%	4.57%	4.35%	-1.84%	0.01%
总收益率	250.84%	884.14%	964.76%	968.98%	950.50%	1286.87%	1303.72%	1325.07%	1249.25%	1186.66%
年化收益率	11.13%	21.20%	22.01%	22.05%	21.87%	24.75%	24.88%	25.04%	24.46%	23.97%
最大回撤	72.30%	30.32%	29.30%	29.19%	29.26%	29.87%	31.72%	31.72%	30.21%	36.94%
夏普比例	0.24	0.89	0.93	0.93	0.93	1.08	1.09	1.09	1.06	1.03
年平均交易次数		15.64	16.15	15.47	14.80	13.29	13.29	13.46	13.12	12.78

结果是 N=42，年化收益率高达 25.04%，也是截至目前比较高的几个收益率之一。

再来看看强力压力线、强力支撑线这组数据，如表 10-54 所示。

表 10-54　沪深 300（MIKE 回测 3）

	沪深 300	36	37	38	39	40	41	42	43	44
2005/12/30	-6.16%	-2.49%	-1.27%	-1.27%	0.18%	1.59%	1.59%	1.59%	1.59%	1.59%
2006/12/29	113.39%	108.11%	108.09%	113.37%	115.75%	114.69%	114.69%	113.92%	116.73%	116.73%
2007/12/28	170.07%	155.42%	155.10%	154.98%	154.98%	163.92%	163.92%	157.46%	157.46%	157.46%
2008/12/31	-65.89%	-21.32%	-21.72%	-20.70%	-21.82%	-22.50%	-24.55%	-24.55%	-22.88%	-28.75%
2009/12/31	94.07%	63.43%	74.34%	77.20%	73.24%	84.59%	79.42%	79.42%	79.42%	77.72%
2010/12/31	-13.82%	-3.77%	-3.77%	-3.77%	-3.77%	-0.48%	3.03%	-0.28%	-0.28%	-0.28%
2011/12/30	-24.45%	-5.04%	-6.80%	-5.56%	-3.48%	-1.43%	-1.43%	-1.60%	-1.60%	-0.01%
2012/12/31	7.20%	3.02%	-1.72%	-3.84%	-3.84%	-3.84%	-3.84%	-0.10%	-2.40%	-0.86%
2013/12/31	-7.91%	-3.78%	-3.78%	-4.86%	-3.86%	-3.49%	-3.49%	-2.76%	-4.52%	-5.00%
2014/12/31	51.26%	49.99%	49.55%	48.41%	45.47%	47.56%	47.56%	47.39%	49.33%	47.27%
2015/12/31	8.62%	15.99%	16.58%	13.90%	11.15%	23.84%	23.84%	28.33%	28.33%	29.59%
2016/11/25	-7.20%	-6.29%	0.67%	0.76%	1.39%	1.22%	4.57%	4.35%	-1.84%	0.01%
总收益率	250.84%	884.14%	964.76%	968.98%	950.50%	1286.87%	1303.72%	1325.07%	1249.25%	1186.66%
年化收益率	11.13%	21.20%	22.01%	22.05%	21.87%	24.75%	24.88%	25.04%	24.46%	23.97%
最大回撤	72.30%	30.32%	29.30%	29.19%	29.26%	29.87%	31.72%	31.72%	30.21%	36.94%
夏普比例	0.24	0.89	0.93	0.93	0.93	1.08	1.09	1.09	1.06	1.03
年平均交易次数		15.64	16.15	15.47	14.80	13.29	13.29	13.46	13.12	12.78

结果几乎和中级压力线、中级支撑线这组数据相同。我们惊奇地发现，TYP 的最佳策略的年化收益率、最大回撤、夏普比率、年交易次数等关键指标，和 BOLL 的最佳策略的数据几乎完全相同。

第二十九节　SAR 策略

SAR 就是所谓的停损转向操作点指标，是一种计算比较复杂的指标。SAR 的计算和前面所有的指标都不相同，它是先要把每天的数据分成一个一个周期，这个 N 一般为 4 天。然后通过周期内数据和周期外数据的不同计算得到 SAR。具体计算过程如下。

以计算 Tn 周期的 SAR 值为例，计算公式如下：

SAR（Tn）=SAR（Tn-1）+AF（Tn）×［EP（Tn-1）-SAR（Tn-1）］

其中：

SAR（Tn）为第 Tn 周期的 SAR 值；

SAR（Tn－1）为第（Tn－1）周期的值；

AF 为加速因子（或叫加速系数）；

EP 为极点价（最高价或最低价）。

在计算 SAR 值时，要注意以下几项原则：

（1）初始值 SAR（T0）的确定。

若 T1 周期中 SAR（T1）上涨趋势，则 SAR（T0）为 T0 周期的最低价；若 T1 周期为下跌趋势，则 SAR（T0）为 T0 周期的最高价。

（2）极点价 EP 的确定。

若 Tn 周期为上涨趋势，EP（Tn－1）为 Tn－1 周期的最高价；若 Tn 周期为下跌趋势，EP（Tn－1）为 Tn－1 周期的最低价。

（3）加速因子 AF 的确定。

加速因子初始值为 0.02，即 AF（T0）＝0.02。

若 Tn－1、Tn 周期都为上涨趋势时，当 Tn 周期的最高价＞Tn－1 周期的最高价，则 AF（Tn）＝AF（Tn－1）＋0.02；当 Tn 周期的最高价≤Tn－1 周期的最高价，则 AF（Tn）＝AF（Tn－1），但加速因子 AF 最高不超过 0.2。

若 Tn－1、Tn 周期都为下跌趋势时，当 Tn 周期的最低价＜Tn－1 周期的最低价，则 AF（Tn）＝AF（Tn－1）＋0.02；当 Tn 周期的最低价≥Tn－1 周期的最低价，则 AF（Tn）＝AF（Tn－1）。

任何一次行情的转变，加速因子 AF 都必须重新由 0.02 起算。

比如，Tn－1 周期为上涨趋势，Tn 周期为下跌趋势（或 Tn－1 下跌，Tn 上涨），AF（Tn）需重新由 0.02 为基础进行计算，即 AF（Tn）＝AF（T0）＝0.02。

加速因子 AF 最高不超过 0.2。当 AF＞0.2 时，AF 需重新由 0.02

起算。

（4）SAR 值的确定。

通过公式 SAR（Tn）=SAR（Tn-1）+AF（Tn）×［EP（Tn-1）-SAR（Tn-1）］，计算出 Tn 周期的值。若 Tn 周期为上涨趋势：

- 当 SAR（Tn）>Tn 周期的最低价（或 SAR（Tn）>Tn-1 周期的最低价），则 Tn 周期最终 SAR 值应为 Tn-1、Tn 周期的最低价中的最小值。

- 当 SAR（Tn）≤Tn 周期的最低价且 SAR（Tn）≤Tn-1 周期的最低价，则 Tn 周期最终 SAR 值为 SAR（Tn），即 SAR=SAR（Tn）。

若 Tn 周期为下跌趋势：

- 当 SAR（Tn）<Tn 周期的最高价（或 SAR（Tn）<Tn-1 周期的最高价），则 Tn 周期最终 SAR 值应为 Tn-1、Tn 周期的最高价中的最大值。

- 当 SAR（Tn）≥Tn 周期的最高价且 SAR（Tn）≥Tn-1 周期的最高价，则 Tn 周期最终 SAR 值为 SAR（Tn），即 SAR=SAR（Tn）。

写了那么多复杂的公式，其实可以调整的变量也就是一个 N。我们来看看 N=2~10 对应的结果，判别标准是，价格在 SAR 上做多买入，SAR 下面做空卖出，计算结果如表 10-55 所示。

表 10-55 沪深 300（SAR 回测）

	沪深300	2	3	4	5	6	7	8	9	10
2005/12/30	-6.16%	-5.78%	-10.34%	-14.44%	-13.40%	-13.41%	-13.02%	-16.66%	-6.64%	-2.15%
2006/12/29	113.39%	121.02%	121.02%	108.21%	116.80%	116.80%	116.80%	116.80%	112.80%	112.17%
2007/12/28	170.07%	154.47%	161.55%	161.55%	161.55%	161.55%	161.55%	161.55%	161.55%	161.55%
2008/12/31	-65.89%	-10.95%	-17.19%	-22.18%	-19.13%	-19.27%	-25.31%	-22.11%	-30.01%	-30.01%
2009/12/31	94.07%	32.62%	35.73%	14.29%	16.45%	10.74%	10.56%	6.20%	7.09%	5.65%
2010/12/31	-13.82%	-20.17%	-18.70%	-15.63%	-22.15%	-21.50%	-18.54%	-21.95%	-21.95%	-22.54%
2011/12/30	-24.45%	0.01%	-4.65%	-2.49%	-9.30%	-5.31%	-10.22%	-6.76%	-6.45%	-4.99%
2012/12/31	7.20%	-3.21%	4.41%	-1.48%	0.21%	-0.46%	0.00%	0.00%	0.00%	0.00%
2013/12/31	-7.91%	-12.81%	-12.40%	-12.82%	-13.40%	-13.74%	-18.10%	-13.19%	-11.07%	-9.61%
2014/12/31	51.26%	57.61%	57.97%	56.33%	52.06%	52.06%	42.79%	44.25%	43.90%	38.56%
2015/12/31	8.62%	6.47%	-14.13%	4.17%	-14.27%	-10.86%	-8.80%	-9.04%	0.31%	-5.27%
2016/11/25	-7.20%	4.09%	2.05%	1.05%	-6.72%	-3.87%	-3.87%	-10.67%	-10.59%	-8.34%
总收益率	250.84%	636.48%	471.87%	381.90%	244.53%	265.04%	205.42%	189.43%	226.37%	221.38%
年化收益率	11.13%	18.28%	15.79%	14.14%	10.96%	11.50%	9.85%	9.35%	10.46%	10.32%

续表

	沪深300	2	3	4	5	6	7	8	9	10
最大回撤	72.30%	42.77%	45.52%	42.91%	49.18%	48.46%	57.24%	53.18%	56.50%	57.66%
夏普比例	0.24	0.74	0.61	0.53	0.35	0.38	0.30	0.26	0.32	0.32
年平均交易次数		10.93	8.91	9.08	10.26	8.91	9.59	8.24	7.40	7.06

从回测结果看，N=2时年化收益率最佳，并不是在N=4。对应的结果18.28%也没超过其他一些简单的技术指标，如最简单的MA。

第三十节　OBV策略

OBV指标，即能量潮指标，是用股价和成交量来反映股市人气。经典公式非常简单，就是逐日统计成交量的变化。OBV的计算方法具体如下。

把某一日作为起点，如果当日收盘价和上个交易日比是涨的，就加上成交额，如果是跌的就减去成交额。但因为过于简单，所以容易忽上忽下。这里引入MA替代当天收盘价，这样变化会平滑很多。另外，还是用成交额来替代成交量，这样能更加准确地反映出人气变化。

OBV的使用有多种，这里仅仅计算背离的情况，即价格和OBV发生顶背离，卖出，发生底背离，买入。此处有两个变量，N是MA的天数，M是背离比较的天数。

条件1：固定M=1，N=1~9，结果如表10-56所示。

表10-56　沪深300（OBV回测，条件1）

	沪深300	1	2	3	4	5	6	7	8	9
2005/12/30	-6.16%	-8.31%	-7.05%	-8.17%	-13.71%	-15.89%	-13.88%	-13.62%	-10.71%	-16.91%
2006/12/29	113.39%	85.18%	90.56%	111.84%	103.14%	117.66%	99.71%	60.72%	50.30%	52.94%
2007/12/28	170.07%	51.22%	82.42%	85.36%	104.60%	65.85%	97.36%	175.58%	89.59%	70.42%
2008/12/31	-65.89%	-55.59%	-55.31%	-55.08%	-33.59%	-44.02%	-50.38%	-48.39%	-53.24%	-44.56%
2009/12/31	94.07%	68.73%	100.92%	112.02%	121.23%	101.71%	47.70%	41.89%	46.46%	84.89%
2010/12/31	-13.82%	-5.65%	-6.17%	0.20%	0.88%	-24.65%	-1.55%	-3.82%	-2.55%	-12.10%
2011/12/30	-24.45%	-24.74%	-26.06%	-17.67%	-18.43%	-17.05%	-18.99%	-15.11%	-23.90%	-18.82%
2012/12/31	7.20%	16.41%	17.65%	28.35%	29.34%	38.62%	19.12%	37.95%	33.70%	16.77%
2013/12/31	-7.91%	-0.15%	0.75%	5.51%	6.30%	-2.08%	-8.85%	4.21%	2.02%	-3.53%
2014/12/31	51.26%	36.02%	41.35%	40.56%	48.50%	54.44%	38.91%	5.43%	0.26%	-1.20%

续表

	沪深300	1	2	3	4	5	6	7	8	9
2015/12/31	8.62%	37.06%	40.66%	33.60%	47.45%	21.66%	41.95%	48.46%	35.21%	47.22%
2016/11/25	-7.20%	-1.37%	-11.94%	-7.18%	-0.69%	-8.33%	-0.96%	-1.61%	-0.87%	-2.01%
总收益率	250.84%	192.02%	317.72%	568.74%	1196.26%	400.97%	320.72%	406.39%	136.88%	154.33%
年化收益率	11.13%	9.43%	12.78%	17.33%	24.04%	14.51%	12.84%	14.62%	7.52%	8.17%
最大回撤	72.30%	62.21%	59.62%	60.03%	47.60%	55.45%	57.55%	55.09%	59.99%	56.36%
夏普比例	0.24	0.22	0.36	0.55	0.84	0.45	0.39	0.47	0.16	0.19
年平均交易次数		69.97	60.38	64.25	65.09	64.00	65.60	65.43	63.75	65.60

从表10-56可以看出，N=4对应的年化收益率24.04%为最佳值。

条件2：固定N=4，M=1~9，对应结果如表10-57所示。

表10-57　沪深300（OBV回测，条件2）

	沪深300	1	2	3	4	5	6	7	8	9
2005/12/30	-6.16%	-13.71%	-12.05%	-7.70%	-3.18%	-3.18%	-3.18%	-3.18%	-3.18%	-3.18%
2006/12/29	113.39%	103.14%	37.50%	60.48%	56.97%	56.97%	56.97%	56.97%	56.97%	56.97%
2007/12/28	170.07%	104.60%	92.33%	30.02%	2.79%	2.79%	2.79%	2.79%	2.79%	2.79%
2008/12/31	-65.89%	-33.59%	-47.53%	-52.07%	-62.31%	-62.31%	-62.31%	-62.31%	-62.31%	-62.31%
2009/12/31	94.07%	121.23%	89.37%	36.85%	49.23%	49.23%	49.23%	49.23%	49.23%	49.23%
2010/12/31	-13.82%	0.88%	-2.41%	4.66%	6.86%	6.86%	6.86%	6.86%	6.86%	6.86%
2011/12/30	-24.45%	-18.43%	-29.20%	-26.78%	-24.20%	-24.20%	-24.20%	-24.20%	-24.20%	-24.20%
2012/12/31	7.20%	29.34%	6.90%	17.59%	7.13%	7.13%	7.13%	7.13%	7.13%	7.13%
2013/12/31	-7.91%	6.30%	-6.79%	-20.65%	-14.06%	-14.06%	-14.06%	-14.06%	-14.06%	-14.06%
2014/12/31	51.26%	48.50%	39.88%	13.70%	20.10%	20.10%	20.10%	20.10%	20.10%	20.10%
2015/12/31	8.62%	47.45%	7.27%	14.22%	-16.68%	-16.68%	-16.68%	-16.68%	-16.68%	-16.68%
2016/11/25	-7.20%	-0.69%	-12.01%	-20.78%	-15.91%	-15.91%	-15.91%	-15.91%	-15.91%	-15.91%
总收益率	250.84%	1196.26%	110.09%	-7.09%	-44.86%	-44.86%	-44.86%	-44.86%	-44.86%	-44.86%
年化收益率	11.13%	24.04%	6.44%	-0.62%	-4.88%	-4.88%	-4.88%	-4.88%	-4.88%	-4.88%
最大回撤	72.30%	47.60%	58.68%	62.64%	72.28%	72.28%	72.28%	72.28%	72.28%	72.28%
夏普比例	0.24	0.84	0.11	-0.21	-0.41	-0.41	-0.41	-0.41	-0.41	-0.41
年平均交易次数		65.09	46.93	39.02	34.90	34.90	34.90	34.90	34.90	34.90

计算结果表明，还是M=1时最佳。

其实N=1就是原始的定义，也就是用当天收盘价和昨天收盘价进行比较，从结果可以看到，不仅交易次数多，而且年化收益率也低。

第三十一节　自适应均线策略

分析了那么多技术指标，在实际应用中，笔者发现，在震荡市的时候，我们需要慢一些的均线，在趋势市的时候，我们需要快一些的均线。但以上不管什么样的均线，都是固定不变的，我们只能凭经验改变均线的快慢。那么，有没有一种能量化趋势市和震荡市的策略呢?

针对上述情况，Perry Kaufman 在 *Smarter Trading* 一书中，提出了自适应均线的概念，试图在复杂的市场环境下，使指标能够自动调整，尽量过滤噪音和不可预知的价格变动，更好地跟踪市场趋势的变动。

自适应均线的定义

假设收盘价是这样一组数据：P_1、P_2、P_3……P_i，那么这一组价格序列的效率计算公式为：

$$E = |P_n - P_i| / \Sigma |P_{(i+1)} - P_i|$$

其中，分子描述的其实就是起点到终点之间的距离，而分母则描述了每天的路程。就像有两只狗，一只狗从起点直接奔到终点，而另一只狗则到其他地方绕了一圈才到终点，两只狗都到了终点，但前一只狗的效率就比后一只狗的效率高。E 的数值范围从 0 到 1，0 说明回到原点，效率极低；1 说明直接到了终点，效率极高。

再来定义一个自适应均线的迭代：

(1) $Y_0 = X_0$

(2) $Y_m = a \times X_t + (1 - a) \times Y_m - 1$

其中，a 是每一步的加权因子，它可以随着时间的变化而变化，从而可以实现自适应效果。

把加权因子 a 定义成一个 E 的函数：

$$a = (c + d \times E)^f$$

其中，c、d、f 均是待定参数，起始都定义它们为 1。

自适应均线应用

一般笔者这样使用自适应均线，当自适应均线从下到上，买进，反之卖出。为了定义从上到下，我们再次引进一个参数 M，即把当天的自适应值 Y 和 M 天前的 Y 值进行比较，大于买进，小于卖出。

这样就一共有 N、M、c、d、f 五个参数待定，而且是非单调函数，手工很难无遗漏地找到最佳值。这里的演示只是说明问题而已，找到的值最多也就是一个次佳值。

先固定 c、d、f，M =5，变化 N，对应结果如表 10 –58 所示。

表 10 –58　沪深 300（自适应均线回测 1）

	沪深 300	5	10	15	20	25	30	35	40	45
2005/12/30	-6.16%	-10.61%	-5.11%	-2.24%	0.32%	-1.49%	-0.69%	-2.57%	-2.72%	-2.70%
2006/12/29	113.39%	90.67%	91.23%	82.52%	80.33%	89.25%	93.70%	89.01%	92.36%	82.76%
2007/12/28	170.07%	102.03%	129.17%	105.42%	102.59%	111.43%	112.48%	114.75%	106.92%	111.22%
2008/12/31	-65.89%	-18.63%	-14.49%	-17.13%	-19.89%	-16.74%	-21.54%	-22.33%	-21.51%	-23.98%
2009/12/31	94.07%	74.33%	81.77%	65.35%	67.78%	58.91%	63.34%	51.50%	50.92%	50.30%
2010/12/31	-13.82%	-3.24%	0.34%	1.30%	3.90%	4.96%	-5.68%	-5.41%	-3.44%	-3.89%
2011/12/30	-24.45%	-13.27%	-5.90%	-11.30%	-11.30%	-12.29%	-9.10%	-12.77%	-11.88%	-11.87%
2012/12/31	7.20%	1.88%	10.97%	6.81%	17.79%	12.13%	12.84%	11.42%	13.83%	11.79%
2013/12/31	-7.91%	-3.86%	-7.70%	-7.05%	-8.28%	-5.83%	-9.20%	-9.20%	-7.37%	-9.50%
2014/12/31	51.26%	23.05%	27.45%	31.63%	31.54%	32.21%	30.83%	32.73%	32.89%	36.48%
2015/12/31	8.62%	24.39%	20.40%	19.04%	16.03%	25.72%	25.89%	22.20%	29.37%	15.17%
2016/11/25	-7.20%	-10.67%	-10.31%	-8.90%	-10.37%	-10.10%	-12.32%	-6.56%	-7.92%	-8.04%
总收益率	250.84%	448.94%	760.39%	539.51%	570.95%	657.55%	564.51%	488.77%	551.50%	431.57%
年化收益率	11.13%	15.40%	19.84%	16.89%	17.36%	18.57%	17.27%	16.08%	17.07%	15.09%
最大回撤	72.30%	36.43%	30.52%	32.01%	34.78%	32.21%	35.63%	36.28%	35.60%	37.63%
夏普比例	0.24	0.60	0.84	0.69	0.70	0.76	0.69	0.63	0.68	0.57
年平均交易次数		69.22	61.14	59.96	57.95	55.59	54.25	54.92	53.24	53.40

通过回测可以看出，N = 10 是个最佳值。固定 N = 10，再次变动 M，对应结果如表 10 –59 所示。

表 10 –59　沪深 300（自适应均线回测 2）

	沪深 300	5	10	15	20	25	30	35	40	45
2005/12/30	-6.16%	-7.94%	-3.16%	-2.35%	-6.90%	-1.04%	-3.42%	-0.26%	3.82%	-0.20%
2006/12/29	113.39%	91.23%	100.78%	106.90%	114.18%	107.75%	109.58%	104.07%	115.39%	108.04%
2007/12/28	170.07%	129.17%	88.11%	106.05%	116.92%	130.07%	156.72%	135.42%	126.50%	127.65%
2008/12/31	-65.89%	-14.49%	-35.15%	-14.95%	-34.38%	-29.73%	-39.12%	-31.12%	-30.34%	-36.26%
2009/12/31	94.07%	81.77%	85.27%	47.58%	78.03%	52.28%	97.04%	66.17%	63.76%	49.91%
2010/12/31	-13.82%	0.34%	0.16%	-5.38%	-5.22%	-1.86%	9.14%	8.87%	1.61%	-0.36%
2011/12/30	-24.45%	-5.90%	-8.97%	-10.70%	-6.57%	-7.85%	-17.86%	-15.31%	-10.95%	-8.23%
2012/12/31	7.20%	10.97%	11.50%	4.41%	14.45%	3.16%	-4.55%	-5.13%	-4.63%	-6.36%
2013/12/31	-7.91%	-7.70%	0.11%	-9.42%	2.52%	4.49%	-5.29%	-14.42%	-6.20%	-3.99%
2014/12/31	51.26%	27.45%	39.51%	53.90%	39.04%	44.44%	43.55%	36.80%	57.96%	52.26%
2015/12/31	8.62%	20.40%	14.19%	6.52%	17.99%	28.43%	0.95%	26.09%	33.68%	32.35%
2016/11/25	-7.20%	-10.31%	3.92%	-8.89%	20.70%	3.25%	7.82%	7.52%	-2.43%	-13.67%
总收益率	250.84%	734.67%	640.40%	523.71%	939.68%	845.19%	689.26%	661.42%	863.62%	545.88%
年化收益率	11.13%	19.54%	18.34%	16.64%	21.76%	20.79%	18.98%	18.62%	20.99%	16.99%
最大回撤	72.30%	30.52%	46.00%	35.53%	38.89%	35.97%	43.51%	48.72%	36.88%	45.84%
夏普比例	0.24	0.83	0.73	0.64	0.91	0.86	0.76	0.75	0.88	0.66
年平均交易次数		61.48	38.27	32.55	26.66	23.30	22.29	21.78	20.94	19.26

结果显示，M = 20 最佳。再固定 N = 10，M = 20，变动 c、d 等参

数，结果如表 10 – 60 所示。

表 10 – 60 沪深 300（自适应均线回测 3）

	沪深 300	1/0.8	1/0.9	1/1	1.4/0.8	1.4/0.9	1.4/1	1.8/0.8	1.8/0.9	1.8/1
2005/12/30	-6.16%	-7.17%	-6.90%	-6.90%	-9.49%	-6.31%	-6.43%	-16.10%	-17.86%	-20.00%
2006/12/29	113.39%	114.18%	114.18%	114.18%	119.38%	119.41%	126.03%	54.56%	55.48%	55.48%
2007/12/28	170.07%	116.92%	116.92%	116.92%	133.79%	130.36%	96.23%	25.00%	21.29%	36.45%
2008/12/31	-65.89%	-38.79%	-35.17%	-34.38%	-31.21%	-29.20%	-26.65%	-20.68%	-13.35%	-21.24%
2009/12/31	94.07%	76.75%	77.53%	78.03%	88.52%	82.74%	92.30%	21.82%	23.30%	14.49%
2010/12/31	-13.82%	-5.50%	-5.50%	-5.22%	1.08%	6.86%	13.48%	-3.10%	9.83%	3.54%
2011/12/30	-24.45%	-9.12%	-9.12%	-6.57%	-0.98%	-0.49%	6.47%	-19.99%	-25.66%	-28.10%
2012/12/31	7.20%	15.01%	14.84%	14.45%	11.48%	15.48%	11.78%	5.61%	5.45%	6.54%
2013/12/31	-7.91%	2.52%	2.52%	2.52%	0.53%	5.64%	4.01%	-4.91%	4.18%	-1.92%
2014/12/31	51.26%	40.34%	40.34%	39.04%	42.34%	38.81%	33.23%	5.36%	11.06%	14.74%
2015/12/31	8.62%	16.28%	24.78%	17.99%	30.33%	26.87%	17.56%	-20.01%	-10.15%	-2.59%
2016/11/25	-7.20%	20.94%	20.94%	20.70%	16.43%	17.83%	16.98%	-11.48%	-12.04%	-10.91%
总收益率	250.84%	832.59%	966.18%	939.68%	1358.43%	1548.97%	1406.58%	-9.02%	30.26%	18.53%
年化收益率	11.13%	20.66%	22.02%	21.76%	25.28%	26.58%	25.62%	-0.79%	2.25%	1.44%
最大回撤	72.30%	43.04%	39.62%	38.89%	36.16%	37.05%	34.79%	56.68%	43.27%	46.56%
夏普比例	0.24	0.85	0.93	0.91	1.08	1.14	1.12	-0.23	-0.08	-0.12
年平均交易次数		25.15	25.65	26.66	41.97	49.54	63.50	230.35	234.56	236.91

这时候 c = 1.4，d = 0.9，f = 1 结果最佳，年化收益率高达 26.58%，算是我们研究到现在一个相当不错的值，但用了 5 个参数，是否有过度拟合的嫌疑还有待探讨。

第三十二节 31 个指标综合测试

最后把这 31 个指标中选出最佳配置后，放在一起做个比较，结果如表 10 – 61 所示。

表 10 – 61 沪深 300（31 个指标综合测试）

	2005 年	2006 年	2007 年	2008 年	2009 年	2010 年	2011 年	2012 年	2013 年	2014 年	2015 年	2016 年	总收益率	年化收益率	最大回撤	夏普比例	年交易次数
自适应	-6.31%	119.41%	130.36%	-29.20%	82.74%	6.86%	-0.49%	15.48%	5.64%	38.81%	26.87%	17.83%	1548.97%	26.58%	37.05%	1.14	49.54
BIAS	4.83%	120.57%	116.85%	17.29%	63.25%	-7.53%	1.41%	15.74%	-10.42%	28.28%	14.34%	10.40%	1411.34%	25.66%	25.89%	1.05	32.13
ARBR	2.32%	115.74%	101.22%	-19.20%	94.32%	-1.58%	-5.69%	-1.82%	-1.89%	62.15%	53.85%	-6.68%	1351.61%	25.23%	26.67%	1.17	5.89
BOLL	0.96%	114.20%	157.46%	-23.06%	81.94%	3.00%	-0.01%	-0.86%	-4.84%	47.27%	28.79%	-0.37%	1330.99%	25.08%	30.36%	1.09	13.20
MIKE	1.59%	113.92%	157.46%	-24.55%	79.42%	-0.28%	-1.60%	-0.10%	-2.76%	47.39%	28.33%	4.35%	1325.07%	25.04%	31.72%	1.09	13.46
OBV	-13.71%	103.14%	104.60%	-33.59%	121.23%	0.88%	-18.43%	29.34%	6.30%	48.50%	47.45%	-0.69%	1196.26%	24.04%	47.60%	0.84	65.09
MTM	-10.93%	117.16%	136.76%	-10.97%	55.62%	3.40%	-9.32%	-1.81%	-1.20%	39.74%	29.02%	10.42%	1048.85%	22.79%	32.70%	0.97	13.54
MA	-2.56%	111.65%	152.89%	-22.86%	83.29%	0.86%	-2.22%	-6.23%	-4.94%	43.57%	20.86%	0.77%	1033.61%	22.65%	30.40%	0.97	13.46
VR	-3.06%	113.98%	175.10%	-29.55%	71.62%	-1.16%	3.68%	-3.48%	-4.37%	48.32%	25.60%	-9.10%	1005.22%	22.39%	37.19%	0.80	19.51
EMV	0.84%	112.67%	110.35%	1.19%	43.73%	-4.30%	-3.71%	6.28%	-0.78%	45.82%	17.63%	-2.53%	965.84%	22.02%	21.09%	1.05	13.46
ROC	-9.46%	103.35%	136.92%	-36.93%	53.83%	0.59%	-7.02%	7.74%	0.85%	49.81%	33.80%	7.39%	825.75%	20.58%	42.83%	0.85	16.65
EMA	-4.86%	105.84%	137.70%	-18.26%	49.97%	-5.76%	-6.25%	2.01%	-10.12%	46.44%	26.52%	3.16%	783.65%	20.11%	30.85%	0.84	20.69
RSI	-3.10%	113.61%	120.23%	-39.98%	33.48%	14.01%	0.35%	11.41%	6.43%	33.13%	32.36%	-2.97%	747.11%	19.69%	49.97%	0.84	21.61
DMI	-0.20%	120.29%	114.27%	-40.01%	96.79%	8.02%	-12.99%	-3.17%	-8.89%	52.41%	16.22%	1.75%	730.96%	19.49%	50.96%	0.66	7.74
ASI	-0.20%	120.29%	114.27%	-40.01%	96.79%	8.02%	-12.99%	-3.17%	-8.89%	52.41%	16.22%	1.75%	730.96%	19.49%	50.96%	0.66	7.74
DMA	-8.82%	108.15%	96.34%	-34.68%	51.50%	2.93%	-9.01%	15.41%	-2.29%	43.65%	43.00%	3.48%	727.89%	19.45%	40.73%	0.75	12.11
MACD	-15.23%	70.19%	148.76%	0.00%	60.89%	12.12%	-10.87%	-6.98%	-12.70%	53.31%	15.02%	-2.98%	701.62%	19.13%	38.39%	0.78	2.35
BBI	-2.51%	101.16%	127.13%	-16.93%	76.41%	-12.45%	-2.03%	8.10%	-3.11%	42.25%	1.14%	-6.23%	691.21%	19.00%	34.23%	0.79	20.35
ABI	-11.58%	111.09%	165.41%	-24.94%	96.71%	-7.61%	-8.78%	-6.11%	-10.39%	61.77%	11.64%	-16.20%	684.92%	18.92%	44.54%	0.64	11.77

续表

	2005 年	2006 年	2007 年	2008 年	2009 年	2010 年	2011 年	2012 年	2013 年	2014 年	2015 年	2016 年	总收益率	年化收益率	最大回撤	夏普比例	年交易次数
OBOS	-11.58%	111.09%	165.41%	-24.94%	96.71%	-7.61%	-8.78%	-6.11%	-10.39%	61.77%	11.64%	-16.20%	684.92%	18.92%	44.54%	0.64	11.77
PSY	-12.83%	111.14%	79.93%	-21.05%	90.78%	18.31%	-10.03%	-1.59%	0.49%	39.43%	13.37%	-7.71%	666.00%	18.68%	33.26%	0.76	15.31
SAR	-5.78%	121.02%	154.47%	-10.95%	32.62%	-20.17%	0.01%	-3.21%	-12.81%	57.61%	6.47%	4.09%	636.48%	18.28%	42.77%	0.74	10.93
ADR	-2.33%	121.02%	68.12%	-5.78%	96.71%	-12.51%	-25.01%	7.55%	-7.65%	51.66%	5.58%	-5.62%	562.45%	17.24%	46.70%	0.52	0.25
TRIX	-9.86%	104.92%	97.27%	-38.52%	57.21%	-2.51%	-12.09%	14.21%	-5.04%	38.49%	12.51%	7.75%	449.62%	15.41%	49.79%	0.59	11.27
ADL	-6.99%	88.87%	191.49%	-41.43%	96.71%	-1.50%	-18.40%	-5.91%	-4.33%	49.41%	-1.65%	-12.60%	448.24%	15.38%	51.91%	0.49	14.30
沪深 300	-6.16%	113.39%	170.07%	-65.89%	94.07%	-13.82%	-24.45%	7.20%	-7.91%	51.26%	8.62%	-7.20%	250.84%	11.13%	72.30%	0.24	
WR	-3.47%	24.47%	29.92%	-31.47%	8.42%	-6.39%	-3.98%	14.69%	14.66%	32.54%	29.95%	11.54%	163.31%	8.48%	42.84%	0.22	41.46
KDJ	-6.04%	92.84%	0.00%	0.00%	0.00%	0.00%	0.00%	0.00%	0.00%	0.00%	0.00%	0.00%	81.19%	5.13%	22.02%	0.13	0.08
CR	3.30%	0.00%	0.00%	21.58%	0.00%	4.00%	1.67%	4.33%	5.94%	0.00%	0.00%	4.79%	53.80%	3.69%	10.98%	-0.04	2.86
CCI	8.99%	28.15%	20.64%	-43.49%	14.67%	-12.90%	-7.92%	0.70%	-2.93%	41.47%	20.88%	-1.41%	44.30%	3.13%	56.42%	-0.04	9.50
平均	-4.43%	100.00%	114.18%	-21.46%	65.08%	-0.73%	-6.57%	3.53%	-3.12%	43.36%	20.25%	-0.06%	780.42%	18.68%	38.12%	0.72	16.48

在表 10－61 中我们发现：

（1）年化收益率 27% 几乎是一个“天花板”，即使用了最“高大上”的霍夫曼自适应均线，其中设置了 5 个变量，依然无法突破。

（2）绝大部分指标的最优值基本在 18% ~22% 这样一个狭小的区间。对比指数 11.13% 的年化收益率，说明绝大部分指标都是可以通过策略战胜指数的，但你要每年都战胜指数，几乎是不可能的。绝大部分策略都是在熊市跑赢指数，但依然亏损；牛市跑输指数，但依然盈利。整体跑赢至少要坚持一个牛熊周期。指望靠技术指标每年都跑赢指数是不切合实际的想法。

（3）夏普比率最高的而且是大于 1 的 5 个技术指标，也是年化收益率最高的。笔者惊奇地发现，BOLL、BIAS、MIKE 等三个指标都有类似的上下轨，在上下轨之间是强者恒强，弱者恒弱的规律，但出了上轨就过强转弱，跌破下轨则过弱转强，这充分说明了中国古代“月圆则亏、水满则溢”的中庸哲学思想具有普遍意义。

（4）复杂的技术指标不一定效果好，简单的技术指标也不一定效果不好。如最简单的 MA 策略，也能在 29 个指标中排名第 8。

当然，本书的回测是不完全的，部分技术指标的使用方法也没有穷尽。但不管如何，从以上回测中也可以全面地对这些技术指标有个更加深刻的理解。任何高深的技术指标都不是“圣杯”，也不是毫无用处。任何“神话”指标或者鄙视指标的方法都是不可取的，只有认真分析这些指标的优劣势，适当用其中的几个指标，才能更好地帮助我们投资。

第十一章

量化定增基金

第一节　定增基金概述

2007年，笔者靠封闭式基金淘得了第一桶金，于是取了“持有封基”这一网名。但这一品种已经逐步退出资本市场的舞台。旧的不去，新的不来。现在市场上又出现了一个新品种：定增基金。

定增，顾名思义就是定向增发的简称，它是指上市公司向符合条件的少数特定投资者非公开发行股份的行为。

例如，乐视网向一帮演员定向增发了股票。“小散”因为资金量太小，基本无缘此类事情。在A股，和“小散”无缘的基本都是好事情，如Q债，价格已经非常便宜了，但你没有300万元资金，再便宜都不让你买。定增也是这样，一般来说，定增的价格是在市场价的基础上打折，如表11－1所示，2006—2015年，定增平均折价率22.03%。便宜才是硬道理！当年老封基也是因为便宜，才在2007年初轰轰烈烈地上演了一波分红行情。

表11－1　定增基金折价率

年	折价率
2006	25.40%
2007	37.80%
2008	20.00%
2009	29.10%
2010	19.70%
2011	13.10%

续表

年	折价率
2012	4.80%
2013	18.60%
2014	22.50%
2015	29.30%
平均	22.03%

虽然“小散”无法申购打折的定增股票，但可以利用市场上的定增基金参与。定增基金是指以参与上市公司定向增发为主的基金，即主要投资于上市公司非公开发行的股票的投资基金。它从三方面获得收益：公允折价率（简称“折价率”）、隐含折价率和募集资金后因为成熟的资金运作带来的收益。

所谓隐含折价率，是相对公允折价率而言的。对于普通的基金，如果持有的股票涨了，那么按照其权重计算到该基金的净值中去，但定增基金不同，因为定增基金持有的股票，在封闭期内无法减持，所以采用了一种比较保守的算法，即按照从封闭期开始的这天到当天的日子在整个封闭期的比例分摊股票的涨幅。例如，某只基金的封闭期是2015年12月31日—2016年12月31日，当天是2016年6月30日，从2015年12月31日开始到2016年6月30日，股票涨了10%，日期过去了50%，那么10%×50%=5%，在净值中只有5%的涨幅影响了公允净值，而10%的涨幅影响了隐含净值。也就是说，定增基金中的隐含净值，其实就是过去普通基金中的净值，而公允净值则是一种更加保守的净值算法。所以，虽然基金公司每天公布的是公允净值，但我们却更关心隐含净值。隐含净值一般不公布，我们可以通过集思录（https://www.jisilu.cn/data/cf/#dingzeng）查询或者自己估算。

大股东及其他关联方积极参与定增认购，说明这些项目相对整个市场有优势。

第二节　定增基金轮动策略

首先介绍几个重要的参数。

- 市价，市价的涨幅是我们获得收益最主要的来源。

- 公允净值（或简称“净值”），其涨幅是市价涨幅最主要的因子，我们选定当天涨幅、一周涨幅、两周涨幅、四周涨幅等四个涨幅为有效因子。并建立一个综合涨幅 = 系数 1 × 当天涨幅 + 系数 2 × 一周涨幅 + 系数 3 × 两周涨幅 + 系数 4 × 四周涨幅，其中系数 1、2、3、4 要在将来回测优化时确定。

- 隐含净值（或简称“隐净”），隐含净值是大于公允净值的，其差相当于隐藏的利润，在将来定增股票到期前都会 100% 释放到公允净值中去。但这个隐含净值是不公布的，需要我们根据持有的定增股票的涨跌来预估。

- 公允净值折价率（或简称“折价率”），是市价相对公允净值的折价率，计算公式是：1 − 市价/公允净值。如果是正的表示折价，如果是负的表示溢价。

- 隐含净值折价率（或简称“隐折率”），是市价相对隐含净值的折价率，计算公式是：1 − 市价/隐含净值。正的表示折价，负的表示溢价。

- 到期年化折价率，是隐含净值折价率的年化，公式是：隐含净值折价率/定增基金剩余年限。

- 净值动态年化折价率，相当于从公允净值到隐含净值这一段的折价。计算公式为：Σ（定增股票隐含年化折价率 × 定增股票净值占比）。

其中，定增股票隐含年化折价率 = （1 - 定增股票公允价/定增股票市价）/定增股票剩余年限。

例如，某定增股票成本价是 8 元，定增日为 2015 年 6 月 19 日，2016 年 6 月 19 日解禁，当天是 2015 年 12 月 19 日，当天该股票市场价是 10 元，因为封闭期过了半年，所以该定增股票的公允价 = 8 + 50% × （10 - 8） = 9 元，定增股票隐含年化收益率 = （9/8 - 1）/0.5 = 0.1333/0.5 = 0.267%。

定增股票净值占比 = 某定增股票公允市值/∑所有定增股票公允市值

• 价格动态年化折价率，相当于从市价到隐含净值这一段的年化折价率。计算公式为：隐含净值折价率/加权剩余年限。

其中，加权剩余年限 = ∑（定增股票剩余年限 × 定增股票隐含净值）/定增股票总隐含净值

公允净值综合涨幅、公允净值折价率、隐含净值折价率、净值动态年化折价率、价格动态年化折价率、隐含净值到期年化收益率，这六个因子是影响定增基金价格涨跌的最主要因子，分别设定其为 X1、X2、X3、X4、X5、X6，建立一个多元一次函数。$Y = A1 \times X1 + A2 \times X2 + A3 \times X3 + A4 \times X4 + A5 \times X5 + A6 \times X6$

其中，A1、A2、A3、A4、A5、A6 分别为待优化系数，目标是使对应的收益率最大。

表 11 - 2　定增基金优化参数

项目	参数
当天净增权重	100.00%
一周净增权重	30.00%
两周净增权重	30.00%
四周净增权重	-30.00%
综合净增 X1	20.00%
净折 X2	20.00%
隐折 X3	20.00%
净值动态折价率 X4	20.00%

续表

项目	参数
价格动态折价率 X5	20.00%
到期折价率 X6	20.00%
取前几名	1
N 天换	1
单向佣金及费用	0.01%
起始成交额（万元）	300

当按照表 11－2 中的已经优化的参数优化后，得到表 11－3 中的结果，如下所示。

表 11－3 定增基金优化结果对比

时间	平均	优化	超额
2016－7－29	2.14%	4.39%	2.24%
2016－8－31	－0.68%	0.25%	0.93%
2016－9－30	－1.97%	－3.30%	－1.33%
2016－10－31	1.17%	6.12%	4.95%
2016－11－30	－0.54%	3.08%	3.62%
2016－12－30	－2.08%	－0.15%	1.93%
2017－1－26	0.78%	0.54%	－0.24%
2017－2－16	0.86%	1.20%	0.34%
总计	－0.40%	12.47%	12.86%
年化	－0.63%	20.41%	21.04%

2016 年 6 月 30 日—2017 年 2 月 16 日，定增基金几乎又回到原点，对应的平均收益率为－0.40%，而优化轮动的收益率则高达 12.47%，跑赢 5 个月，跑输 2 个月。从整体结果来看，还是有效的。

但是也应该看到，仅仅采用半年多时间的数据用来优化是远远不够的，而且其对应的参数很有可能过度拟合。但不管如何，建立这样的策略模型，积累数据，对进一步优化是非常必要的。

第三节 定增基金的暴涨暴跌分析

2016 年上半年，以九泰锐智为代表的定增基金表现超常，导致定增基金大热。以九泰锐智为例，其公允净值在 2016 年 7 月 15 日创下

1.4010 最高值后，到 2016 年 9 月 23 日净值为 1.35，只不过跌了 3.64%，而同期市价从 1.505 跌到 1.312，暴跌 12.82%。除了类似九泰锐智因为锂电池板块局部见顶导致下跌，还有什么系统性原因吗？

笔者统计了 12 只定增基金所有的 150 个定增项目，发现其项目的定增股票，从 2015 年底平均折价率在 36% 左右，在 2016 年一路下滑到 9 月的 12% 左右。再看 12 只定增基金第一天上市的价格，2015 年 8—9 月，因为股市刚刚经历了一次暴跌，所以一般基金上市后第一天就要暴跌 10% ~15%，直到九泰锐富在 2016 年 5 月 4 日上市，以涨幅 2.1% 改变了折价现象，但过后基本上都是折价上市。银华鑫锐上市暴跌 4.9%，刷新了 2016 年上市第一天最高折价的纪录。定增基金上市后首日跌幅如表 11 –4 所示。

表 11 –4　定增基金上市后首日跌幅

代码	名称	首日市价	日期	涨幅
161225	国投瑞盈	0.846	2015 – 8 – 14	–15.40%
168101	九泰锐智	0.898	2015 – 9 – 15	–10.20%
501001	财通精选	0.874	2015 – 9 – 25	–12.60%
168102	九泰锐富	1.021	2016 – 5 – 4	2.10%
501015	财通升级	0.964	2016 – 6 – 6	–3.60%
161727	招商增荣	1.000	2016 – 7 – 7	0.00%
160518	博时睿远	0.988	2016 – 7 – 11	–1.20%
161232	国投瑞盛	0.962	2016 – 8 – 19	–3.80%
160519	博时睿利	0.983	2016 – 8 – 23	–1.70%
501017	国泰融丰	0.962	2016 – 8 – 26	–3.80%
165528	鼎利定增	0.961	2016 – 8 – 31	–3.90%
161834	银华鑫锐	0.951	2016 – 9 – 23	–4.90%

目前因为定增项目竞争加剧，导致折价偏低，从而使得上市首日就大跌，但这种情况不会一直持续下去，因为这会影响定增基金的募集。到了一个拐点后，定增基金的折价率一定会缩小，使大家看到点希望，首日上市后跌幅不要那么大，如此循环往复，总会找到一个平衡点。我们的任务是在低估到差不多谷底的时候进入，高估到相对顶部时退出，如此而已。定增基金持有定增股票折价率如表 11 –5、图 11 –1 所示。

表 11－5　定增基金持有定增股票折价率

时间	折价率	数量
2015 年 6 月	16. 35%	1
2015 年 7 月	13. 69%	7
2015 年 8 月	15. 74%	11
2015 年 9 月	4. 19%	13
2015 年 10 月	35. 25%	3
2015 年 11 月	36. 24%	11
2015 年 12 月	17. 22%	1
2016 年 2 月	22. 81%	1
2016 年 3 月	14. 39%	2
2016 年 4 月	20. 58%	12
2016 年 5 月	8. 87%	17
2016 年 6 月	8. 85%	8
2016 年 7 月	13. 43%	27
2016 年 8 月	12. 40%	22
2016 年 9 月	12. 24%	14

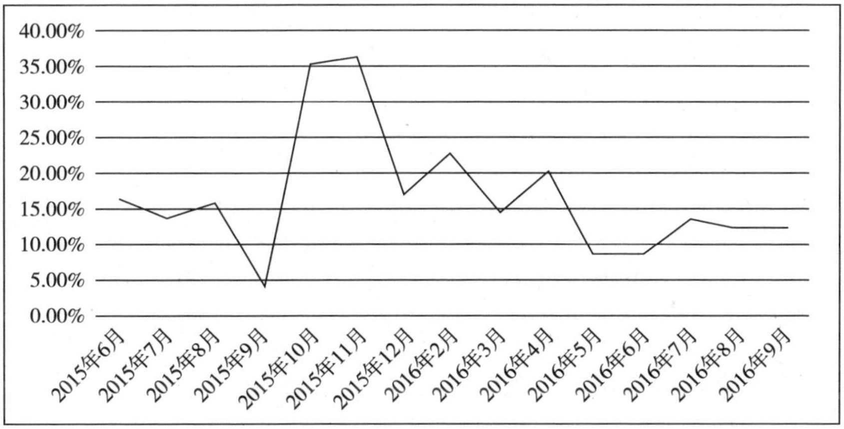

图 11－1　定增基金持有定增股票折价率

第四节　九泰锐智折溢价变化分析

有个比喻很好地描述了价值和价格的关系：一个投资品种的价值好比是一个不断前进的人，而市场的价格好比是被人牵着的狗，狗因为比较调皮，可能跟着人往前跑，也有可能暂时往后跑，甚至跑到人的前面去了，但不管跑前跑后，最终还是跟着人跑。只要人往前走，最终狗一定会往前跑。

九泰锐智（168101），2015 年 9 月上市到 2016 年 8 月，不到一年时间，就经历了四次跑前跑后的过程。

第一次是 2015 年 9 月 16 日，上市就折价 11%，一直到 2015 年底。随着大盘走好，净值涨了 5.51%，结果市价疯涨，涨了足足 35.44%，明显是这条狗疯了，远远跑到人的前面去了，当时溢价了 13.85%。

2016 年初 3 个月大盘萎靡，168101 的净值还算不错，涨了 1.80%，但市价却跌了整整 11.42%，导致从溢价 13.85% 变成折价 0.93%。

2016 年 4 月—7 月 20 日，随着锂电池板块的疯涨，168101 的净值也疯涨了 29.36%，市价足足涨了 49.11%，导致最终溢价创下历史最高值：14.19%。

在 2016 年 8 月，随着锂电池板块的调整，基金净值跌了 3.17%，但市价跌了足足 14.06%，溢价从最高点 14.19% 跌到 2.53%。当然，这期间可能受基金在 8 月 12 日一年一度的开放申购赎回有关。但笔者估计，因为受定增基金份额固定的限制，应该不会对场内价格有什么实质性的影响。如果用隐含溢价率代替公允溢价率，肯定看得更加清楚，可惜当时没有保留数据。目前的隐含溢价率大概在 -12% 左右，还是相当有价值的。

其实不仅仅九泰锐智如此，在 A 股市场几乎所有的品种都一样。受赌性大的股民的影响，A 股市场有个特点：涨一定会涨过头，跌也一定会跌过头，只要你能把握涨跌阈值，就一定会在 A 股这个“赌场”战无不胜。没有不好的品种，只有不好的价格，涨过头的品种不管再好都要撤出，跌过头的品种再烂都是好品种。九泰锐智从上市到 2016 年 8 月之间的数据和溢价率分别如表 11 -6、图 11 -2 所示。

表 11 -6　九泰锐智从上市到 2016 年 8 月的数据

	市价	公允净值	溢价率	市价增幅	净值增幅
2015 -9 -16	0.886	0.999	-11.31%		
2015 -12 -31	1.200	1.054	13.85%	35.44%	5.51%
2016 -3 -29	1.063	1.073	-0.93%	-11.42%	1.80%
2016 -7 -20	1.585	1.388	14.19%	49.11%	29.36%
2016 -8 -12	1.378	1.344	2.53%	-13.06%	-3.17%

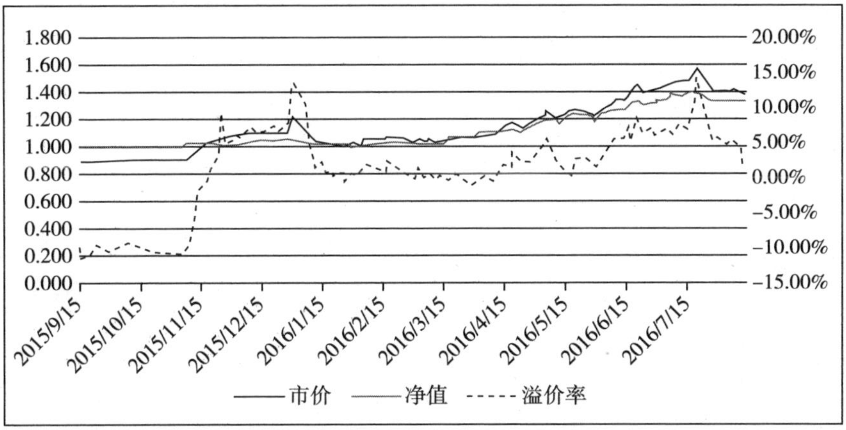

图 11 -2　九泰锐智溢价率

第五节　定增基金的套利机会

2016 年下半年开始，新的定增基金不断上市，但上一个跌一个，第一天基本都要跌 5 个点，认购者苦不堪言。这样的行情难道还有套利机会？当然有！下面通过一个案例说明。

2016 年 11 月 22 日，信诚基金发出公告，信诚定增投资了云铝股份，认购数量 15，384，616 股，认购成本 80，000，003.20 元，平均单价为 5.2 元，而当天收盘价为 8.42 元，折价率高达 38.24%。其在总资产的占比高达 6.48%，一下子提升了 2.48% 的隐含净值，所以 22、23 日连涨两天。

也就是说，如果基金公司发出新增定增股票公告，折价率比较大而且占比也比较大，导致大幅度提升隐含净值的，可以立即潜伏进去，享受市价的滞后反应。不过现在聪明的资金多了，价值凹地一出现，往往立即就填满了。

当然，以后如果出现同样的机会，估计大家都会去抢。但套用罗丹的一句话：世上不是缺乏套利的机会，而是缺乏发现套利机会的眼光。随着市面上投资品种的增多，相信只要练就一双慧眼，就不会缺乏类似的机会。

第六节　定增基金定投

从定性来说，长期持有折价的定增基金肯定能跑赢大盘，但如果通过定投这种方式，则会更加安全。下面进行一下定量的分析。因为定增计算规律比较复杂，笔者先做些假设。假设所有的定增股票封闭期均为1年，在一年的12个月里隐含折价率均匀释放，仓位为70%，打折为80%。以沪深300为例，从最不幸的2008年1月最高点开始定投。从表11－7可以看出，2008年沪深300指数几乎腰斩，年平均亏损6%，但对应的沪深300定投，除了2008、2011、2013三年累计亏损，其他年份还都是盈利的，这本身已经说明了定投的威力。

表11－7　沪深300和定增基金定投

年	沪深300	沪深300定投	定增基金定投
2008	－65.95%	－31.84%	－18.26%
2009	96.71%	30.22%	44.53%
2010	－12.51%	10.36%	42.22%
2011	－25.01%	－17.47%	27.43%
2012	7.55%	－8.02%	50.90%
2013	－7.65%	－13.17%	59.79%
2014	51.66%	34.19%	140.96%
2015	5.58%	36.26%	176.91%
2016	－14.80%	16.46%	164.66%
年化收益率	－5.96%	3.61%	22.60%

如果我们不是定投沪深300，而是定投打八折的定增基金，那么除了2008年当年亏损外，其他年份均盈利。到2015年底累计盈利176.91%。到2016年6月6日，盈利虽然下跌了，但也有164.66%，对应的年化收益率也有22.60%，应该是一个非常不错的结果了。上述的结果是假定定投股票仓位70%、打折80%的情况，不同的仓位和打折的结果如表11－8所示，从最低的2%到最高的56%的年化收益率。

表11－8　定投定增基金

打折＼仓位	100.00%	90.00%	80.00%	70.00%	60.00%	50.00%	40.00%	30.00%
100.00%	3.61%	3.62%	3.56%	3.41%	3.19%	2.89%	2.51%	2.05%
90.00%	15.32%	14.14%	12.89%	11.56%	10.15%	8.66%	7.11%	5.49%
80.00%	31.76%	28.75%	25.69%	22.60%	19.47%	16.32%	13.13%	9.93%
70.00%	56.27%	50.20%	44.23%	38.35%	32.58%	26.91%	15.90%	15.90%

当然，以上计算有许多假设，如隐含净值均匀释放，市价和公布的净值假定无溢价等。但这些变化基本不会影响结论：打折的定增基金是一个较好的定投品种。

上面是针对定增基金做了很多打折的假设得到的结论，下面我们再来看看具体实战的结果。

用本书提供的定投通用模板，计算了从2015年9月30日开始定投到2017年1月26日，每个月月末最后一个交易日定投一次，一共定投了17次，每次定投1000元的结果，年化收益率13.61%，总收益率8.92%，期间沪深300涨幅仅为5.78%，年化4.33%。不管年化还是总收益率均跑赢指数。

表11－9　九泰锐智定投结果

月份	收盘	分红	累计分红金额	应到金额	应投入金额	实际投入金额	实际累计投入金额	累计理论投入	定投份额	累计份额	累计价值	累计盈利	收益率	净值	月收益率	最大回撤	现金流	项目	数据
2015/9/30	0.900		0.00	0	1000	1000	1000	1000	1111	1111	1000	0	0.00%	1.000			1000	定投金额	1000.00
2015/10/30	0.897		0.00	1000	1003	1000	2000	2000	1115	2226	1997	－3	－0.17%	0.998	－0.17%	0.17%	1000	月增长率	0.00%
2015/11/30	1.078		0.00	2000	600	1000	3000	3000	928	3154	3400	400	13.32%	1.133	13.51%	0.00%	1000	定投上限	1000.00
2015/12/31	1.200		0.00	3000	216	1000	4000	4000	833	3987	4784	784	19.61%	1.196	5.55%	0.00%	1000	定投下限	1000.00
2016/1/29	1.023		0.00	4000	921	1000	5000	5000	978	4964	5079	79	1.57%	1.016	－15.08%	15.08%	1000		
2016/2/29	1.014		0.00	5000	966	1000	6000	6000	986	5951	6034	34	0.57%	1.006	－0.99%	15.92%	1000	年化收益率	13.61%
2016/3/31	1.080		0.00	6000	573	1000	7000	7000	926	6877	7427	427	6.10%	1.061	5.50%	11.30%	1000	累计投入	17000.00
2016/4/29	1.187		0.00	7000	－162	1000	8000	8000	842	7719	9162	1162	14.53%	1.145	7.95%	4.24%	1000	累计次数	17.00
2016/5/31	1.262		0.00	8000	－741	1000	9000	9000	792	8511	10741	1741	19.35%	1.193	4.21%	0.22%	1000	累计盈利	1516.22
2016/6/30	1.438		0.00	9000	－2239	1000	10000	10000	695	9207	13239	3239	32.39%	1.324	10.93%	0.00%	1000	总收益率	8.92%
2016/7/29	1.414		0.00	10000	－2018	1000	11000	11000	707	9914	14018	3018	27.44%	1.274	－3.74%	3.74%	1000	最大回撤	17.73%
2016/8/31	1.359		0.00	11000	－1473	1000	12000	12000	736	10650	14473	2473	20.61%	1.206	－5.36%	8.90%	1000	夏普比例	0.38

续表

月份	收盘	分红	累计分红金额	应到金额	应投入金额	实际投入金额	实际累计投入金额	累计理论投入	定投份额	累计份额	累计价值	累计盈利	收益率	净值	月收益率	最大回撤	现金流	项目	数据
2016/9/30	1.289		0.00	12000	-728	1000	13000	13000	776	11426	14728	1728	13.29%	1.133	-6.07%	14.43%	1000		
2016/10/31	1.354		0.00	13000	-1470	1000	14000	14000	739	12164	16470	2470	17.65%	1.176	3.84%	11.14%	1000		
2016/11/30	1.306		0.00	14000	-886	1000	15000	15000	766	12930	16886	1886	12.58%	1.126	-4.31%	14.97%	1000		
2016/12/30	1.097	0.19	2456.68	15000	1816	1000	16000	16000	912	13841	17641	1641	10.25%	1.103	-2.06%	16.72%	1000		
2017/1/26	1.088		2456.68	16000	1940	1000	17000	17000	919	14761	18516	1516	8.92%	1.089	-1.21%	17.73%	-17516		

现在基金公司在网上每天公布的折价率是以公允净值计算的，还没包含隐形折价。如 168101，在 2017 年 1 月 26 日，表面上约折价了 6.12%，实际隐形折价了约 11.11%。当然，168101 在 2016 年的表现和它重仓持有锂电池板块有很大关系，这个板块见顶暴跌后会对基金表现有很大影响。但是，定投最喜欢暴涨暴跌的品种。从长期看，如果 168101 暴涨暴跌，则正是我们定投的最佳品种。关于隐形折价率的计算，在集思录和鼎级上均有讨论，这里限于篇幅不展开了。实时的隐含折价率在集思录网站上有估算值（https：//www.jisilu.cn/data/cf/#dingzeng）。另外，目前的定增基金一般一年开放一次申购赎回，而且还必须有人赎回才可能申购成功，即资金规模永远保持一个定数。这也有一定的道理，因为定增股票不是你想申购就有的，如果不加以限制，申购基金量过大，肯定会冲淡收益。

第十二章

量化的利器——果仁网

第一节 果仁网概述

以上几十个技术指标的量化做下来，除了极个别数学爱好者，估计大部分人已经开始晕头转向了。如果加上基本面指标，如 PE、PB、销售毛利率等，计算则更加复杂。如果还是用 Excel，不仅计算速度跟不上，而且很容易出错，甚至数据崩溃。好在随着量化投资的兴起，国内出现了不少量化平台，如聚宽、米筐、优矿等，主要是用来选股；TB、MC、金字塔、文华等，更适合做 K 线择时策略；但说到适合普通投资者使用的，就不得不提到果仁。

果仁网（https：//guorn. com）不需要编程就能回算策略，并提供量化选股、选基金，是笔者使用较多的平台。

果仁网主要提供了量化回测和选股两大功能。我们先来看看果仁是如何不通过编程达到量化回测的。

进入果仁网后，我们可以看到股票策略、基金策略、策略组合、历史查询四个部分。

股票策略，主要是用来量化股票的模型，其中分成择股设置、大盘设置、交易模型、定义总结四个部分。

择股设置，选择股票池，默认全体股票，也可以用左边的 + 号建立你的静态股票池、动态股票池或者合成股票池。也可以用下面的“板块”“行业”选择股票池，其中板块内除了全选外，还可以只选主板、中小板和创业板。在行业中除了全选外，可以选择申万的一级行业分类。另外，还可以对 ST 股票选择包含和不包含或者仅仅只有 ST 股。

选股指标包含行情、技术指标、财务指标、季报指标、情绪、自定义等六个部分。（1）行情，包含了股票价格、成交额、成交量、股价涨幅、股价相对涨幅、累计换手率、涨跌停标记、股本和市值、股东分布、高管增持、股价振幅、上市天数等 12 个部分。（2）技术指标，包括了乖离率、波动率、MACD、RSI、BBIC、CCI、历史贝塔、多头排列标记、1 日 5 日量比、布林线、ATR 等。（3）财务指标，包括了估值、清偿能力、盈利能力、营运效率、历史增长、预期增长、每股指标。（4）季报指标，包括了收入、支出、利润、现金流、资产、负债、权益、当前季度 ID。（5）情绪（及其他），包括分析师情绪指数、重仓基金数、重仓基金持有比例。（6）自定义，包括了你所建立的所有自定义函数，关于这块内容以下还会详细探讨。

选股条件，分成筛选条件和排名条件。筛选条件优先于排名条件，筛选条件先按照一定的条件剔除了一部分股票或者基金，排名条件是按照排名定义取前若干名作为买入对象。

每日选股：得到的清单是选定日当天收盘后的排名。

策略回测：选定开始时间、结束时间、收益基准、交易费用后，自动算出投资组合的总收益率、年化收益率、夏普比例、最大回撤率、收益波动率、Beta、Alpha。

排名分析：可以回算出策略的直方图，按照直方图可以判断策略排名是否有效。

实时选股：每日选股因为都是收盘后的数据，所以当天交易时间得到的数据其实是上一个交易日的。实时选股是实时计算出的股票排名清单，及时性比人工选股好很多。

第二节 单因子策略

下面笔者通过具体的案例来演示一下如何在果仁网做策略。

策略：剔除成交额过小的和ST股票，每个月选总市值最小的10只股票进行轮动。这个策略在历史上的收益率情况如何呢？下面笔者一步一步来演示，如果不做说明，就选用果仁的默认值。

在交易模型中，选用模型I，调仓周期选20天，也就是20个交易日，为什么要选20个交易日呢？因为一个月平均大概是20个交易日，果仁没有每月换一次的选项，只能用20个交易日来模拟。选股设置其他不变，ST选择中选“排除ST”。在选股条件中先选筛选条件，然后按下列顺序操作：选股指标—行情—成交额—当日成交额。筛选条件选择当日成交额大于0.1亿元，剔除成交额过小无法成交的股票。排名条件选择：选股指标 - 行情 - 股本和市值 - 总市值，选择总市值次序从小到大，范围选“全部”，权重选“1”。然后进入策略回测，选择回测时间，一般从2010年初开始。因为系统提供的2007、2008、2009三年大牛大熊的情况，由于股指期货和市场的变化而基本不可能再现了。比如，2009年12月31日—2016年12月30日，点“开始回测”，我们就得到了下面的结果，如表12 - 1所示。

表12 - 1 收益统计

投资组合	总收益	年化收益	夏普比率	最大回撤率	收益波动率	Beta	Alpha
本策略	1563.59%	49.45%	1.29	57.81%	35.11%	0.97	50.41%
沪深300	-7.43%	-1.10%	-0.20	46.70%	24.94%		
相对收益	1571.02%	49.54%	1.54	55.22%	29.49%	0.61	48.65%

表12 - 2 交易统计

年换手率	平均持仓股票数	平均持有天数	平均交易收益	正收益平均	负收益平均	交易赢率	持仓停牌股票比例	调仓指令可执行比例
552.70%	9.91	41.76	9.67%	22.86%	-10.46%	60.42%	10.33%	94.30%

策略的年化收益率高达49.45%，而且这是每个月换一次的结果。相应的夏普比率、最大回撤率、收益波动率、Beta、Alpha等概念前面已经做过介绍，这里不再赘述。这里需要解释一下，所谓调仓指令可执行比例，是指剔除停牌、涨停等因素造成不能完成调仓指令后的可执行比例。

回测完成后，还可以看到一个Excel表，下载打开后可以得到这个策略非常详细的数据。有每天、每个月的收益率，调仓记录，各阶段的持仓明细，交易记录等详细数据，还可以据此做出年度的数据，如表12－3所示。

表12－3　年度收益统计

年	沪深300	策略年收益
2010	－12.51%	40.92%
2011	－25.02%	－10.61%
2012	7.56%	6.91%
2013	－7.65%	52.54%
2014	51.67%	87.68%
2015	5.58%	219.23%
2016	－11.28%	35.17%
总计	－7.43%	1563.59%
年化	－1.10%	49.43%

以上虽是一个最简单的策略，但实际执行下来确实不错。那么，到底有哪些因子是正向因子呢?

笔者利用果仁平台回测了42个单因子2007年1月4日—2016年12月20日近10年的数据，测试条件是每5天换一次，平均持有排名最前面的10只股票，剔除ST股票和日成交额小于1000万元的股票，结果如表12－4所示。

表12－4　单因子年度收益率

	2007/01/05	2007/12/28	2008/12/31	2009/12/31	2010/12/31	2011/12/30	2012/12/31	2013/12/31	2014/12/31	2015/12/31	2016/12/20		
项目	排序	2007年	2008年	2009年	2010年	2011年	2012年	2013年	2014年	2015年	2016年	年化	有/无效
总市值	从小到大	276.28%	－74.79%	254.30%	53.90%	－22.12%	1.09%	67.81%	89.64%	388.69%	37.17%	56.57%	有效
流通市值	从小到大	100.61%	－66.20%	260.39%	12.40%	－34.74%	－17.96%	67.71%	97.02%	274.40%	51.41%	39.51%	有效
日均成交价	从小到大	447.33%	－41.55%	217.30%	－10.57%	－20.87%	17.08%	－11.17%	116.97%	59.22%	2.46%	38.94%	有效
收盘价	从小到大	430.57%	－41.76%	226.45%	－14.40%	－19.36%	15.18%	－11.02%	122.03%	58.09%	2.05%	38.47%	有效
市盈率	从小到大	332.35%	－62.15%	162.40%	3.01%	－4.00%	30.91%	4.96%	73.16%	37.27%	－0.94%	30.10%	有效
60日涨幅	从小到大	192.10%	－57.28%	149.32%	13.98%	－27.55%	21.29%	10.42%	60.47%	85.75%	7.83%	27.30%	有效
市销率	从小到大	163.58%	－62.96%	149.70%	21.35%	－26.66%	10.91%	9.04%	68.96%	109.30%	12.19%	26.53%	有效
每股资本公积金	从大到小	185.42%	－62.32%	116.82%	42.56%	－21.09%	－5.59%	29.63%	21.34%	181.14%	－6.06%	26.37%	有效

续表

	2007/01/05	2007/12/28	2008/12/31	2009/12/31	2010/12/31	2011/12/30	2012/12/31	2013/12/31	2014/12/31	2015/12/31	2016/12/20		
流动比率	从大到小	168.44%	-46.55%	124.00%	-2.07%	-36.34%	-19.66%	96.56%	32.09%	114.90%	-20.79%	21.78%	有效
分析师情绪指数	从大到小	193.92%	-62.59%	178.64%	15.91%	-36.84%	2.50%	9.63%	56.83%	62.85%	2.59%	20.87%	有效
EV_ EBITDA	从小到大	250.29%	-60.29%	177.69%	3.40%	-29.92%	13.78%	-8.70%	59.10%	37.53%	2.27%	20.69%	有效
股息率	从大到小	179.04%	-59.40%	143.26%	-6.76%	-23.61%	3.99%	19.00%	64.07%	48.73%	4.82%	20.14%	有效
预期盈利增长	从大到小	200.26%	-67.05%	187.18%	23.22%	-31.89%	6.64%	14.25%	35.17%	63.50%	-4.24%	20.01%	有效
产权比率	从大到小	135.43%	-63.70%	98.28%	-18.13%	-17.46%	39.24%	17.72%	70.69%	86.39%	-19.51%	17.08%	无效
市净率	从小到大	230.53%	-58.21%	174.98%	-23.52%	-20.22%	-5.16%	-19.82%	46.80%	83.16%	-1.25%	16.76%	有效
总资产周转率	从大到小	150.96%	-65.20%	163.86%	5.16%	-26.86%	-18.86%	32.32%	45.46%	73.30%	-6.06%	16.32%	无效
利润总额增长	从大到小	212.25%	-65.52%	134.10%	2.76%	-32.45%	-3.40%	33.94%	43.79%	49.46%	-9.49%	16.05%	有效
营业收入增长	从大到小	211.50%	-65.25%	114.71%	-6.50%	-23.57%	27.35%	5.37%	70.45%	50.88%	-23.75%	15.97%	有效
毛利润增长	从大到小	184.50%	-63.22%	139.20%	-2.25%	-38.19%	5.26%	17.83%	59.92%	89.89%	-27.57%	15.29%	有效
销售毛利率	从大到小	115.28%	-54.65%	69.78%	8.60%	-28.66%	5.19%	35.37%	50.80%	64.19%	-11.25%	14.99%	有效
成交额	从小到大	118.09%	-50.01%	317.55%	41.20%	-33.32%	-12.38%	18.31%	43.42%	-19.66%	-24.43%	14.55%	有效
预期营收增长	从大到小	139.82%	-64.37%	171.07%	20.19%	-32.89%	-7.74%	-3.31%	58.91%	66.18%	-15.83%	14.05%	有效
负债资产率	从小到大	128.63%	-65.06%	99.35%	-22.49%	-9.21%	28.03%	-5.93%	49.38%	84.34%	-10.49%	12.83%	有效
成交量	从小到大	79.96%	-41.72%	114.03%	39.02%	-31.47%	-4.80%	66.55%	11.55%	2.73%	-15.87%	12.63%	有效
每股净资产	从大到小	161.05%	-63.60%	115.94%	-6.42%	-24.31%	-0.05%	5.66%	51.98%	57.10%	-12.12%	12.46%	无效
市现率	从小到大	161.05%	-63.60%	115.94%	-6.42%	-24.31%	-0.05%	5.66%	51.98%	57.10%	-12.14%	12.46%	有效
每股未分配利润	从大到小	153.72%	-58.45%	135.77%	7.09%	-27.98%	5.28%	-19.66%	52.25%	12.19%	6.56%	11.48%	无效
营业利润增长	从大到小	172.30%	-67.32%	140.02%	-0.63%	-38.35%	-7.54%	20.34%	43.99%	82.74%	-26.42%	10.97%	有效
净利润增长	从大到小	172.30%	-67.32%	140.02%	-0.63%	-38.35%	-7.54%	20.34%	43.99%	82.74%	-26.42%	10.97%	有效
产权比率	从小到大	182.37%	-55.09%	119.37%	-2.09%	-46.07%	-24.39%	26.46%	17.84%	88.53%	-15.18%	10.27%	有效
5年资产回报率	从大到小	197.37%	-60.99%	87.04%	-11.04%	-26.81%	-12.51%	-19.51%	38.13%	78.76%	1.65%	9.62%	无效
存货周转率	从大到小	114.90%	-59.82%	79.71%	-10.75%	-34.45%	-11.72%	91.86%	35.09%	48.71%	-22.08%	9.22%	无效
资产回报率	从大到小	192.06%	-70.54%	116.25%	48.80%	-38.79%	5.81%	-11.86%	26.24%	52.43%	-21.00%	9.20%	无效
净资产收益率	从大到小	175.60%	-67.57%	93.22%	-0.97%	-36.01%	-6.12%	-1.91%	32.81%	87.53%	-5.41%	9.07%	无效
5年净资产收益率	从小到大	199.91%	-65.47%	126.11%	13.56%	-38.87%	-7.27%	-17.65%	36.99%	53.60%	-27.58%	6.61%	无效
5年净资产收益率	从大到小	153.09%	-61.76%	143.78%	-5.30%	-49.22%	2.96%	-5.18%	11.37%	54.63%	-1.15%	6.58%	无效
净资产增长	从大到小	159.35%	-63.32%	112.02%	25.65%	-32.61%	-4.85%	-5.53%	11.05%	26.02%	-20.35%	5.55%	无效
净资产增长	从小到大	159.35%	-63.32%	112.02%	25.65%	-32.61%	-4.85%	-5.53%	11.05%	26.02%	-20.35%	5.55%	无效
营业利润率	从大到小	124.56%	-61.64%	73.91%	-24.21%	-26.23%	-11.16%	18.23%	69.26%	21.94%	-10.02%	5.05%	无效
总资产增长	从小到大	184.24%	-73.20%	95.06%	28.00%	-33.05%	-8.50%	0.21%	19.36%	48.79%	-27.41%	4.19%	无效
销售净利率	从大到小	126.55%	-61.56%	74.89%	-22.40%	-20.30%	-7.17%	16.79%	37.38%	17.61%	-12.52%	3.76%	无效
上市时间	从小到大	27.98%	-62.13%	36.02%	-48.60%	-55.86%	-32.82%	24.28%	40.11%	51.89%	-51.62%	-18.61%	无效
策略年平均		182.02%	-61.15%	139.56%	4.98%	-29.84%	0.01%	15.23%	49.50%	73.82%	-9.01%	16.15%	
沪深300		157.53%	-65.95%	96.72%	-12.52%	-25.01%	7.56%	-7.64%	51.65%	5.58%	-11.31%	4.81%	

单因子策略是否有效，我们可以看看果仁提供的排名分析，如图12－1、12－2、12－3所示。

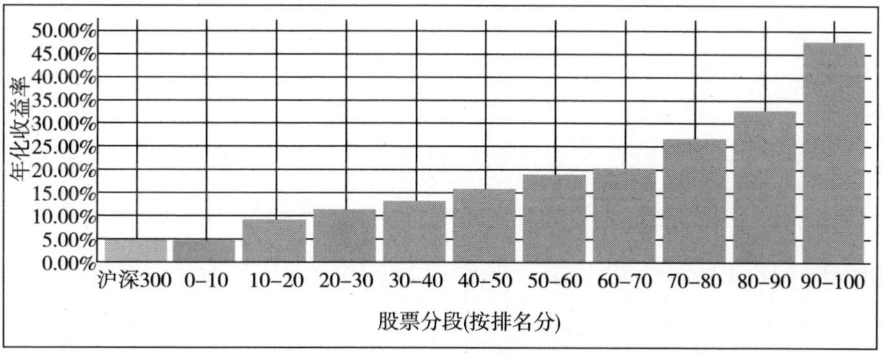

图12－1　总市值（从小到大）排名分析

显然，从这些图中看出，总市值策略是非常有效的，而产权比例、总资产周转率虽然年化收益率也不低，但其排名基本是无效的。

从排名也可以看出，排名第一、第二的总市值和流通市值策略其

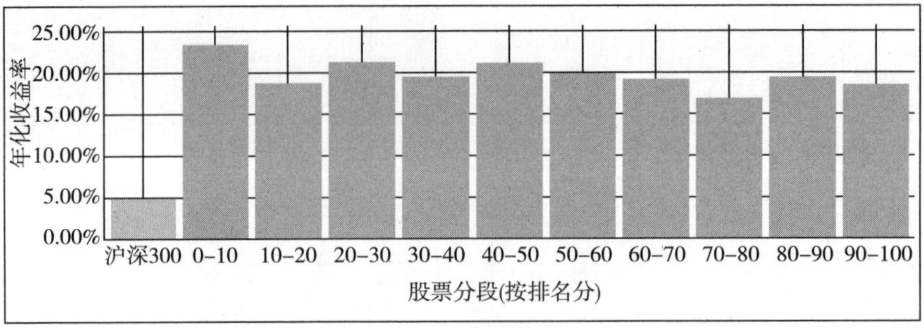

图 12－2　产权比例（从大到小）排名分析

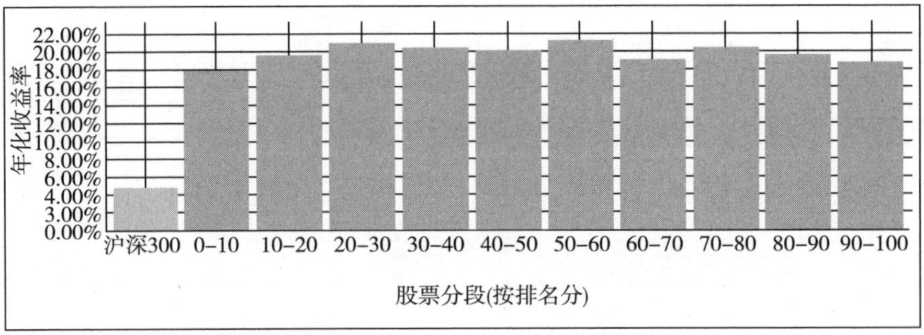

图 12－3　总资产周转率（从大到小）排名分析

实就是小盘股策略，从整体看还是总市值占了优势，只有 2016 年是流动市值策略比较强。排名第三、第四的日均成交价和收盘价策略其实就是低价策略，基本差异不大。排名第五、第七的市盈率、市净率都是传统价值投资的指标。所以，从这里也可以看到，量化投资并不是和传统的价值投资完全相悖的，而是用量化的数据来帮助投资者更好地选择投资品种。排名第六的 60 日涨幅，其实就是 60 个交易日过跌导致的反弹。

第三节　双因子策略

案例解析

这里还是选取总市值和收盘价作为双因子，在排名时先固定总市值权重1000，不断变动收盘价权重：0、100、150、200、250、220、230、210、215、225、0，基本确定，总市值（从小到大）：收盘价（从小到大）在1000：220左右对应的年化收益率73.89%是一个基本最佳的方案，如表12－5所示。

表12－5　双因子策略

投资组合	总收益	年化收益	夏普比率	最大回撤率	收益波动率	Beta	Alpha
1000:0	8598.71%	56.57%	1.34	82.77%	39.33%	0.98	51.69%
1000:100	15443.66%	65.97%	1.65	77.21%	37.64%	0.96	61.10%
1000:150	16924.07%	67.49%	1.72	75.23%	36.85%	0.94	62.65%
1000:200	22977.53%	72.69%	1.89	69.91%	36.38%	0.92	67.86%
1000:250	18381.03%	68.88%	1.81	70.63%	35.80%	0.90	64.07%
1000:220	24633.92%	73.89%	1.93	70.09%	36.13%	0.91	69.07%
1000:230	22447.79%	72.29%	1.90	70.16%	35.87%	0.89	67.48%
1000:210	23056.63%	72.75%	1.92	70.13%	35.79%	0.89	67.94%
1000:215	23178.50%	72.84%	1.92	69.90%	35.81%	0.89	68.03%
1000:225	23009.65%	72.71%	1.92	69.96%	35.85%	0.89	67.91%
0:1000	2480.18%	38.59%	0.97	65.09%	35.82%	0.95	33.73%
沪深300	61.06%	4.90%	0.03	72.30%	30.36%		

为什么只能说基本最佳呢？前面说过，年化收益率和总市值、收盘价等不是一个单调函数，理论上无法用优选法或者对分法找到最佳值，需要用遍历的算法才能完成，可想而知，这个工作量是非常大的。当然，可以用程序自动寻找，但目前果仁网尚未实现这个功能。尽管如此，现在这样的手工搜索，也能找到次佳的值。

我们再来看看排名分组的直方图，显然这是一个非常漂亮的有效策略。

再看一下起始时间不是2007年1月4日的结果，显然，从结果中

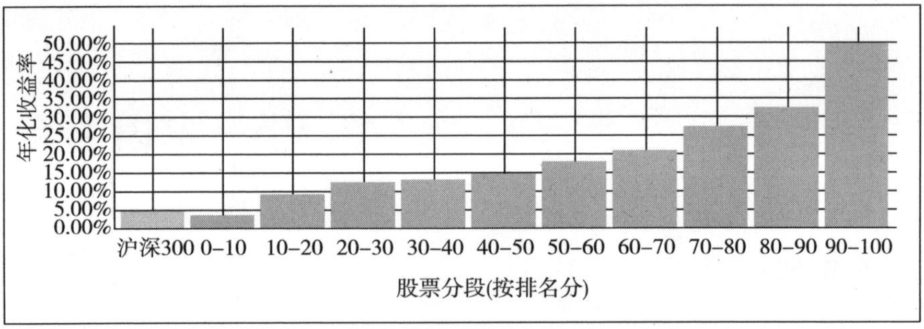

图 12－4　双因子策略排名分析

看出，市值和收盘价权重为1000∶220，1 月 5 日开始轮动和 1 月 10 日开始轮动对应的年化收益率分别为：73. 69% 和 58. 88%，其差异非常大。差这么几天，对整个近 10 年的影响显然不会那么大，因此有过度拟合的嫌疑。再按照总市值和收盘价不同的比例，在 2007 年 1 月 5 日到 1 月 11 日五个不同日期开始换股回测。选五个的原因是，这个策略本来就是每五个交易日换一次股票，结果如表 12－6 所示。

表 12－6　不同日期换股对应结果

投资组合	2007－1－5	2007－1－8	2007－1－9	2007－1－10	2007－1－11	平均
1000∶0	56. 57%	59. 72%	60. 70%	66. 20%	53. 78%	59. 39%
1000∶100	65. 77%	66. 15%	58. 97%	62. 69%	63. 33%	63. 38%
1000∶150	67. 31%	62. 94%	61. 01%	62. 68%	66. 15%	64. 02%
1000∶200	72. 49%	60. 51%	60. 08%	58. 48%	64. 50%	63. 21%
1000∶250	68. 68%	61. 38%	61. 45%	57. 72%	63. 82%	62. 61%
1000∶220	73. 69%	60. 77%	61. 27%	58. 88%	65. 37%	64. 00%
1000∶230	72. 08%	61. 13%	60. 66%	58. 02%	64. 88%	63. 35%
1000∶210	72. 55%	60. 15%	61. 28%	57. 98%	64. 62%	63. 32%
1000∶215	72. 64%	60. 25%	61. 49%	59. 30%	66. 10%	63. 96%
1000∶225	72. 51%	60. 97%	63. 00%	58. 50%	65. 09%	64. 01%
0∶1000	38. 47%	34. 78%	38. 56%	32. 17%	30. 57%	34. 91%
平均	70. 86%	61. 58%	61. 02%	59. 36%	64. 87%	63. 54%

从表 12－6 可以看出，至少在上述范围内，1000∶150 对应的平均年化收益率 64. 02%、和 1000∶225 对应的 64. 01%，比 1000∶220 对应的 64. 00% 的年化收益率都要好，但这个所谓的好，也就是 0. 01% 到 0. 02% 的差距，其实相差不多。而和全部都是总市值对应的平均年化收益率 59. 39%、收盘价对应的 34. 91%，那就不是好一点点了。

不管如何，通过这个总市值和收盘价双因子的案例，我们可以看到，适当的组合双因子确实可以获得超过两个单独的单因子的结果。就像我们做菜时很少只用一种调料，盐和味精的组合比单纯的盐或者单纯的味精好吃，它们的道理是一样的。

筛选和排名

筛选

在果仁网中，选股条件有“筛选条件”和“排名条件”两个模块。一般笔者按照先筛选后排名的原则进行选股。按照笔者的经验，在筛选条件里尽可能把条件定得宽松点，因为筛选条件是 1 和 0 的关系，稍有不慎，某只股票就被剔除了。

常用的筛选条件有：

（1）成交额大于 1000 万元等，主要目的是剔除成交额过小的股票。

（2）销售毛利率大于 0 等条件，主要目的是剔除亏损企业。但也不是所有的亏损企业都没有价值，如小市值可能被借壳的企业，可能亏损越多涨得越快，主要原因是亏损多的企业比较容易接受借壳企业的条件，比较容易谈成借壳合作。

排名

排名虽然一直是专业人士的投资方法，但原理非常简单，只要有初级算术知识就能理解排名分的计算规则。

下面笔者用一些实例来介绍果仁网排名分的具体计算规则。比如，一共有 5 只股票 A、B、C、D、E 参加排名。它们的收盘价分别是 10、12、20、30、40。按收盘价从小到大排名，A、B、C、D、E 的排名就是 1、2、3、4、5。果仁网根据排名先后算出排名分，排名分的公式是（股票

数 - 股票排名 + 1）/股票数×100。按照这个公式，排名第1得100，排名第二得80，依次类推，排名第5得20。详细情况如表12 - 7所示。

表12 - 7 排名分计算1

股票	收盘价	从小到大排名	从小到大排名分	从大到小排名	从大到小排名分
A	10	1	100	5	20
B	12	2	80	4	40
C	20	3	60	3	60
D	30	4	40	2	80
E	40	5	20	1	100

当某只股票的指标为空时，这只股票将一直排在最后，排名分最低。比如A、B、C、D、E的市盈率分别为10、20、30、空、空（当一家公司亏钱时，市盈率无法算出，则市盈率为空），排名分的计算如表12 - 8所示。

表12 - 8 排名分计算2

股票	市盈率	从小到大排名	从小到大排名分	从大到小排名	从大到小排名分
A	10	1	100	3	60
B	20	2	80	2	80
C	30	3	60	1	100
D	空	4	40	4	40
E	空	4	40	4	40

当有两个以上的指标作为排名条件时，用户可以给每个指标设定权重（默认值为1），综合排名分 = 排名分1 ×权重1 + 排名分2 ×权重2 + ……为了方便展示，笔者对综合排名分再做一次排名，算出排名总分。

例如，用如下排名条件对股票A、B、C、D、E进行排名：

收盘价，从小到大，权重1；

市盈率，从大到小，权重1。

表12 - 9 双因子排名

股票	收盘价	收盘价排名分	市盈率	市盈率排名分	综合排名分	总排名分
A	10	100	10	60	160	100
B	12	80	20	80	160	100
C	20	60	30	100	160	100
D	30	40	空	40	80	40
E	40	20	空	40	60	20

换股时间选择

那么，是不是每天换就是最好的策略呢？我们还是来看这个总市值和收盘价是1000∶225 权重的例子，当时默认是每 5 天换一次，双边佣金及印花税各 0.2%。我们从每天换一次一直列到每 45 天换一次，换股成本从 0 到 0.5%，如表 12－10 所示。

表 12－10　不同费用对应的收益率

换股天数＼单边费用	无	单边 0.1%	单边 0.2%	单边 0.3%	单边 0.5%
1	74.21%	55.43%	38.67%	23.71%	－1.58%
2	76.44%	64.85%	54.00%	43.87%	25.54%
3	76.05%	67.04%	58.48%	50.36%	35.32%
4	72.60%	65.71%	59.09%	52.73%	40.75%
5	85.98%	79.73%	73.69%	67.85%	56.73%
6	74.22%	69.12%	64.16%	59.34%	50.11%
7	73.43%	68.89%	64.46%	60.14%	51.83%
8	81.48%	77.22%	73.06%	68.99%	61.13%
9	68.29%	64.66%	61.12%	57.64%	50.91%
10	78.03%	74.55%	71.13%	67.77%	61.25%
15	71.40%	69.10%	66.80%	64.58%	60.17%
18	66.91%	64.93%	62.87%	60.83%	56.83%
19	72.81%	70.89%	69.00%	67.12%	63.43%
20	72.00%	70.05%	68.13%	66.22%	62.46%
25	64.94%	63.34%	61.75%	60.18%	57.07%
30	60.74%	59.45%	58.17%	56.90%	54.38%
35	74.46%	73.25%	72.05%	70.86%	68.50%
40	64.72%	63.64%	62.57%	61.51%	59.40%
45	63.74%	62.68%	62.63%	60.58%	58.51%

从表 12－10 可以看出，第一，即使不算费用，也不是每天换收益率最佳，而是 5 个交易日，为什么会出现这样的情况呢？这需要进一步思考，为什么会换股呢？主要原因是系统认为，市场对相应股票的估值出现了偏差。例如，两只股票，其他条件均相同，A 股票价格贵，B 股票价格便宜，那么，我们发现后就卖出 A 买入 B，但市场不一定马上纠偏，由于惯性，可能 A 还是继续涨，B 还是继续跌。如同往空中抛一个球，由于惯性，这个球先是克服了地球的引力不断往上，直到两者达到平衡，球开始往下掉。策略模型的设计就是针对这种惯性，5 天就相当

于球抛到空中最高点，得到的是最大的年化收益率；30天相当于球落到地上开始出现反弹。关键是5天、30天不是一个固定值，如果是球，那就和抛球人的力气大小，球的质量等都有关。如果是股票，那么和整个市场参与者的风险偏好、品种等有关。

第二，再观察一下费用的影响。首先，费用越大，收益率越小，这是毫无疑问的。其次，费用的影响和换股天数有关，如果每天换，那么每次0.5%的费用可以把年化收益率从74.21%降至亏损1.58%，而且除了没有费用（实际是不可能的，即使没有佣金，0.1%的印花税对股票来说是逃不掉的），其他哪怕是0.1%的单边佣金，都使每天换的策略不如其他不是每天换的策略。这告诉我们，如果你的冲击成本高，你的佣金高，或者你的水平比较差，那么，千万不要每天盯着电脑上的K线价格。除了专业投资者，一般“小散”天天看盘面有百害而无一利，因为你无法克制交易的冲动。

第四节　择时

果仁网除了提供择股模块外，还提供了择时模块。择时指标有MA、EMA、MACD、DMA、TRIX、MAVOL、MA－BIAS、PE、PB、PE2、PB2等选项，其中MA、EMA、MACD、DMA、TRIX、MAVOL、MA－BIAS等七个指标是技术指标，其定义前文已经介绍过了，这里不再赘述。PE、PB、PE2、PB2这四个是财务指标。

用技术指标择时

这里举个MA的例子，MA择时的基本逻辑就是短MA穿过长MA，买入信号，跌破长MA，卖出信号。以上证指数作为标的，采用总市值: 收盘价 = 1000: 220，不断调整长 MA 和短 MA 的数据，得到表12 - 11。

表 12 - 11 MA 择时

短/长 MA	总收益	年化收益	夏普比率	最大回撤率	收益波动率	Beta	Alpha
无	24311.40%	73.69%	1.93	70.09%	36.14%	0.91	68.96%
5/60	6551.70%	52.43%	1.88	43.05%	25.77%	0.41	48.10%
5/30	5474.36%	49.75%	1.69	56.62%	27.14%	0.47	45.37%
10/60	6707.57%	52.78%	1.86	43.05%	26.19%	0.42	48.44%
10/120	5774.24%	50.54%	1.79	51.19%	25.96%	0.44	46.19%
3/60	7199.08%	53.86%	1.92	43.05%	26.03%	0.42	49.52%
1/60	6728.26%	52.83%	1.87	43.05%	26.15%	0.43	48.48%
2/60	7039.41%	53.52%	1.9	43.05%	26.13%	0.43	49.17%
4/60	6615.76%	52.58%	1.87	43.05%	25.97%	0.42	48.24%
3/50	6740.29%	52.86%	1.87	43.05%	26.08%	0.42	48.52%
3/70	6482.79%	52.27%	1.84	43.05%	26.19%	0.42	47.93%
3/55	8791.21%	56.94%	2.03	43.05%	26.11%	0.42	52.59%
3/65	5270.91%	49.19%	1.74	43.05%	25.98%	0.42	44.85%
3/56	7950.77%	55.38%	1.97	43.05%	26.11%	0.42	51.04%
3/54	7435.56%	54.35%	1.93	43.05%	26.12%	0.42	50.01%

显然短 MA/长 MA 在 3/55 是唯一夏普比率超过 2 的策略方案，而且回撤从原来的 70.09% 下降到现在的 43.05%，但代价是年化收益率从 73.69% 下降到 56.94%。

进一步思考，将不择时的策略降低到和 3/55 策略一样的年化收益率，不择时仓位就等于 56.94%/73.69% = 77.27%，也就是说，如果不择时，用 77.27% 的仓位，年化收益率一样达到 56.94%，对应的：

夏普比率 = （年化收益率 - 无风险利率）/均方差 = （56.94% - 4%）/（77.27% × 原均方差） = 52.94%/［77.27% × （73.69% - 4%）/1.93）］ = 1.90

最大回撤 = 77.27% × 70.09% = 54.16%

也就是说，如果我们不用择时，靠仓位控制来提高夏普比例、降低最大回撤，那么如果和 3/55 策略达到一样的年化收益率 56.94，代价是夏普比例从 1.93 下降到 1.90，最大回撤从 70.09% 下降到 54.16%，和 3/55 策略夏普比例 2.03 和最大回测 43.05% 比，显然是没超过。不择时方案和其他策略的对比，读者可以自行完成。也就是说，通过适当择时，同样的年化收益率，是可以提升夏普比率，降低最大回撤的。

择时出现熊市信号时，默认空仓，当然你在果仁网中还可以选择30%、50%、70%的仓位。3/55策略在熊市选30%、50%、70%仓位的结果如表12－12所示。

表12－12　不同仓位对应结果

熊市仓位	总收益	年化收益	夏普比率	最大回撤率	收益波动率	Beta	Alpha
0	8791.21%	56.94%	2.03	43.05%	26.11%	0.42	52.59%
30%	13525.07%	63.81%	2.20	43.05%	27.15%	0.56	59.36%
50%	16723.21%	67.32%	2.20	44.59%	28.77%	0.65	62.79%
70%	19879.96%	70.23%	2.13	55.85%	31.17%	0.75	65.63%
100%	24311.40%	73.69%	1.93	70.09%	36.14%	0.91	68.96%

从表12－12可以看出，熊市零仓位并不是一个最好的办法，保持30%～70%的仓位，夏普比例反而比熊市完全空仓和完全满仓要好，而最大回撤比空仓增加不了多少，又比完全满仓降低很多。

用财务指标择时

还是上面的案例，用PE来择时，有两个参数，下PE和上PE，默认值是15/30，这里选的是全市场的PE。当全市场的PE小于15，入场做多；一旦PE大于30，就空仓；在15～30之间，就维持原状——原来是满仓的继续满仓，原来是空仓的继续空仓。这里出现了入场条件不等于出场条件的情况。经过手工搜索，发现了14/53是一个比较好的条件，不管是夏普比例还是年化收益率或者是最大回撤，都比不择时要好很多。

表12－13　PE择时

PE	总收益	年化收益	夏普比率	最大回撤率	收益波动率	Beta	Alpha
0	24311.40%	73.69%	1.93	70.09%	36.14%	0.91	68.96%
15/30	1706.21%	33.72%	1.48	33.38%	20.08%	0.27	29.50%
15/50	33131.00%	79.16%	2.34	45.56%	32.08%	0.69	74.60%
15/60	24311.40%	73.69%	1.93	70.09%	36.14%	0.91	68.96%
15/40	9468.29%	58.10%	1.88	39.31%	28.77%	0.58	53.63%
15/55	41057.45%	83.05%	2.44	43.05%	32.40%	0.70	78.48%
15/53	43856.77%	84.26%	2.48	43.05%	32.34%	0.70	79.69%
15/54	41057.45%	83.05%	2.44	43.05%	32.40%	0.70	78.48%
15/52	33131.00%	79.16%	2.34	45.56%	32.08%	0.69	74.60%
14/53	57524.78%	89.34%	2.68	43.05%	31.89%	0.68	84.79%

续表

PE	总收益	年化收益	夏普比率	最大回撤率	收益波动率	Beta	Alpha
13/53	8584.46%	56.57%	2.05	43.05%	25.58%	0.41	52.24%
14/52	43463.92%	84.09%	2.53	43.05%	31.62%	0.67	79.55%
14/54	53855.03%	88.09%	2.63	43.05%	31.95%	0.68	83.54%

对比发现，用财务指标似乎更好一些。用技术指标只能提高夏普比率、降低回撤，但很难提高年化收益率，而用财务指标择时，不仅能提高夏普比率、降低回撤，还能提高年化收益率，似乎是个很好的策略。为了看清楚细节，我们再来核对一下用 PE 择时和不择时的差异，从表 12－14 可以发现，其实其他年份的数据都一样，唯一的差异就是在 2008 年，打开明细就能看到，这个策略是在 2007 年 9 月 21 日全市场 PE 大于 53 开始转熊，而一路下跌到 2008 年 10 月 28 日全市场 PE 小于 14 开始转牛。

表 12－14　PE 择时不择时对比

	沪深 300	PE 择时	不择时
2007 年	157.53%	393.76%	423.05%
2008 年	-65.95%	25.08%	-49.98%
2009 年	96.70%	318.06%	318.06%
2010 年	-12.51%	61.38%	61.38%
2011 年	-25.02%	-20.49%	-20.49%
2012 年	7.53%	20.13%	20.13%
2013 年	-7.65%	43.85%	43.85%
2014 年	51.65%	123.29%	123.29%
2015 年	5.59%	253.97%	253.97%
2016 年	-11.30%	27.31%	27.31%
累计	59.61%	57510.97%	24303.94%
年化	4.80%	89.20%	73.58%

但这是基于我们知道过去的数据，才总结出 14/53 两个 PE 的阈值。下次牛熊切换还会是 14/53 吗？这是用财务指标来择时最大的困惑。

图 12－5 是历史上全市场 PE 的情况，可以很清晰地看到，我们设置的 14、55 这组数据，正好把市场在 2008 年的暴跌躲过了。但是，再用这组数据看 2009 年的高点时，PE 不到 40，而在 2015 年上半年的高点时，整个市场的 PE 才 30 出头，并没有非常高。显然，事后去总结这组数据，希望再次出现类似的情况，基本是不可能的。

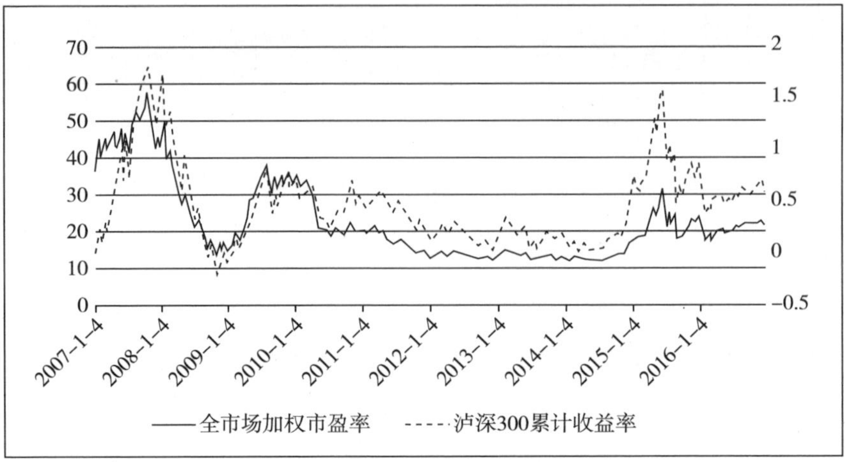

图 12-5　全市场加权市盈率

这也是用财务指标择时的困惑，过去的财务数据阈值在将来不一定会复现。过分依赖财务数据择时将来可能会有问题。

果仁网还提供了多个择时指标的同时使用，在由牛转熊，或者由熊转牛的时候，可以选择 1～4 个条件同时满足，默认是或的关系，也就是说，如果遇到多个条件，默认是只要一个条件符合就变盘。

这里要提醒读者，虽然果仁网提供了多指标择时，但笔者建议最多用两个指标，指标用多了，很容易凑出一个好的结果，但这样的结果往往是严重过度拟合。

导出数据

果仁网在选股时，有两个地方可以导出成 Excel 表，一个是在策略回测时导出回测结果，其中有收益统计、交易统计、收益曲线、年度收益统计、月度收益统计、年度最大回撤统计、月度最大回撤统计、调仓详情、各阶段持仓详单、历史交易记录等十个详细的数据。还有一个是在每日选股下面点击开始选股后产生的最新持股清单，特别提醒大家注意，这个清单不一定是这个策略在今天的持股清单，只有今天是调仓日，才是正好一致的。选股清单给出的是选定日期当天收盘时如果正好是调仓日的清单，如果不是调仓日，两者的清单不一定一致。

第五节　股票池

用户有很多时候需要在指定的几只股票或几只基金中制订轮动策略，如在4只银行股票里轮动或者在两只基金里做二八轮动。这时候，就需要使用股票池（或者基金池）。

一个股票池可被看作一个自定义投资域，股票池功能可以让用户为策略设定一个更灵活的投资域。用户可以到“我的主页”里创建股票池。股票池分为三种：静态股票池、动态股票池和合成股票池。静态股票池是一个手工键入的股票代码集合（或者复制、粘贴一个股票代码表）。静态股票池是最常用的一个股票池，使用静态股票池，用户可以实现几只股票之间的轮转策略，如几只银行股票之间的轮转策略。动态股票池是根据选股条件和排名条件产生的动态股票集合，股票清单可以每日动态变化。使用动态股票池，用户可以实现分层量化策略，也就是将筛选、排名分两步完成，这样策略的表达能力更强。如用户可以首先创建一个动态股票池：总市值和股价综合排名最小的100只股票，然后再在这个股票池里选择市盈率最小的10只股票。动态股票池创建界面和策略创建界面极其相似，只是更简单些，没有策略回测等设置。合成股票池可以实现两个股票池之间的集合操作，目前合成股票池的功能还很简单，只实现了黑名单的功能，也就是股票全集减去黑名单股票池。

创建股票池在个人主页的股票池页进行。一经创建，就可以在创建股票策略—选股设置页面里的“选择范围”使用股票池。选择范围默认是全部股票，用户可以通过下拉菜单看到可以使用的股票池。

基金池和股票池基本一样，区别是基金池里的代码都是基金代码，而股票池里的代码是股票代码。基金池目前不支持动态基金池，只有静态基金池和合成基金池。除了基金以外，静态基金池还可以放入指数代码，支持指数回测。如对上证指数进行回测，可以创建一个静态基金池，键入上证指数代码“000001I”，在果仁网里，所有的 A 股指数代码都有一个“I”（大写的 i）后缀，以区别于股票/基金代码。

第六节　自定义指标

果仁网现有的指标可能还不能满足用户的需要，那么就可以使用自定义指标。

读者需要注意，在公式里面不用写“ = ”符号。

目前自定义指标支持的计算表达式有：+、-、×、/等算数四则运算。下面笔者简要介绍一下，有兴趣的读者可以在果仁网自己操作。

日期前移函数

这里的时间，主要是指以当天为起始日，往前退 N 个交易日的对应值的函数。

（1）Ref（指标，天数）或者 Dateshift（指标，天数）

将指标的值前移几天。如“Ref（收盘价，5）”，就是 5 日前收盘价。

（2）BarRef（指标，天数）

取得指标几个 K 线 Bar 前的值，和 Ref（）功能类似，很多情况返回同样的值。区别是 Ref（）包括停牌日，BarRef（）跳过停牌日，只数 K 线图里的 Bar。

时序统计函数（纵向统计函数）

这些函数都是对指标在连续的一段日期里进行聚合运算，现在一共有 6 个单指标移动窗口函数，1 个双指标函数。

（1）MA（指标，天数）

计算指标在过去几个交易日（不包含停牌日）的平均值，如“MA（收盘价，5）”就是过去 5 日平均收盘价。

（2）EMA（指标，天数）

计算指标在过去几个交易日（不包含停牌日）的指数平均值，如“EMA（收盘价，5）”就是过去 5 日指数平均收盘价。

（3）Sum（指标，天数）

计算指标在过去几个交易日（不包含停牌日）的聚合值，如“Sum（当日成交量，10）”就是过去 10 日总成交量。

（4）Max（指标，天数）

计算指标在过去几个交易日（不包含停牌日）的最大值，如“Max（收盘价，10）”就是过去 10 日最高收盘价。

（5）Min（指标，天数）

计算指标过去几个交易日（不包含停牌日）的最小值，如“Min（收盘价，10）”就是过去 10 日最低收盘价。

（6）Stdev（指标，天数）

计算过去几天里的标准方差，如股价在过去 20 日涨幅波动率 =“Stdev（1 日涨幅，20）”。

以上的窗口函数，都会跳过停牌日期，如“Max（收盘价，10）”里面的 10 天不包含个股停牌的日期，如果想算入停牌日期，可以使用

MA2，EMA2，Sum2，Max2，Min2，Stdev2。

（7）Corr（指标 1，指标 2，天数）

计算在过去几天里两个指标的相关性。比如个股上证涨幅 20 日相关度 =“corr（1 日涨幅，#bench. change. 000001，20）”。Corr（）的计算不关心股票是否停牌，不会跳过停牌日。

（8）Covar（指标 1，指标 2，天数）

计算两个指标在过去 N 天的协方差。如“covar（1 日涨幅，收盘价，250）”返回 1 日涨幅和收盘价在过去 250 天的协方差。

（9）Var（指标 1，天数）

计算指标在过去 N 天的方差。如“var（收盘价，250）”返回收盘价在过去 250 天的方差。

股票统计函数

股票统计函数（横向统计函数）：在当天内对所有股票的某个指标进行统计。

（1）HMax（指标，范围）

范围等于 0 时，返回全部股票指标的最大值；范围等于 1 时，返回股票所在行业里的股票指标的最大值。如“HMax（收盘价，1）”返回股票所在行业里的股票最高收盘价。

（2）HMin（指标，范围）

范围等于 0 时，返回全部股票指标的最小值；范围等于 1 时，返回股票所在行业里的股票指标的最小值。如“HMin（收盘价，0）”返回所有股票里的最低收盘价。

（3）HAvg（指标，范围）

范围等于 0 时，返回全部股票指标的平均值；范围等于 1 时，返回股票所在行业里的股票指标的平均值。如“HAvg（市净率，1）”返回股票所在行业里的平均市净率。

（4）HWAvg（指标，权重指标，范围）

范围等于0时，返回全部股票指标的加权平均值；范围等于1时，返回股票所在行业里的股票指标的加权平均值。如“HWAvg（1日涨幅，总市值，1）”返回股票所在行业里的当天按市值加权平均涨幅。

（5）HMed（指标，范围）

范围等于0时，返回全部股票指标的中位数；范围等于1时，返回股票所在行业里的股票指标的中位数。如“HMed（净资产增长，1）”返回股票所在行业里的净资产增长率的中值。

（6）HSum（指标，范围）

范围等于0时，返回全部股票指标的和值；范围等于1，返回股票所在行业里的股票指标的和值。如“HSum（流通市值，1）”返回股票所在行业的总流通市值。

（7）HStdev（指标，范围）

范围等于0时，返回全部股票指标的标准方差；范围等于1，返回股票所在行业里的股票指标的标准方差。“HStdev（20日涨幅，1）”返回股票所在行业里的股票20日涨幅的标准方差，代表了行业内股票近期涨幅的离散度。

（8）HCorr（指标1，指标2，范围）

范围等于0时，返回全部股票的两个指标的相关度；范围等于1，返回股票所在行业里的股票两个指标的相关度。如“HCorr（20涨幅，市净率，0）”就是全部A股的20涨幅和市净率的相关度。

（9）HRank（指标，顺序标记，范围）

将所有股票按指标值排名，并返回排名名次。顺序标记 = 0，是由小到大排名，顺序标记 = 1，是由大到小排名。范围 = 0，全部A股，范围 = 1，行业内股票排名。如“HRank（收盘价，0，0）”，将所有A

股按照收盘价由小到大排名，并返回每个股票的名次。收盘价最低的股票 HRank 是1，第二低的 HRank 是2，依次类推。“HRank（收盘价，0，1）”，将所有股票在各自的行业内按收盘价由小到大排名，每个行业有自己的第一名，HRank 是 1 的股票有 20 多个。

（10） HRankScore（指标，顺序标记，范围）

将所有股票按指标值排名，并返回排名分。排名分在 0 到 100 之间，排在最前面的股票得分 100。排名分的具体计算规则在帮助文档中。顺序标记 = 0 ，是由小到大排名，顺序标记 = 1，是由大到小排名。范围 = 0，全部 A 股，范围 = 1，行业内股票排名。如“HRank Score（收盘价，0，0）”，将所有 A 股按照收盘价由小到大排名，并返回每个股票的排名分。收盘价最低的股票 HRankScore 是 100，第二低的 HRank Score 是 99.9，依次类推。

（11） CountStock（条件，范围）

计数符合条件的股票。范围等于 0，在全部股中计数；范围等于 1，在本行业内部计数。

“CountStock（1 日涨幅 > 0.05，0）”计算全股票中当日涨幅大于 5% 的股票个数。

“CountStock（1 日涨幅 > 0.05，1）”计算本行业中当日涨幅大于 5% 的股票个数。

“CountStock（后复权收盘价 >20 日复权价，0）/CountStock（收盘价 >0，0）”计算站在 20 日均线之上的股票占全部股票的比例。

注意：（1）当股票指标的值为空时，这只股票不参与统计。如“HAvg（市盈率，0）”计算全市场股票平均市盈率，市盈率为空值的股票不参与统计。（2）股票投资域或筛选条件的设定不影响横向统计函数的结果。

数学函数

（1） abs（指标）

指标的绝对值。例如，“abs（1 日涨幅）”返回 1 日涨幅的绝对值。

（2） log（指标）

指标的对数值。如指标是负值，返回空。如“log（收盘价）”返回收盘价的 Log 值。

（3） sqrt（指标）

指标的平方根。如指标是负值，返回空。如“sqrt（收盘价）”返回收盘价的平方根值。

（4） Round（指标）

将指标四舍五入取整数。如“Round（1.6）”=2，“Round（收盘价）”将收盘价的值四舍五入取整数。

（5） Mod（指标 1 指标 2 或者常数）

用指标 1 整除指标 2，再取余数。如“Mod（12，10）” = 2，“Mod（收盘价，10）”将收盘价整除 10 再取余数。

（6） Floor（指标）

将指标往下取整数。如“Floor（1.6）” = 1，“Floor（收盘价）”将收盘价往下取整。

（7） Power（指标，乘幂指数）

计算指标的乘幂。如“power（收盘价，2）”得到收盘价的平方，“power（收盘价，0.5）”得到收盘价的平方根。

合并函数

（1） Greater（指标 1，指标 2）

返回指标 1 和指标 2 之间较大的那个值。等价于“if（指标 1 >指标2，指标1，指标2)”。如“Greater（2，1）”=2，“Greater（收盘价，开盘价)”返回收盘价和开盘价较大的那个值。

（2）Less（指标1，指标2）

返回指标1和指标2之间较小的那个值。等价于“if（指标1 <指标2，指标1，指标2)”。如“Less（2，1）”=1，“Less（收盘价，开盘价)”返回收盘价和开盘价较小的那个值。

金叉死叉函数

（1）crossover（短线指标，长线指标）

金叉函数，如果短线指标上穿长线指标，返回1，否则返回0。如“crossover（5日复权均价，60日复权均价)”，当5日线上穿60线时，返回1；否则返回0。

（2）crossunder（短线指标，长线指标）

死叉函数，如果短线指标下穿长线指标，返回1，否则返回0。如“crossunder（5日复权均价，60日复权均价)”，当5日线下穿60线时，返回1；否则返回0。

日期统计函数

以下两个函数对于做技术分析非常有用。

（1）CountDays（条件，N）

统计在过去N个交易日里，条件值为真（>0）的天数。例如：

过去10天里涨停的天数=“CountDays（1日涨幅>0.0995，10)”；

过去30天里停牌的天数=“CountDays（成交量=0，30)”；

过去30天里出现金叉的天数=“CountDays（Crossover（5日复权均价，20日复权均价)，30)”。

（2） DaysLast （条件）

统计上次条件为真（ >0） 到当天间隔的天数。例如：

连续上涨天数 ＝“DaysLast（1 日涨幅 < = 0）”，就是现在到上次不上涨的那一天的天数；

连续交易的天数 =“DaysLast（当日成交量 = 0)”，也就是上一次停牌到现在的天数；

连续涨停的天数 =“DaysLast（1 日涨幅 < 0.0995)”，也就是距离上次没有涨停的天数。

（3） LastValue （指标，条件）

条件取值函数。在股票历史上任一天，返回从这一天往前算满足条件的最后那一天的指标值。如，“LastValue（收盘价，1 日涨幅 > 0.05)”返回最后一次涨幅大于 5% 的收盘价。

逻辑函数

（1） And （条件 1，条件 2）

两个输入都是非 0 数值，返回 1，否则返回 0。输入条件是关系表达式。And （1，1） 返回 1，And （1，0） 返回 0 ，And （1，空） 返回空。例如，有成交量低价格 =“ And （当日成交量 > 0，收盘价 < 5)”，在筛选条件里，可以直接使用“大于 0”或者“小于 1”来判定逻辑指标的真假。比如“有成交量低价格大于 0”可以选出“有成交量低价格”指标为真的所有股票，而“有成交量低价格小于 1”可以选出“有成交量低价格”指标为假的所有股票。

（2） Or （条件 1，条件 2）

两个输入有一个非 0 数值，返回 1，否则返回 0。输入条件是关系表达式。Or （0，1） 返回 1，Or （0，0） 返回 0 ，Or （1，空） 返回 1。例如，有成交量或者低价格 =“ Or （当日成交量 > 0，收盘价 < 5)”。

（3）Not（条件）

输入是一个非0数值，返回1，否则返回0。输入条件是关系表达式。Not（1）＝0，Not（0）＝1，Not（空）＝空。例如，没有成交量＝“Not（成交量＞0）”。

反身函数

（1）ticker（）

在股票策略里返回股票自身的股票代码。ticker（）需要和if表达式结合使用，可以对某只或某几只股票做特殊处理。例如：

“if（ticker（）＝‘000002’，1，0）”，对于万科A返回1，对于其他股票返回0；

“if（ticker（）＝‘000002’，后复权收盘价/MA（后复权收盘价，30）－1，后复权收盘价/MA（后复权收盘价，40）－1）”，对万科使用30日乖离率，对其他股票使用40日乖离率。

在基金策略中，ticker（）返回基金自身的基金代码，用法和在股票策略中一样。

（2）Industry（）

返回股票自身的行业代码，仅在股票策略中有效。行业代码在下表中列出。industry（）需要和if表达式结合使用，可以对某个行业的股票或某几个行业的股票做出特殊处理。

例如，股票估值低＝“if（industry（）＝25，市盈率＜10，市盈率＜30）”，如果当前股票属于银行业，市盈率小于10就返回真（1），如果当前股票不属于银行业，市盈率小于30就返回真（1）。

表 12－15　行业代码列表

代码	行业	代码	行业
0	交通运输	14	机械设备
1	休闲服务	15	汽车
2	传媒	16	电子
3	公用事业	17	电气设备
4	农林牧渔	18	纺织服装
5	化工	19	综合
6	医药生物	20	计算机
7	商业贸易	21	轻工制造
8	国防军工	22	通信
9	家用电器	23	采掘
10	建筑材料	24	钢铁
11	建筑装饰	25	银行
12	房地产	26	非银金融
13	有色金属	27	食品饮料

大盘指标变量

（1）#Bench. Close. 指数代码

返回某个指数的收盘价。如“#Bench. Close. 000001”是上证指数的收盘价，而“#Bench. Close. 000300”是沪深 300 的收盘价。

（2）#Bench. open. 指数代码

返回某个指数的当日开盘价。如“#Bench. open. 000001”是上证指数的当日开盘价，而“#Bench. open. 000300”是沪深 300 的当日开盘价。

（3）#Bench. high. 指数代码

返回某个指数的当日最高价。如“#Bench. high. 000001”是上证指数的当日最高价，而“#Bench. high. 000300”是沪深 300 的当日最高价。

（4）#Bench. low. 指数代码

返回某个指数的当日最低价。如“#Bench. low. 000001”是上证指数的当日最低价，而“#Bench. low. 000300”是沪深 300 的当日最低价。

（5）#Bench. Change. 指数代码

返回某个指数的日涨幅。如“#Bench. Change. 000001”是上证指数的日涨幅，而“#Bench. Change. 399006”是创业板的日涨幅。

（6）#Bench. Vol. 指数代码

返回某个指数的成交量。如“#Bench. Vol. 000001”是上证指数的成交量，而“#Bench. Vol. 399006”是创业板的成交量。

（7）#Bench. Amt. 指数代码

返回某个指数的成交额。如“#Bench. Amt. 00001”是上证指数的成交额，而“#Bench. Amt. 399006”是创业板的成交额。

（8）#Bench. PE. 指数代码

返回某个指数的加权市盈率。加权市盈率 = 指数成分股的总市值/指数成分股的总利润 TTM。如“#Bench. PE. 000001”是上证指数成分股的加权平均市盈率，而“#Bench. PE. 000300”是沪深 300 成分股的加权平均市盈率。

（9）#Bench. PE2. 指数代码

返回某个指数的调和市盈率。调和市盈率 = 指数成分股 PE 倒数的均值的倒数，即 1 / Avg（成分股 E/P）。这样算出来的 PE 近似于指数 PE 中值，且更加合理。如“#Bench. PE2. 000001”是上证指数成分股的调和平均市盈率，而“#Bench. PE2. 000300”是沪深 300 成分股的调和平均市盈率。

（10）#Bench. PB. 指数代码

返回某个指数的加权市净率。加权市净率 = 指数成分股的总市值 / 指数成分股的总净值。如“#Bench. PB. 000001”是上证指数成分股的加权平均市净率，而“#Bench. PB. 000300”是沪深 300 成分股的加权平均市净率。

（11）#Bench. PB2. 指数代码

返回某个指数的调和市净率。指数成分股 PB 倒数的均值的倒数，即 1 / Avg（成分股 B/P）。这样算出来的 PB 是比较合理的指数 PB 中值。如“#Bench. PB2. 000001”是上证指数成分股的调和平均市净率，而“#Bench. PB2. 000300”是沪深 300 成分股的调和平均市净率。

（12）#Bench. zt. 指数代码

指数成分股的涨停比例，如“#Bench. zt. 000001”是上证指数成分股涨停比例。

（13）#Bench. dt. 指数代码

指数成分股的跌停比例，如“#Bench. dt. 000001”是上证指数成分股跌停比例。

（14）#Bench. up. 指数代码

指数成分股的上涨比例，如“#Bench. up. 000001”是上证指数成分股上涨比例。

（15）#Bench. down. 指数代码

指数成分股的下跌比例，如“#Bench. down. 000001”是上证指数成分股下跌比例。

大盘指标变量可以用于个股指标和大盘之间的比较。例如：

个股相对沪深 300 涨幅 =“1 日涨幅 – #Bench. Change. 000300”

上证指数 20 天移动平均 =“MA2（#Bench. Close. 000001，20）”

注意：对大盘指数做移动平均，需要使用 MA2。

上证指数 20 天 Bias =“# Bench. Close. 000001 / MA2（# Bench. Close. 000001，20）– 1”

相对沪深 300 市盈率差值 =“市盈率 – #Bench. PE. 000300”

所有的使用大盘变量的窗口函数都要加个“2”作为后缀，如 MA2，Max2，Min2，EMA2，Sum2，stdev2。

现在支持的指数有：000001 上证指数、000010 上证 180、000012 国债指数、000013 企债指数、000016 上证 50、000300 沪深 300、000902 中证流通、399001 深证成指、399005 中小板指 P、399006 创业板指、399330 深证 100。

季报函数

季报函数只能用于季报指标计算。

（1） RefQ（季报指标，前移季度数 N）

返回从最新季报往前 N 个季度的财报指标。如“RefQ（营业收入，1）”，返回最新季报往前一个季度的营业收入。比如现在某只股票的最新季报是 2016Q2，“RefQ（营业收入，1）”是这只股票在 2016Q1 的营业收入，而“RefQ（营业收入，4）”是这只股票在 2015Q2 的营业收入。“Ref（营业收入，250）”是这只股票 250 个交易日前的最新季报的营业收入。

（2） TTM（季报指标，前移季度数）

返回股票最新 4 个季度指标加在一起的值。如“TTM（营业收入，0）”，返回最新 4 个季报营业收入之和，“TTM（营业收入，4）”返回 1 年前的 4 个季报营业收入之和。

（3） SumQ（季报指标，季度数 N，前移季度数）

返回股票最新 N 个季度指标之和。如“SumQ（营业收入，4，0）” = TTM（营业收入，0）。

（4） AvgQ（季报指标，季度数 N，前移季度数）

返回股票最新 N 个季度指标之平均值。如“AvgQ（资产合计，4，0）”，返回最新 4 个季度的总资产平均值；“AvgQ（资产合计，4，4）”，返回 4 个季度前的 4 个季度的总资产平均值。

注意：以上季报函数只能用于一个原始季报指标，不能用于其他类型的指标，也不能和其他函数嵌套使用。以下为使用错误的案例：

RefQ（市盈率，1）：收盘价不是原始季报指标，不能用 RefQ（）函数。

RefQ（营业收入 - 营业支出，1）：RefQ 只支持一个指标，不支持表达式。

RefQ（TTM（营业收入，0），1）：季报函数不支持函数嵌套，可使用 TTM（营业收入，1）计算一个季度前的营业收入 TTM。

用户创建一个自定义指标后，可以和使用其他公共指标一样使用这个指标，可以用于筛选条件或排名条件中。

注意事项

（1）自定义指标中只能包含中文、英文、数字，不能包含空格、标点符号、括号、计算符号等。如指标名“5 日 MA（收盘价）”“5 日收盘价 - 10 日收盘价”等，都是不合规则的指标名。当指标名不合规则时，后台计算很容易出错。

（2）自定义指标表达式里使用到的公共指标名称必须和界面上的指标名字一样，用户不能随便使用自己想到的指标名字。如 5 日均价在界面上是“5 日复权均价”，用户不能随便用其他名字表示 5 日均价，如“5 日均价”“5 天均线”都不可以。

（3）表达式里不能有负数，如“ - 1”。用户可以用一个简单的表达式来表示负数，如用“(0 - 1)”来表示 - 1。

（4）自定义指标表达式现在既支持函数嵌套功能，也支持自定义指标之间的嵌套。如“1 日前 10 天总成交额”可以用嵌套表达式“dateshift（sum（当日成交额，10），1）”，也可以定义两个指标，并将第一个指标嵌入第二个指标：10 天总成交额 = sum（当日成交额，10）；1 日前 10 天总成交额 = dateshift（10 天总成交额，1）。

第七节　常用自定义案例

前文讲了一大堆自定义，仅仅列举这些略显复杂的函数估计会让一部分读者摸不着头脑。下面，笔者将通过案例介绍如何在实战中使用自定义。

超跌反弹自定义因子

超跌反弹是一个很好的量化因子，但在果仁网中，只有 1 日涨幅、5 日涨幅、20 日涨幅、60 日涨幅、120 日涨幅、250 日涨幅，而通过回测知道，在这些涨幅中，收益率应该和 60 日涨幅负相关最强，即 60 日跌幅最大，收益率最高。那么，进一步思考，60 日是不是最佳日呢？我们是否可以做个自定义因子来回测一下？答案是肯定的。

定义 N 日涨幅 = 后复权收盘价/ref（后复权收盘价，N） -1。用后复权收盘价主要是考虑到分红除权的因子。N = 10，ref（后复权收盘价，10）就是 10 个交易日前的收盘价，以此类推。通过果仁平台，计算了从 1 个交易日到 80 个交易日跌幅最大的因子，平均持有 10 只股票，5 个交易日轮动一次，单边交易及冲击成本 0.2%，剔除日成交额 1000 万元以下和涨跌停数据。统计结果如图 12 - 6 和表 12 - 16 所示。

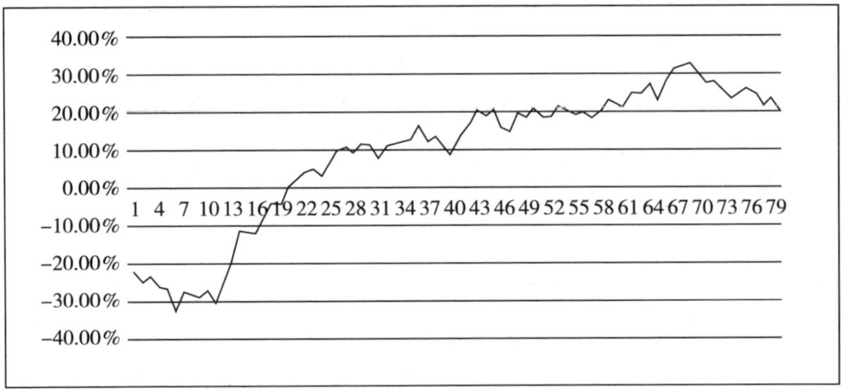

图 12 - 6　不同天数跌幅对应的年化收益率

表 12 - 16　不同天数跌幅对应的年化收益率

天数	2007 年	2008 年	2009 年	2010 年	2011 年	2012 年	2013 年	2014 年	2015 年	2016 年	2017 年	年化
1	56.41%	-74.69%	45.59%	0.64%	-54.71%	-24.82%	-17.47%	15.77%	-22.42%	-40.51%	-12.17%	-22.48%
2	113.13%	-70.13%	32.83%	-18.18%	-57.51%	-37.96%	-16.39%	19.80%	-20.80%	-61.58%	-4.68%	-25.25%
3	117.04%	-74.24%	46.57%	-26.72%	-62.19%	-22.15%	-8.82%	-1.30%	-20.99%	-41.69%	-6.96%	-23.36%
4	99.85%	-78.10%	78.59%	-13.01%	-56.60%	-29.29%	-23.39%	-15.89%	-16.96%	-56.00%	-5.09%	-26.20%
5	72.10%	-80.12%	96.38%	-18.10%	-51.24%	-37.93%	-24.13%	-5.85%	-22.61%	-50.71%	-6.39%	-26.87%
6	74.68%	-82.08%	111.69%	-29.00%	-56.35%	-47.61%	-33.92%	-24.75%	-34.95%	-45.69%	-8.47%	-33.10%
7	75.12%	-75.68%	103.99%	-32.11%	-45.46%	-37.24%	-34.57%	-11.51%	-39.52%	-42.15%	-5.13%	-27.52%

续表

天数	2007 年	2008 年	2009 年	2010 年	2011 年	2012 年	2013 年	2014 年	2015 年	2016 年	2017 年	年化
8	59.71%	-77.29%	109.95%	-35.76%	-51.04%	-39.33%	-28.29%	-16.41%	-37.54%	-37.50%	-0.29%	-28.49%
9	67.18%	-76.25%	109.70%	-47.68%	-53.11%	-36.22%	-21.26%	-16.28%	-44.24%	-35.28%	3.23%	-28.89%
10	83.24%	-74.26%	82.40%	-34.61%	-57.43%	-43.09%	-14.01%	-17.24%	-36.70%	-35.18%	-1.01%	-27.41%
11	43.66%	-73.93%	89.51%	-42.93%	-55.63%	-44.96%	-16.78%	-20.53%	-42.66%	-33.87%	-0.81%	-30.72%
12	42.87%	-73.61%	97.06%	-19.06%	-55.28%	-42.94%	-7.49%	5.63%	-45.73%	-29.36%	0.52%	-24.60%
13	50.63%	-74.81%	97.36%	-16.85%	-43.88%	-42.24%	-2.58%	4.27%	-23.22%	-28.91%	-4.47%	-19.87%
14	67.02%	-73.18%	101.85%	-12.72%	-47.56%	-36.81%	12.85%	6.20%	-11.42%	-2.05%	3.90%	-11.77%
15	74.28%	-73.62%	109.59%	-16.85%	-37.29%	-34.91%	20.15%	1.91%	-13.63%	-19.69%	2.34%	-11.71%
16	72.02%	-75.64%	81.58%	-4.20%	-33.57%	-34.50%	13.68%	-2.58%	-15.09%	-5.26%	-2.83%	-12.02%
17	116.32%	-68.75%	80.91%	-0.92%	-44.73%	-26.96%	2.68%	16.47%	-13.25%	-5.68%	-5.39%	-7.55%
18	95.69%	-71.96%	111.92%	-4.10%	-34.90%	-25.07%	9.70%	10.89%	22.66%	-14.09%	-7.11%	-4.21%
19	90.84%	-69.91%	79.73%	-0.49%	-34.62%	-31.45%	16.82%	17.65%	16.17%	-15.23%	-1.20%	-4.69%
20	172.72%	-65.53%	101.03%	-6.49%	-40.96%	-33.84%	4.45%	49.22%	4.51%	-7.88%	-1.40%	0.21%
21	137.81%	-65.26%	124.63%	-1.27%	-46.49%	-27.56%	18.06%	33.15%	9.27%	-2.98%	-0.52%	1.63%
22	123.22%	-64.32%	149.74%	-9.31%	-32.43%	-32.08%	26.98%	50.42%	19.81%	-24.02%	4.11%	4.09%
23	129.19%	-62.39%	129.40%	-6.05%	-32.69%	-27.25%	28.44%	40.55%	25.58%	-25.12%	2.67%	4.67%
24	102.39%	-64.47%	100.36%	8.69%	-32.96%	-32.00%	22.89%	19.41%	44.05%	-14.98%	1.21%	2.62%
25	130.45%	-64.34%	129.81%	14.55%	-25.24%	-30.90%	22.15%	22.23%	20.97%	-10.36%	-4.17%	5.60%
26	104.27%	-63.40%	153.10%	24.33%	-29.77%	-10.35%	22.94%	22.97%	33.90%	-11.11%	-3.50%	9.81%
27	126.94%	-62.99%	124.29%	11.76%	-28.70%	-10.72%	29.27%	38.14%	31.55%	-10.52%	-0.97%	10.70%
28	119.35%	-64.00%	93.92%	8.95%	-34.90%	3.60%	32.13%	43.16%	47.78%	-21.53%	-3.67%	8.96%
29	103.55%	-62.11%	148.57%	23.62%	-33.40%	5.82%	18.80%	41.04%	51.00%	-26.23%	-4.07%	11.46%
30	138.39%	-66.45%	135.18%	7.99%	-32.76%	-0.90%	26.24%	22.91%	84.67%	-24.27%	-1.78%	11.07%
31	142.69%	-61.89%	111.42%	10.99%	-37.13%	-1.86%	7.82%	16.73%	57.05%	-20.12%	-2.93%	7.38%
32	94.52%	-63.80%	105.23%	16.31%	-32.94%	3.00%	23.78%	33.23%	79.38%	-16.51%	-2.38%	10.73%
33	147.58%	-56.70%	96.46%	10.76%	-38.79%	16.02%	21.01%	20.20%	74.13%	-24.79%	-1.69%	11.87%
34	139.94%	-60.99%	94.55%	17.65%	-41.75%	20.35%	18.64%	31.57%	83.52%	-18.68%	-6.01%	12.52%
35	130.53%	-61.97%	95.18%	7.87%	-34.14%	25.89%	19.66%	22.06%	109.59%	-24.30%	-5.54%	12.72%
36	124.97%	-59.11%	88.93%	7.85%	-33.28%	26.18%	16.89%	31.83%	135.97%	-16.42%	-3.92%	16.34%
37	85.58%	-58.83%	99.59%	17.58%	-29.89%	21.27%	5.65%	41.38%	81.26%	-23.44%	-2.43%	11.80%
38	82.67%	-57.09%	116.76%	24.47%	-33.43%	24.23%	-5.42%	46.77%	102.85%	-27.06%	-0.57%	13.44%
39	79.77%	-62.22%	97.57%	19.90%	-30.00%	21.78%	5.88%	47.02%	77.04%	-24.11%	1.72%	11.19%
40	91.41%	-63.23%	82.05%	32.51%	-29.37%	15.29%	3.84%	32.32%	66.66%	-30.18%	-1.52%	8.01%
41	105.00%	-52.88%	90.12%	21.22%	-24.02%	15.80%	21.12%	24.98%	68.17%	-25.14%	0.47%	13.99%
42	106.77%	-53.82%	81.76%	22.15%	-25.05%	20.92%	23.80%	25.24%	111.13%	-28.65%	1.94%	16.26%
43	127.68%	-52.71%	128.09%	20.08%	-26.51%	6.55%	8.26%	27.51%	140.61%	-17.81%	2.18%	20.27%
44	103.57%	-49.48%	128.60%	20.32%	-36.00%	17.11%	21.46%	29.92%	107.25%	-21.10%	4.03%	18.80%
45	140.23%	-54.55%	136.72%	19.31%	-34.63%	9.74%	21.59%	32.58%	116.70%	-15.82%	1.80%	20.60%
46	110.10%	-58.56%	102.41%	11.02%	-24.35%	4.67%	16.12%	42.69%	102.09%	-20.55%	4.80%	15.60%
47	115.68%	-59.76%	117.73%	11.42%	-34.85%	4.97%	15.75%	50.02%	88.88%	-18.48%	2.84%	14.60%
48	112.69%	-58.14%	115.28%	31.80%	-33.54%	9.00%	21.05%	43.48%	115.57%	-11.73%	-0.32%	19.48%
49	150.41%	-60.07%	126.82%	30.59%	-36.46%	4.59%	17.49%	53.35%	85.44%	-13.51%	-2.91%	18.44%
50	201.45%	-63.09%	128.34%	15.39%	-33.61%	13.47%	20.93%	57.81%	87.33%	-13.44%	0.72%	21.06%
51	182.89%	-61.82%	145.97%	18.24%	-25.83%	0.26%	8.23%	51.03%	54.54%	-14.42%	7.29%	18.22%
52	163.91%	-62.26%	127.84%	17.68%	-28.24%	8.54%	13.50%	70.24%	63.66%	-18.38%	4.51%	18.63%
53	187.55%	-58.36%	151.65%	24.68%	-32.52%	10.99%	9.40%	53.96%	70.33%	-15.37%	3.10%	21.34%
54	187.24%	-58.02%	143.09%	27.01%	-37.28%	11.80%	19.35%	70.78%	71.43%	-26.99%	-0.97%	20.55%
55	150.31%	-61.00%	141.84%	30.08%	-33.33%	19.53%	11.43%	60.35%	62.50%	-17.70%	-0.46%	19.06%
56	150.45%	-61.18%	144.34%	32.55%	-31.62%	10.30%	16.13%	68.80%	61.72%	-17.07%	-0.57%	19.83%
57	166.74%	-61.18%	158.24%	29.37%	-37.31%	21.93%	6.39%	76.93%	29.68%	-15.23%	-0.82%	18.24%
58	175.87%	-61.32%	148.52%	30.23%	-27.77%	17.89%	7.99%	60.14%	40.56%	-8.83%	-3.65%	19.96%
59	150.83%	-60.78%	141.01%	31.44%	-21.14%	24.15%	18.20%	56.30%	49.26%	0.16%	-3.63%	23.06%
60	172.64%	-60.53%	148.74%	11.98%	-28.52%	20.34%	11.10%	62.28%	53.40%	3.40%	-1.88%	21.66%
61	153.96%	-63.29%	149.22%	25.78%	-31.33%	21.48%	9.37%	61.12%	78.28%	-8.20%	0.41%	21.36%
62	178.36%	-64.80%	148.07%	25.77%	-26.72%	14.60%	6.48%	79.22%	114.95%	-2.82%	-5.02%	25.27%
63	173.10%	-62.43%	150.57%	26.05%	-21.42%	17.89%	12.75%	69.57%	89.58%	-12.81%	-2.17%	24.70%
64	182.06%	-64.85%	159.79%	32.62%	-22.00%	23.54%	15.61%	68.22%	94.32%	-8.33%	-0.37%	27.22%
65	169.61%	-63.43%	139.30%	42.44%	-32.18%	24.26%	3.98%	55.49%	90.42%	-6.01%	-0.77%	23.08%
66	190.47%	-62.99%	144.81%	45.07%	-24.16%	33.72%	7.08%	53.02%	82.23%	4.79%	1.78%	28.25%
67	178.66%	-63.76%	174.75%	34.70%	-22.54%	37.85%	22.66%	56.25%	108.49%	0.50%	-1.99%	31.37%
68	160.96%	-63.78%	190.43%	27.57%	-30.34%	32.33%	38.47%	47.95%	150.37%	-1.38%	0.16%	31.90%
69	164.59%	-64.22%	177.52%	36.31%	-22.17%	24.95%	38.61%	54.05%	156.05%	-8.51%	0.76%	32.82%
70	167.83%	-59.47%	189.68%	18.43%	-32.16%	25.96%	36.17%	57.22%	126.72%	-5.65%	-0.36%	30.35%

续表

天数	2007 年	2008 年	2009 年	2010 年	2011 年	2012 年	2013 年	2014 年	2015 年	2016 年	2017 年	年化
71	152.91%	-56.76%	175.47%	28.76%	-26.25%	15.52%	14.24%	55.02%	128.90%	-13.21%	-1.97%	27.26%
72	154.38%	-54.74%	160.41%	38.41%	-28.03%	17.08%	14.65%	55.10%	105.38%	-6.97%	1.44%	27.96%
73	142.00%	-56.18%	139.02%	53.44%	-26.02%	14.69%	8.10%	46.25%	123.95%	-16.77%	-4.20%	24.74%
74	136.18%	-58.07%	140.15%	36.99%	-25.72%	14.89%	5.50%	46.83%	152.20%	-18.57%	-4.98%	23.48%
75	147.95%	-55.52%	146.48%	40.87%	-28.99%	12.05%	3.34%	43.20%	148.88%	-11.32%	-3.87%	25.07%
76	185.87%	-45.82%	159.10%	28.04%	-29.65%	5.86%	4.85%	48.90%	141.76%	-24.93%	-4.21%	26.10%
77	164.95%	-52.85%	150.76%	24.01%	-26.83%	11.99%	14.47%	44.07%	146.78%	-20.54%	-8.39%	24.89%
78	149.00%	-51.73%	119.93%	11.69%	-31.80%	11.98%	10.19%	59.71%	136.85%	-15.53%	-9.47%	21.58%
79	160.47%	-58.90%	115.71%	30.39%	-31.17%	17.95%	12.28%	50.67%	150.61%	-10.01%	-9.36%	23.55%
80	183.80%	-56.12%	126.65%	11.49%	-35.29%	15.55%	5.72%	44.69%	149.64%	-22.91%	-9.06%	20.00%
沪深300	157.53%	-65.95%	96.72%	-12.52%	-25.01%	7.56%	-7.64%	51.65%	5.58%	-11.28%	2.22%	4.97%

从图 12－6 和表 12－16 可以清晰地看到，刚开始因为下跌的惯性，一路负收益，到 20 个交易日开始转正，一直到 69 个交易日，年化收益率高达 32.82%，然后收益率又开始下滑。再看如果不是 5 个交易日轮动一次的情况，固定 69 个交易日的跌幅作为超跌因子，从 1 个交易日到 10 个交易日轮动一次，结果如表 12－17 所示。

从表 12－17 可以看出，还是 5 个交易日轮动一次为最佳。

表 12－17　不同轮动天数对应的年化收益率

天数	2007 年	2008 年	2009 年	2010 年	2011 年	2012 年	2013 年	2014 年	2015 年	2016 年	2017 年	年化
1	186.93%	-67.17%	175.41%	36.34%	-37.42%	27.70%	13.71%	36.16%	33.78%	-18.11%	-3.73%	16.36%
2	159.49%	-67.61%	179.13%	21.24%	-33.52%	27.64%	26.65%	48.35%	48.69%	-8.30%	-0.78%	19.69%
3	163.60%	-66.61%	202.36%	28.60%	-30.37%	34.88%	38.03%	49.08%	120.68%	-4.64%	-0.21%	29.78%
4	140.80%	-62.59%	240.65%	12.03%	-31.23%	34.28%	35.03%	48.04%	96.93%	-6.77%	-0.24%	27.51%
5	164.59%	-64.22%	177.52%	36.31%	-22.17%	24.95%	38.61%	54.05%	156.05%	-8.51%	0.76%	32.82%
6	121.63%	-64.05%	148.57%	25.51%	-27.59%	52.59%	38.22%	51.81%	105.22%	-21.38%	-1.26%	24.56%
7	130.08%	-50.55%	138.65%	26.73%	-35.50%	49.80%	38.27%	56.67%	117.43%	-9.33%	-5.56%	29.32%
8	139.12%	-58.87%	178.00%	14.46%	-40.62%	40.68%	22.47%	43.86%	133.56%	-10.59%	-3.03%	24.76%
9	145.61%	-58.47%	146.61%	34.96%	-32.38%	51.38%	4.33%	66.72%	119.64%	-22.97%	-6.16%	25.11%
10	134.07%	-60.87%	147.94%	33.93%	-33.20%	29.85%	23.64%	33.87%	113.74%	-18.32%	-2.19%	22.02%

另外，通过分析这几年的收益率可以看出，2015 年 156.05% 的收益率，远远超过当年沪深 300 的 5.58% 的涨幅，主要原因在于 2015 年的暴跌，给了抄底者很大的超额收益。这也给了我们一个很大的启发，就是在经过一轮暴跌后适时买入超跌股是一个很好的策略。

PE、PB、PS 优化自定义因子

在传统的投资理念中，更多的是讲定性而非定量。而经过精细的定量分析，我们会从传统投资理念中挖掘出更多的有价值的东西。

上面列举了超跌反弹的自定义因子，下面再来看如何通过自定义因子来优化PE（市盈率）、PB（市净率）、PS（市销率）等传统因子。借助果仁网平台，先对这三个指标做个回测，时间为2007年1月4日—2017年2月17日，平均每20个交易日换一次，平均持有这三个指数中市值最小的10只股票，剔除所有的ST股和日成交额1000万元以下的股票，单向交易成本平均0.2%。PE、PB、PS的年化收益率分别为21.54%、30.64%、30.20%，远远超过同期沪深300年化涨幅的5.08%。但仍有提升的空间，下面就演示优化自定义因子的过程。

先来看PE的定义，PE＝总市值/最近12个月归属于母公司所有者的净利润。为了理解和计算方便，在果仁网采用“TTM（季度值，0）”这个函数，表明是最近4个季度值的累加。同样道理，定义了：

每元营业利润＝TTM（营业利润，0）/总市值

每元利润总额＝TTM（利润总额，0）/总市值

每元净利润＝TTM（净利润，0）/总市值

每元所有者净利润＝TTM（归属于母公司所有者的净利润，0）/总市值＝1/PE

以此类推，定义了收入、资产、权益方面的指标：

每元营业总收＝TTM（营业总收入，0）/总市值＝1/PS

每元营业收入＝TTM（营业收入，0）/总市值

每元资产总计＝TTM（资产总计，0）/总市值

每元股东权益合计＝TTM（归属母公司股东权益合计，0）/总市值＝1/PB

每元所有者权益合计＝TTM（所有者权益合计，0）/总市值

每元资本公积＝TTM（资本公积，0）/总市值

每元未分配利润＝TTM（未分配利润，0）/总市值

在同样条件下，回测结果如表12－18所示。

表 12 - 18　用自定义因子优化 PE、PB、PS

大类	指数	收入		利润				资产	权益				
名称	沪深 300	每元营业总收入	每元营业收入	每元营业利润	每元利润总额	每元净利润	每元所有者净利润	每元资产总计	每元股东权益合计	每元所有者权益合计	每元资本公积	每元未分配利润	平均
自定义公式		TTM（营业总收入，0）/总市值	TTM（营业收入，0）/总市值	TTM（营业利润，0）/总市值	TTM（利润总额，0）/总市值	TTM（净利润，0）/总市值	TTM（归属于母公司所有者的净利润，0）/总市值	TTM（资产总计，0）/总市值	TTM（归属母公司股东权益合计，0）/总市值	TTM（所有者权益合计，0）/总市值	TTM（资本公积，0）/总市值	TTM（未分配利润，0）/总市值	
备注		1/市销率					1/市盈率		1/市净率				
比较		全部	全部	全部	全部	全部	全部	行业内	行业内	行业内	行业内	行业内	
2007 年	157.53%	201.56%	164.88%	234.91%	240.33%	209.60%	232.54%	292.66%	215.03%	272.53%	217.08%	263.89%	231.36%
2008 年	-65.95%	-56.20%	-55.05%	-54.09%	-66.32%	-65.05%	-66.76%	-60.72%	-45.55%	-42.90%	-50.64%	-61.46%	-56.79%
2009 年	96.72%	160.58%	156.82%	226.36%	218.44%	163.72%	217.76%	216.31%	177.98%	225.49%	132.96%	221.46%	192.53%
2010 年	-12.52%	6.48%	11.33%	4.10%	-7.45%	-3.43%	-15.66%	1.59%	-3.85%	0.73%	-6.02%	4.95%	-0.66%
2011 年	-25.01%	-19.52%	-19.85%	-6.22%	-29.50%	-11.24%	-26.73%	-22.54%	-16.87%	-13.30%	-26.86%	-26.93%	-19.96%
2012 年	7.56%	3.52%	13.15%	44.38%	18.28%	38.14%	17.96%	11.96%	11.83%	17.25%	11.26%	19.86%	18.87%
2013 年	-7.64%	17.68%	24.12%	4.74%	9.53%	-0.50%	14.17%	15.73%	-1.62%	7.91%	-7.70%	2.97%	7.91%
2014 年	51.65%	108.71%	107.53%	106.65%	68.84%	90.38%	58.81%	88.88%	100.83%	81.43%	90.41%	72.83%	88.66%
2015 年	5.58%	87.05%	101.74%	20.95%	96.82%	41.33%	62.74%	70.73%	72.95%	101.25%	90.14%	30.77%	70.59%
2016 年	-11.28%	0.63%	0.94%	0.32%	-4.54%	3.29%	-5.47%	-13.36%	-1.76%	-6.59%	-7.17%	6.68%	-2.46%
2017 年	3.37%	2.36%	-1.51%	4.39%	2.28%	5.02%	0.83%	7.28%	4.49%	7.78%	4.62%	5.21%	3.89%
总收益	65.06%	1344.77%	1494.84%	1839.22%	901.32%	881.43%	620.07%	1391.10%	1395.19%	2712.41%	804.84%	982.49%	1306.15%
年化收益率	5.08%	30.20%	31.48%	34.04%	25.57%	25.32%	21.54%	30.61%	30.64%	39.06%	24.32%	26.54%	29.03%

从表 12 - 18 可以看出，每元营业收入对应的年化收益率 31.48%，比每元营业总收入（1/PS）对应的 30.20% 好。用每元营业利润对应的年化收益率 34.04%，比用每元所有者净利润（1/PE）对应的 21.54% 要好，用每元所有者权益合计对应的年化收益率 39.06%，比每元归属母公司股东权益对应的 30.64% 要好。包括每元资产总计对应的年化收益率高达 30.61%，也是一个非常好的自定义因子。

以上这些因子均不包含小市值，所以不管外界如何变化，即使是小市值因子全部失效，量化投资依然会在 A 股市场继续有效。因此，杞人忧天是不可取的，与其像有些人那样整天怨声载道，还不如静下心来好好做些准备。

行业内排名

上面讲到市盈率、市净率因子轮动时，都讲到行业内轮动的效果比全市场好得多，那么什么是行业内轮动，行业内如何计算排名，为什么一般在行业内轮动的效果好？

我们还是用果仁平台，来看市净率因子，如果把整个市场每只股票的市净率从小到大排序，那么前 10 名全部是破净的银行股，如果简单地按照整个市场的市净率排序轮动，那么很有可能很长时间其排序变动很少甚至不变动，其收益只是期待整个市场的涨幅。但如果我们分行业排序呢？这里的行业用了申万一级行业的28个行业，每只股票的排序仅仅在行业内进行，其每只股票对应的得分 = （本行业内股票数 - 行业内股票排名 + 1）/本行业内股票数×100，最高得分100分，最低得分接近0分，如果出现得分相同，那么市盈率小的排名在前。

笔者列出了2017年4月底的市净率排名前30名的股票明细，如果简单地按照市净率排名，那么前10名对应的全部是银行股，如果按照行业内排名，那么交通运输的赣粤高速、钢铁的鞍钢股份、采掘的中煤能源等都可以排名靠前了。

为什么按照行业排序轮动往往比全市场的效果更好呢？主要是股市存在板块效应，因为板块内的比价效应，导致了股票分散在每个板块的效果比集中在某一两个板块要好很多。当然有时会在相当长的一段时间内出现某一个板块走强，但长期来看还是会出现板块轮动的。

表12-19　行业内PB策略

行业分类	股票名	股票代码	市净率	行业内市净率排名	市净率排名
银行	交通银行	601328	0.74	1	1
银行	光大银行	601818	0.76	127	2
银行	中国银行	601988	0.76	237	3
银行	平安银行	000001	0.78	352	4
银行	华夏银行	600015	0.82	462	5
银行	农业银行	601288	0.82	574	6
银行	中信银行	601998	0.87	688	7
银行	工商银行	601398	0.87	801	8
银行	兴业银行	601166	0.90	912	9
银行	民生银行	600269	0.90	1027	10
交通运输	赣粤高速	600269	0.91	2	11
钢铁	鞍钢股份	000898	0.92	3	12
交通运输	中原高速	600020	0.92	45	13
采掘	中煤能源	601898	0.95	4	14
银行	浦发银行	600000	0.95	1136	15
银行	建设银行	601939	0.95	1252	16
采掘	兰花科创	600123	0.98	66	17
采掘	上海能源	600508	0.99	121	18
房地产	世茂股份	600823	1.00	5	19
化工	中国石化	600028	1.00	6	20
化工	鲁西化工	000830	1.01	30	21
机械设备	中联重科	000157	1.02	7	22

续表

行业分类	股票名	股票代码	市净率	行业内市净率排名	市净率排名
交通运输	海南航空	600221	1.04	75	23
化工	湖北宜化	000422	1.05	36	24
银行	北京银行	601169	1.05	1362	25
综合	东方集团	600811	1.06	8	26
轻工制造	晨鸣纸业	000488	1.07	9	27
交通运输	中远海能	600026	1.08	105	28
轻工制造	华泰股份	600308	1.10	41	29
汽车	悦达投资	600805	1.11	10	30

第八节　基金

果仁网除了能用在股票上，还能用在基金上，其原理基本是一样的，只不过很多财务指标在基金中用不上或者缺乏数据无法使用。笔者还是通过一个案例来说明量化基金是如何在果仁网上实现的。

分级 A 具有很强的同质性。绝大部分分级 A 都是每年定期付息，付息不是现金而是等值的母基金，需要你自己赎回或者拆分后卖出才能变现。

A 基约定收益率 = 基准利率 + 浮动利率，这个浮动利率一般在 3% ~5%，每只基金不一样，一般在基金合同里会规定，基准利率就是一年期银行存款利息。

A 基修正收益率 = 下期利率 / [A 交易价格 －（A 净值 － 1）+ 定折剩余年限 ×（下期利率 － 本期利率）]，当本期利率 = 下期利率时，A 基修正收益率 = 下期利率 / [A 交易价格 －（A 净值 － 1）]。

修正收益率和约定收益率成正相关关系，我们可以用自定义算出最小二乘法的差额，这个差额越大，将来回归动力越大。需要先定义一个静态基金池，是所有具有永续特点而且 A 基约定收益率 = 基准利率 + 浮动利率的分级 A，名单如表 12 – 20 所示。

表 12－20 分级 A 名单

代码	名称	代码	名称	代码	名称	代码	名称	代码	名称	代码	名称	代码	名称
150012	双禧 A	150092	诺德 300A	150171	证券 A	150217	新能源 A	150261	医疗 A	150303	创业 50A	502017	带路 A
150018	银华稳进	150094	泰信 400A	150173	TMT 中证 A	150219	健康 A	150263	1000A	150305	养老 A	502021	国金 50A
150028	中证 500A	150100	资源 A	150177	证保 A	150221	中航军 A	150265	一带 A	150307	体育 A	502024	钢铁 A
150030	中证 90A	150104	HS300A	150179	信息 A	150223	证券 A 级	150267	银行 A 类	150309	信息安 A	502027	新丝路 A
150032	多利优先	150112	深 100A	150181	军工 A	150225	证保 A 级	150269	白酒 A	150311	智能 A	502031	高铁 A
150036	建信稳健	150117	房地产 A	150184	环保 A	150227	银行 A	150271	生物药 A	150315	工业 4A	502037	网金 A
150047	消费 A	150121	银河优先	150186	军工 A 级	150229	酒 A	150273	带路 A	150317	E 金融 A	502041	上 50A
150049	消费收益	150123	建信 50A	150190	NCF 环保 A	150231	电子 A	150275	一带一 A	150321	煤炭 A 基	502049	上证 50A
150051	沪深 300A	150130	医药 A	150192	地产 A	150233	传媒业 A	150277	高铁 A	150323	环保 A 端	502054	券商 A
150053	泰达 500A	150138	中证 800A	150194	互联网 A	150235	券商 A 级	150279	新能 A	150325	高铁 A 端	502057	医疗 A
150055	500A	150140	国金 300A	150196	有色 A	150237	环保 A 级	150281	金融地 A	150327	新能 A 级		
150057	中小 300A	150143	转债 A 级	150198	食品 A	150241	银行 A 级	150283	SW 医药 A	150329	保险 A		
150059	资源 A 级	150145	高贝塔 A	150200	券商 A	150243	创业 A	150287	钢铁 A	150331	网金融 A		
150064	同瑞 A	150148	医药 800A	150203	传媒 A	150245	互联 A	150289	煤炭 A 级	150335	军工股 A		
150066	互利 A	150150	有色 800A	150205	国防 A	150247	传媒 A 级	150291	银行 A 份	150343	证券 A 端		
150073	诺安稳健	150152	创业板 A	150207	地产 A 端	150249	银行 A 端	150293	高铁 A 级	502001	500 等权 A		
150076	浙商稳健	150157	金融 A	150209	国企改 A	150251	煤炭 A	150295	改革 A	502004	军工 A		
150083	深证 100A	150164	可转债 A	150211	新能车 A	150255	银行业 A	150297	互联 A 级	502007	国企改 A		
150088	金鹰 500A	150167	银华 300A	150213	成长 A 级	150257	生物 A	150299	银行股 A	502011	证券 A		
150090	成长 A	150169	恒生 A	150215	TMT A	150259	重组 A	150301	证券股 A	502014	一带一 A		

名称为“所有 A 基金”，然后定义下面的自定义函数：

平均_ 修正收益

savg（A 基修正收益率，所有 A 基金）

平均_ 约定收益

savg（A 基约定收益率，所有 A 基金）

A_ slope

（A_ number * 平均_ 约定收益 * 平均_ 修正收益 － ssum（A 基约定收益率 * A 基修正收益率，所有 A 基金））／（A_ number * 平均_ 约定收益 * 平均_ 约定收益 － ssum（A 基约定收益率 * A 基约定收益率，所有 A 基金））

A_ intercrpt

平均_ 修正收益 － A_ slope * 平均_ 约定收益

A_ diff

A 基修正收益率 － A_ slope * A 基约定收益率 － A_ intercept

定义完这五个自定义，就可以使用 A_ diff 这个最终函数了。笔者选用模型 I，每 5 天换一次，平均持有 10 只分级 A，剔除小于 500 万元成交额的分级 A。时间为 2014 年 12 月 31—2016 年 12 月 23 日，因为

2014 年前分级 A 数量太少，轮动效果不好。排名条件用 A_ diff 从大到小，交易费用单边千分之一，结果如表 12 - 21 所示。

表 12 - 21　分级 A 轮动收益

投资组合	总收益	年化收益	夏普比率	最大回撤率	收益波动率	Beta	Alpha
本策略	37.43%	17.42%	1.07	10.51%	12.49%	-0.04	13.10%
沪深 300	-6.40%	-3.29%	-0.23	46.70%	31.98%		
相对收益	43.83%	20.16%	0.36	53.89%	44.38%	-1.17	7.62%

假设，在平均_ 修正收益这个参数达到某个阈值的时候，市场过热，选择空仓，也就是在筛选条件中加入平均_ 修正收益大于某个阈值时剔除，经过多次调整，这个阈值因子如表 12 - 22 所示。

表 12 - 22　分级 A 轮动阈值

阈值	总收益	年化收益	夏普比率	最大回撤率	收益波动率	Beta	Alpha
3%	37.43%	17.42%	1.07	10.51%	12.49%	-0.04	13.10%
4%	37.43%	17.42%	1.07	10.51%	12.49%	-0.04	13.10%
5%	36.40%	16.98%	1.07	10.51%	12.16%	-0.05	12.63%
4.50%	37.43%	17.42%	1.07	10.51%	12.49%	-0.04	13.10%
4.80%	39.82%	18.45%	1.17	10.51%	12.33%	-0.05	14.11%
4.90%	41.45%	19.14%	1.24	10.51%	12.19%	-0.05	14.80%

显然，4.90% 是一个最佳阈值，当然，将来市场利息的变化会影响这个最佳阈值的大小。这个 4.9% 的阈值的含义是，市场认可平均修正收益为 4.9% 以上的分级 A，小于这个值将导致分级 A 下跌。

第十三章

常用 Excel 函数及技巧

虽然果仁网可以帮助我们完成大部分回算，但在量化过程中，还是需要掌握最基本的武器，就像在现代战争中不仅需要机关枪、大炮，也需要拔出来就能打的小手枪一样。前面各章已经涉及一些 Excel 函数和技巧，这一章针对量化回算中常用的 Excel 函数及技巧做个系统介绍。所有涉及的函数在量化中的应用模板都在名称为“Excel 常用函数”的表里，每个 sheet 的名称就是函数名，读者可以自己下载对照阅读。这些函数肯定不是量化投资中要用到的全部函数，但掌握了这些函数的使用技巧，在绝大部分量化场合中应该是绰绰有余了。

第一节　Correl 函数

Correl 是一个相关度函数，其语法格式为：correl（数据组 1：数据组 2）。

该函数的功能是，计算两个数据组的相关度，范围 100% ~ -100%，100% 说明这两组数据完全正相关，-100% 说明这两组数据完全负相关，在量化中常用来判断两只基金或者股票之间相关度的大小，从而选择轮动对象、配对交易等。

例如，笔者统计了上证 50、中证 100、中证 1000 这三个指数 2007 年 1 月 4 日—2016 年 12 月 23 日的相关度，发现上证 50 和中证 100 的相关度是 99.59%，而中证 1000 和上证 50、中证 100 的相关度分别只有29.22%、23.61%，相对来说，中证1000和上证50或者中证100之间因为相关度小，比较适合做轮动。Correl这个函数，把我们过去凭感觉的判断上升到了量化的高度。如图13－1所示。

F2　fx　=CORREL(B:B,C:C)

	A	B	C	D	E	F	G	H
1	时间	上证50	中证100	中证1000		50和100	100和100	50和1000
2	2007/1/4	1836.14	2304.24	1480.94	相关度	99.59%	29.22%	23.61%
3	2007/1/5	1815.12	2287.86	1517.50				
4	2007/1/8	1856.62	2341.20	1571.82				
5	2007/1/9	1932.28	2428.57	1610.20				
6	2007/1/10	1963.63	2482.90	1653.72				
7	2007/1/11	1927.22	2449.00	1669.98				
8	2007/1/12	1876.14	2394.84	1616.33				

图13－1　Correl函数示例

第二节　Vlookup和Hlookup函数

Vlookup

Vlookup是一个纵向寻找函数，其语法格式为：vlookup（寻找值，要寻找的区域，返回数据在寻找区域的第几列，true/false）。

其中，选择true或者不选，代表模糊寻找；选择false代表精确寻找。精确寻找需要寻找值和被寻找区域里的值完全一样，找不到返回出错结果，但true总会返回一个近似值。

例如，我们寻找“2007/1/11”的上证50，选了“false”，找到了1927.22，而在2016年12月17、18日两个非交易日，按理说是找不到对应值的，但因为在12月18日没有选用false，结果返回了16日的上证50指数2302.32，如图13－2所示。

H2　=VLOOKUP(G2,A:B,2,FALSE)

	A	B	C	D	E	F	G	H
1	时间	上证50	中证100	中证1000				上证50
2	2007/1/4	1836.14	2304.24	1480.94			2007/1/11	1927.22
3	2007/1/5	1815.12	2287.86	1517.50			2016/12/17	#N/A
4	2007/1/8	1856.62	2341.20	1571.82			2016/12/18	2302.32
5	2007/1/9	1932.28	2428.57	1610.20				
6	2007/1/10	1963.63	2482.90	1653.72				
7	2007/1/11	1927.22	2449.00	1669.98				
8	2007/1/12	1876.14	2394.84	1616.33				

图 13－2　Vlookup 函数示例

Hlookup

Hlookup 和 vlookup 类似，只不过是一个横向寻找函数，其语法格式为：hlookup（寻找值，要寻找的区域，返回数据在寻找区域的第几行，true/false）。

如图 13－3 所示，在 1 到 1000 行区域中，寻找中证 100 在第 10 行的数据。

H2　=HLOOKUP(G2,1:10000,10,FALSE)

	A	B	C	D	E	F	G	H
1	时间	上证50	中证100	中证1000				
2	2007/1/4	1836.14	2304.24	1480.94			中证100	2583.00
3	2007/1/5	1815.12	2287.86	1517.50				
4	2007/1/8	1856.62	2341.20	1571.82				
5	2007/1/9	1932.28	2428.57	1610.20				
6	2007/1/10	1963.63	2482.90	1653.72				
7	2007/1/11	1927.22	2449.00	1669.98				
8	2007/1/12	1876.14	2394.84	1616.33				
9	2007/1/15	1963.16	2518.63	1683.90				
10	2007/1/16	1992.10	2583.00	1727.79				

图 13－3　Hlookup 函数示例

第三节　Iferror 函数

Iferror 是一个出错函数，它主要是处理 iferror 中的表达式在出错时的表达：iferror（表达式，出错返回）。

其中，当表达式为正确时，就直接返回这个表达式；如果出错，就返回出错的返回值。例如，用 vlookup 寻找 12 月 16、17、18、19 日这四天的中证 50 的值，16、19 日是正常的交易日，返回数据正常，17、18 两日是周六、周日，非交易日，所以 IFERROR（VLOOKUP（G3，A：B，2，FALSE），""）返回公式里的空，而不是出错，如图 13－4 所示。

H3 　fx　=IFERROR(VLOOKUP(G3,A:B,2,FALSE),"")

	A	B	C	D	E	F	G	H
1	时间	上证50	中证100	中证1000				
2	2007/1/4	1836.14	2304.24	1480.94			2007/1/11	1927.22
3	2007/1/5	1815.12	2287.86	1517.50			2016/12/17	
4	2007/1/8	1856.62	2341.20	1571.82			2016/12/18	
5	2007/1/9	1932.28	2428.57	1610.20			2016/12/19	2291.38
6	2007/1/10	1963.63	2482.90	1653.72				
7	2007/1/11	1927.22	2449.00	1669.98				
8	2007/1/12	1876.14	2394.84	1616.33				

图 13－4　Iferror 函数示例

第四节　Count、Countif 和 Countifs 函数

Count

Count 函数是一个计数函数，count（单元格组）就是返回单元格中数字型单元格的数量。图 13－5 统计了 2007 年 1 月 4 日—2016 年 12 月 23 日的交易日的天数。

F3 　fx　=COUNT(A:A)

	A	B	C	D	E	F
1	时间	上证50	中证100	中证1000		
2	2007/1/4	1836.14	2304.24	1480.94		
3	2007/1/5	1815.12	2287.86	1517.50		2427
4	2007/1/8	1856.62	2341.20	1571.82		
5	2007/1/9	1932.28	2428.57	1610.20		
6	2007/1/10	1963.63	2482.90	1653.72		
7	2007/1/11	1927.22	2449.00	1669.98		
8	2007/1/12	1876.14	2394.84	1616.33		

图 13－5　Count 函数示例

Countif

Countif，统计单元格中满足给定条件的单元格的个数。其语法格式为：countif（被统计区域，条件）。

图 13－6 统计了 2007 年 1 月 4 日—2016 年 12 月 23 日，上证 50 中满足大于 2000 的次数。

F2　=COUNTIF(B:B,">2000")

	A	B	C	D	E	F
1	时间	上证50	中证100	中证1000		
2	2007/1/4	1836.14	2304.24	1480.94		1247
3	2007/1/5	1815.12	2287.86	1517.50		
4	2007/1/8	1856.62	2341.20	1571.82		
5	2007/1/9	1932.28	2428.57	1610.20		
6	2007/1/10	1963.63	2482.90	1653.72		
7	2007/1/11	1927.22	2449.00	1669.98		
8	2007/1/12	1876.14	2394.84	1616.33		

图 13－6　Countif 函数示例

Countifs

Countifs 是多条件计数函数，其表达式为：countifs（区域 1，条件 1，区域 2，条件 2，……）。

如图 13－7，统计了 2007 年 1 月 4 日—2016 年 12 月 23 日，上证 50 大于 2000 而且中证 100 大于 2000 的天数。注意多条件之间是与的关系，也就是必须同时满足多个条件。

F2　=COUNTIFS(B:B,">2000",C:C,">2000")

	A	B	C	D	E	F
1	时间	上证50	中证100	中证1000		
2	2007/1/4	1836.14	2304.24	1480.94		1243
3	2007/1/5	1815.12	2287.86	1517.50		
4	2007/1/8	1856.62	2341.20	1571.82		
5	2007/1/9	1932.28	2428.57	1610.20		
6	2007/1/10	1963.63	2482.90	1653.72		
7	2007/1/11	1927.22	2449.00	1669.98		
8	2007/1/12	1876.14	2394.84	1616.33		

图 13－7　Countifs 函数示例

第五节 Sum、Sumif 和 Sumifs 函数

Sum

Sum 函数是求和函数，如 SUM（B2：B6），就是 2007 年 1 月 4 日—1 月 10 日这 5 天的上证 50 指数的合计。

Sumif

Sumif 是有条件的合计，公式为：sumif（条件区域，求和条件，实际求和区域）。

例如，要统计每个月最后一天的上证 50 指数的合计，我们先增加一列 E，用本行的 month 和下一行比较，true 表示当天是本月最后一个交易。然后用 sumif 函数算出符合这个条件的上证 50 指数的合计，如图 13 –8 所示。

E3 =MONTH(A3)<>MONTH(A4)

	A	B	C	D	E	F	G
1	时间	上证50	中证100	中证1000	一个月最后一天		
2	2007/1/4	1836.14	2304.24	1480.94	FALSE		
3	2007/1/5	1815.12	2287.86	1517.50	FALSE		258220.81
4	2007/1/8	1856.62	2341.20	1571.82	FALSE		
5	2007/1/9	1932.28	2428.57	1610.20	FALSE		

G3 =SUMIF(E:E,TRUE,B:B)

	A	B	C	D	E	F	G
1	时间	上证50	中证100	中证1000	一个月最后一天		
2	2007/1/4	1836.14	2304.24	1480.94	FALSE		
3	2007/1/5	1815.12	2287.86	1517.50	FALSE		258220.81
4	2007/1/8	1856.62	2341.20	1571.82	FALSE		
5	2007/1/9	1932.28	2428.57	1610.20	FALSE		

图 13 –8 Sumif 函数示例

Sumifs

Sumifs 和 sumif 类似，只不过 sumif 中只能选出满足一个条件的单元格的和，而 sumifs 中能用多个条件，公式为：sumif（实际求和区域，条件区域 1，求和条件 1，条件区域 2，求和条件 2……）。

还是用上面的例子，2007 年 1 月 4 日—2016 年 12 月 23 日，统计上证 50 在每个月最后一天而且是指数大于 2000 点的总和，就可以用 sumifs（B：B，E：E，TRUE，B：B，″>2000″），如图 13－9 所示。

G2　=SUMIFS(B:B,E:E,TRUE,B:B,">2000")

	A	B	C	D	E	F	G
1	时间	上证50	中证100	中证1000	一个月最后一天		
2	2007/1/4	1836.14	2304.24	1480.94	FALSE		151392.4
3	2007/1/5	1815.12	2287.86	1517.50	FALSE		
4	2007/1/8	1856.62	2341.20	1571.82	FALSE		
5	2007/1/9	1932.28	2428.57	1610.20	FALSE		
6	2007/1/10	1963.63	2482.90	1653.72	FALSE		
7	2007/1/11	1927.22	2449.00	1669.98	FALSE		
8	2007/1/12	1876.14	2394.84	1616.33	FALSE		

图 13－9　Sumifs 函数示例

第六节　Average、Averageif 和 Averageifs 函数

Average

Average 是返回函数内的单元格数据的平均值。和 sum 类似，只是 sum 返回的是单元格数据的和，而 average 返回的是平均值。如图 13－10所示。

F2 =AVERAGE(B2:B6)

	A	B	C	D	E	F
1	时间	上证50	中证100	中证1000		
2	2007/1/4	1836.14	2304.24	1480.94		1880.76
3	2007/1/5	1815.12	2287.86	1517.50		
4	2007/1/8	1856.62	2341.20	1571.82		
5	2007/1/9	1932.28	2428.57	1610.20		
6	2007/1/10	1963.63	2482.90	1653.72		
7	2007/1/11	1927.22	2449.00	1669.98		
8	2007/1/12	1876.14	2394.84	1616.33		

图 13－10　Average 函数示例

Averageif

Averageif 是条件求平均值，其公式为：averageif（条件区域，求均值条件，实际求均值区域）。和 sumifs 类似，只不过由求和改成求平均值。例如，统计并求出 2007 年 1 月 4 日—2016 年 12 月 23 日，上证 50 在每月的最后一天的平均值，如图 13－11 所示。

G3 =AVERAGEIF(E:E,TRUE,B:B)

	A	B	C	D	E	F	G
1	时间	上证50	中证100	中证1000	一个月最后一天		
2	2007/1/4	1836.14	2304.24	1480.94	FALSE		
3	2007/1/5	1815.12	2287.86	1517.50	FALSE		2151.840083
4	2007/1/8	1856.62	2341.20	1571.82	FALSE		
5	2007/1/9	1932.28	2428.57	1610.20	FALSE		
6	2007/1/10	1963.63	2482.90	1653.72	FALSE		

图 13－11　Averageif 函数示例

Averageifs

Averageifs 是多条件求均值的函数，和 sumifs 类似，只不过把 sumifs 中的求和改成求平均值。如图 13－12 就是一个求每个月最后一个交易日而且大于 2000 的上证 50 的平均值。

G2　f_x　=AVERAGEIFS(B:B,E:E,TRUE,B:B,">2000")

	A	B	C	D	E	F	G
1	时间	上证50	中证100	中证1000	一个月最后一天		
2	2007/1/4	1836.14	2304.24	1480.94	FALSE		2610.214
3	2007/1/5	1815.12	2287.86	1517.50	FALSE		
4	2007/1/8	1856.62	2341.20	1571.82	FALSE		
5	2007/1/9	1932.28	2428.57	1610.20	FALSE		
6	2007/1/10	1963.63	2482.90	1653.72	FALSE		

图 13－12　Averageifs 函数示例

第七节　Offset 函数

Offset 是一个有关单元格的函数，表达式是：offset（起始单元格，y，x，n，m）。

其中，在 n、m 均为 1 时，offset 就是从起始单元格开始起步，纵轴走 y 格，横轴走 x 格的这个单元格。但更多的不是单独应用。如我们可以应用 offset 和 average 来动态计算均值。如图 13－13，可以用 average 和 offset 这两个函数来计算动态的中证 1000 的均线。因为 offset 中的数字是随着 G3 的值变化而变化的，所以这样设计的均线在寻找量化策略中的最佳值时非常方便实用。

E6　f_x　=AVERAGE(OFFSET(D6,0,0,-G$3,1))

	A	B	C	D	E	F
1	时间	上证50	中证100	中证1000	均线	
2	2007/1/4	1836.14	2304.24	1480.94		
3	2007/1/5	1815.12	2287.86	1517.50		天数
4	2007/1/8	1856.62	2341.20	1571.82		
5	2007/1/9	1932.28	2428.57	1610.20		
6	2007/1/10	1963.63	2482.90	1653.72	1566.84	
7	2007/1/11	1927.22	2449.00	1669.98	1604.64	

图 13－13　Offset 函数示例

第八节 Xirr 函数

Xirr 是一个最常用的财务函数，返回一个不一定定期发生的现金流的内部收益率，其表达式为：xirr（现金流组、日期组）。

其中，现金流组是对应日期组的当天现金流，通常，支付用负数表示，收入用正数表示。例如，计算 14 天瑞 02 债券（124815）的收益率：2016 年 12 月 27 日收盘价全价是 103.815 元，2017 年 6 月 25 日、2018 年 6 月 25 日付息 8.5 元，到 2019 年 6 月 25 日回售连本带利 108.5 元，计算下来收益率是 8.69%。注意，现金流流出为负数，流入为正数。如图 13－14 所示。

D2 =XIRR(B2:B5, A2:A5)

	A	B	C	D	E
1	日期	现金流			
2	2016/12/27	-103.815		8.69%	
3	2017/6/25	8.5			
4	2018/6/25	8.5			
5	2019/6/25	108.5			

图 13－14 Xirr 函数示例

第九节 Search 和 Match 函数

Search

Search，寻找函数，返回指定的串在原始字符串中首次出现的位置，从左到右查询，忽略英文字母的大小写。语法格式为：search（指定字符串，原始字符串，从哪里开始找）。

其中，第三个参数“从哪里开始找”是可选项，默认省略，表示从左边第一个字符开始寻找。

例如，要解决原始数据中表达债券的剩余年限，有两个数据，前一个年限是给客户的回售选择权，后一个年限才是真正的到期年限。要把这两个数据变成独立的两个单元格数据，就需要用 search 函数。首先，如图 13－15 所示，计算出”/”符号在单元格数据中的位置，然后通过这个位置再用 left 函数取左子串，加 0 是为了方便地把字符型变成数字型，在只有一个到期年限时寻找出错，那就直接返回本身数字型。同样，用类似的方法用 right 函数和 search 函数的组合可以找到长年限。

I2 =IFERROR(LEFT(H2, SEARCH("/", H2)-1)+0, H2+0)

	A	B	C	D	E	F	G	H	I	J
1	代码	名称	现价	全价	涨幅	成交额(万	距付息	剩余年限	短年限	长年限
2	124161	13瑞水泥	97.21	103.61	-0.17%	1030.66	37	1.10/4.10	1.10	4.10
3	124977	14天瑞03	98.55	100.02	0.00%	1447.34	291	0.80/4.80	0.80	4.80
4	124112	13豫盛润	97.28	104.45	-0.23%	240.14	12	2.03	2.03	2.03
5	127053	15天瑞01	99.88	106.57	0.01%	1120.67	17	0.05/4.05	0.05	4.05
6	124815	14天瑞02	99.25	103.63	-0.21%	172.46	178	2.49/7.49	2.49	7.49
7	127099	15天瑞02	99.79	105.96	-0.03%	361.22	39	0.11/4.11	0.11	4.11
8	112056	11远兴债	99.97	107.57	-0.03%	134.77	19	0.05	0.05	0.05
9	122690	12三胞债	100.25	106.58	-0.11%	17.63	80	0.22/2.22	0.22	2.22
10	122746	12方大02	100.70	107.76	-0.21%	47.2	55	0.15/2.15	0.15	2.15
11	122310	13苏新城	102.36	106.26	-0.14%	178.93	206	0.56/2.56	0.56	2.56

图 13－15　Search 函数示例

Match

Match 函数也是寻找函数，和 search 不同的是，search 是在一个单元格内寻找某个符合条件的字符串，而 match 是在一组单元格中寻找某个符合条件的字符或者数据。格式为：match（寻找值，单元格组，查询方式）。

如图 13－16 所示，寻找 2016 年 1 月 7 日在 A 列交易日这个单元格组中的位置，返回值4，即为在这个单元格组中的交易日中，是第4个交易日。

查询方式，用数字-1、0或者1表示，省略相当于查询方式为1的情况。

（1）为1时，查找小于或等于寻找值的最大数值在单元格组中的位置，单元格组必须按升序排列；

（2）为0时，查找等于寻找值的第一个数值，单元格组按任意顺序排列；

（3）为-1时，查找大于或等于寻找值的最小数值在单元格组中的位置，单元格组必须按降序排列。

利用match函数查找功能时，当查找条件存在时，match函数结果为具体位置（数值），否则显示“#N/A”错误。

C2 fx =MATCH(DATE(2016,1,7),A2:A240)

	A	B	C	D	E	F
1	交易日					
2	2016/1/4		4			
3	2016/1/5					
4	2016/1/6					
5	2016/1/7					
6	2016/1/8					

图13-16 Match函数示例

第十节 Mid、Left和Right函数

Mid

Mid函数，就是取中间子串函数，格式为：Mid（字符串，取子字符串开始，子串长度）。

图 13－17 是要找到某个交易日是星期几，希望能返回中文的星期几，weekday 返回的是数字，周日返回 1，周一返回 2，周二返回 3。用 if 函数也可以实现，但关键是一周 7 天嵌套太多，看起来太复杂，如果用 mid 取“日一二三四五六”这个字符串的子串来解决，看起来就非常简洁。

C2　fx　="星期"&MID("日一二三四五六",B2,1)

	A	B	C	D	E	F
1	交易日	weekday	星期几			
2	2016/1/4	2	星期一			
3	2016/1/5	3	星期二			
4	2016/1/6	4	星期三			
5	2016/1/7	5	星期四			
6	2016/1/8	6	星期五			
7	2016/1/11	2	星期一			
8	2016/1/12	3	星期二			

图 13－17　Mid 函数示例

Left

Left 函数，从左边开始取子串函数，表达式为：left（字符串，从左边取第几位）。

图 13－18 所示，是把字符串“星期一”从左边第一位开始取 2 位，返回“星期”两个字。

D2　fx　=LEFT(C2, 2)

	A	B	C	D
1	交易日	weekday	星期几	
2	2016/1/4	2	星期一	星期
3	2016/1/5	3	星期二	
4	2016/1/6	4	星期三	
5	2016/1/7	5	星期四	
6	2016/1/8	6	星期五	
7	2016/1/11	2	星期一	

图 13－18　Left 函数示例

Right

Right 函数，从右边开始取子串函数，表达式为：right（字符串，从右边取第几位）。

图 13－19 是把字符串“星期一”从右边第一位开始取 1 位，返回“一”这个字。

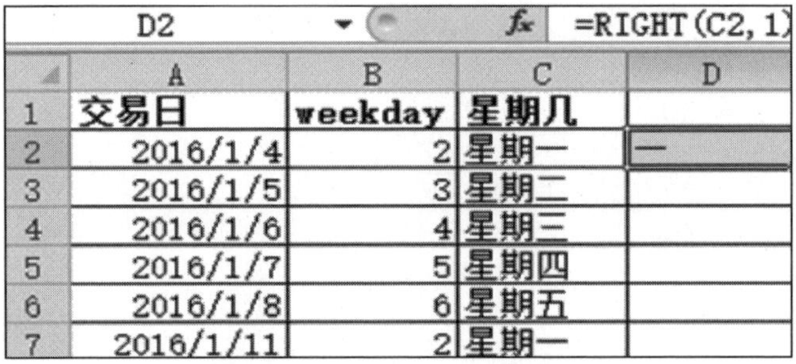
D2 =RIGHT(C2,1)

	A	B	C	D
1	交易日	weekday	星期几	
2	2016/1/4	2	星期一	一
3	2016/1/5	3	星期二	
4	2016/1/6	4	星期三	
5	2016/1/7	5	星期四	
6	2016/1/8	6	星期五	
7	2016/1/11	2	星期一	

图 13－19　Right 函数示例

第十一节　Type、Len 和 Trim 函数

Type 函数是一个类型函数，表达式非常简单，就是 type（值），返回这个值的类型代码，不同的类型代码的含义如表 13－1 所示。

表 13－1　TYPE 函数示例

值	返回
数字	1
文本	2
逻辑值	4
误差值	16
数组	64

在 Excel 中，有两个地方要特别注意。

第一，单元格显示的数字，可能是数字型，也有可能是文本型，可以用 type 函数检查其类型，免得得到错误的结果。如图 13 - 20 所示，A4 单元格中的 1 和 B4 单元格中的 1 看上去是一样的，但结果却不相等，主要原因就是 A4 中的 1 是数字型，B4 中的 1 是字符型。如果要把数字型的数据改成字符型的，只要在后面加上 &""；反之，要把字符型的数据改成数字型的，只要在它后面加上 +0。

第二，日期、时间从本质上说也是数字型的，只不过显示格式是日期型、时间型。从图 13 - 20 可以看出，数字型的 1，如果是在日期型里，对应的就是 1900 年 1 月 1 日，如果加 1，就变成 1900 年 1 月 2 日。而在时间型格式显示时，1 被显示成 0 点 0 分 0 秒，其实就是 24 点，如果是 0. 5，那么对应的就是 12 点。

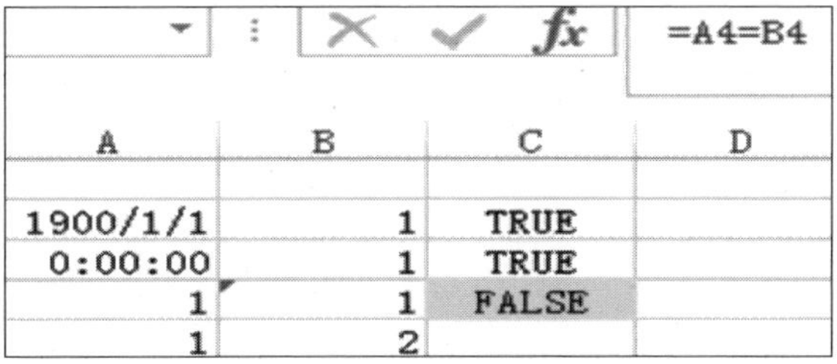

图 13 - 20　数值型的 1 和文本型 1

Len

Len 函数是返回文本字符串中字符个数的函数，如图 13 - 21 所示，在用通达信系统导出上证指数的日线时，使用 Len 函数就发现，第一列的日期并不是 10 位，而是 11 位，这说明导出的日期中有空格，用 left 函数，可以发现空格在最左边而不是最右边。这个空格的存在，导致我们很难这个日期从字符型转换成日期型，去掉空格就要用到下面的 Trim 函数。

Trim

Trim 在英文中是修剪、整理的意思。Trim 函数主要用于把单元格内容前后的空格去掉，但并不去除字符之间的空格。如果单元格中有从其他程序中获得带有不规则空格的文本，可以使用 trim 函数。

还是接着上面这个例子，在图 13－21 中我们可以看到，第一列的日期如果不用 trim，字长是 11，但使用了 trim 函数去掉空格后字长就变成 10 了。

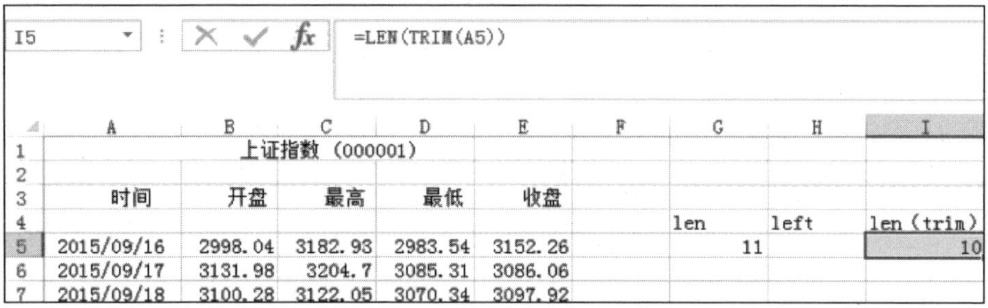
I5 =LEN(TRIM(A5))

	A	B	C	D	E	F	G	H	I
1	上证指数（000001）								
2									
3	时间	开盘	最高	最低	收盘				
4							len	left	len (trim)
5	2015/09/16	2998.04	3182.93	2983.54	3152.26		11		10
6	2015/09/17	3131.98	3204.7	3085.31	3086.06				
7	2015/09/18	3100.28	3122.05	3070.34	3097.92				

图 13－21　字长函数和去空格函数

第十二节　Var、Stdev 和 Covar 函数

Var

Var 是一个方差函数，方差是统计学里的一个重要函数，主要是定量描述数据相对算术平均值的差异程度，表达式为：$\sum (X-均值)^{2/(n-1)}$。

其中，X 是一组离散的数据，而均值是对应这组数据的算术平均值，N 为这组数据的个数。

如图 13－22 所示，VAR 为 A2～A11 这 10 个数据的样本方差，而

varp 是这 10 个数字的总体方差，简单说，var 是用 N－1 来平均的，而 varp 是用 n 来进行平均的。在样本数 N 取的比较大的情况下，这两者的差异微乎其微。

D2 =VAR(A2:A11)

	A	B	C	D	E
1	数据				
2	2	2.25	VAR	4.9444	
3	1	6.25	VARP	4.4500	
4	4	0.25			
5	5	2.25			
6	1	6.25			
7	3	0.25			
8	5	2.25			
9	6	6.25			
10	7	12.25			
11	1	6.25			

图 13－22 Var 函数示例

Stdev

Stdev 是一个标准差函数，简单说，stdev 是 var 的平方根，而 stdevp 是 varp 的平方根。和 var 类似，stdev 用 N－1 来平均，而 stdevp 用 N 来平均。在量化中，一般都用 stdev 这个函数，如图 13－23 所示。

D2 =VAR(A2:A11)

	A	B	C	D
1	数据			
2	2	2.25	VAR	4.9444
3	1	6.25	VARP	4.4500
4	4	0.25	stdev	2.2236
5	5	2.25	stdevp	2.1095
6	1	6.25		
7	3	0.25		
8	5	2.25		
9	6	6.25		
10	7	12.25		
11	1	6.25		

图 13－23 Stdev 函数示例

Covar

Covar 函数是协方差函数，它的表达式是：covar（单元格组 1：单元格组 2）。

协方差是反映两组数据相关性大小的函数。具体的计算公式为：covar = 平均值（（x - x 平均值）*（y - y 平均值））。

如图 13 - 24 所示，x 分别为 3、2、4、5、6，对应的 y 分别为 9、7、12、15、17，x 的平均值是 4，y 的平均值是 12，（x - x 平均值）*（y - y 平均值）分别是 3、10、0、3、10，其平均值 5.2，就是直接用 covar 函数计算的值。

E3 =COVAR(A2:A6, B2:B6)

	A	B	C	D	E
1	x	y			
2	3	9.00	3.00	stdev	
3	2	7.00	10.00	covar	5.2000
4	4	12.00	0.00	stdev(x)	
5	5	15.00	3.00	stdev(y)	
6	6	17.00	10.00	correl	

图 13 - 24　Covar 函数示例

第十三节　Max 和 Min 函数

Max

Max 是求出一组数据的最大值，其表达式是：max（单元格组）。

函数返回值为这组单元格组中的最大值，最常用的是计算最大回撤，如图 13 - 25 所示，其 max 计算出的是 1 月 4—12 日中的最大值，B8/MAX（B$2：B8）-1 计算得到的是其中的最大回撤。

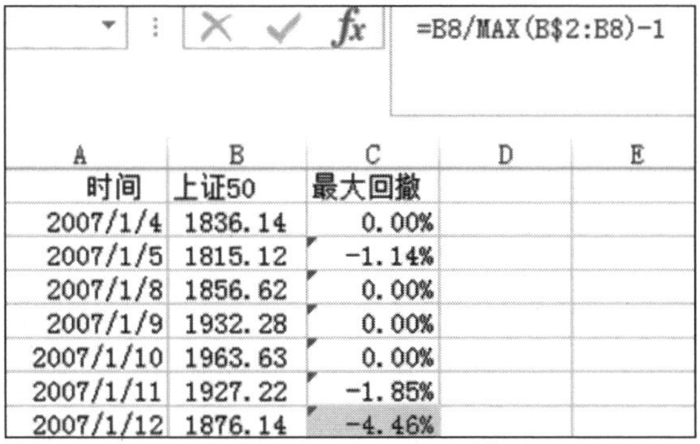

=B8/MAX(B$2:B8)-1

	A	B	C	D	E
	时间	上证50	最大回撤		
	2007/1/4	1836.14	0.00%		
	2007/1/5	1815.12	-1.14%		
	2007/1/8	1856.62	0.00%		
	2007/1/9	1932.28	0.00%		
	2007/1/10	1963.63	0.00%		
	2007/1/11	1927.22	-1.85%		
	2007/1/12	1876.14	-4.46%		

图 13－25　Max 函数示例

Min

Min 函数是最小值函数，表达式为：min（单元格组）。

函数返回值为这组单元格组中的最小值，如图 13－26 所示，min（C：C）计算了从 2007 年 1 月 4 日开始的高达 72.41% 的最大回撤。

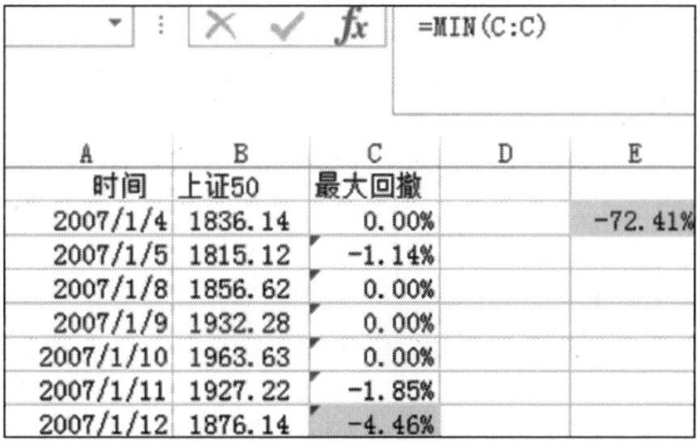

=MIN(C:C)

	A	B	C	D	E
	时间	上证50	最大回撤		
	2007/1/4	1836.14	0.00%		-72.41%
	2007/1/5	1815.12	-1.14%		
	2007/1/8	1856.62	0.00%		
	2007/1/9	1932.28	0.00%		
	2007/1/10	1963.63	0.00%		
	2007/1/11	1927.22	-1.85%		
	2007/1/12	1876.14	-4.46%		

图 13－26　Min 函数示例

第十四节　Row 和 Column 函数

Row 为行函数，格式为：row（单元格），返回该单元格的行数。

Colum 为列函数，格式为：column（单元格），返回该单元格的列数。

第十五节　案例：用 Excel 优化择时

这里通过一个用 MA 择时优化沪深 300 指数的案例，让读者体会一下如何使用 Excel 来做优化。

（1）首先导出所有沪深 300 的每天收盘价，笔者一般在通达信（很多券商软件其实核心就是通达信）上下载数据，如图 13－27 所示，调出沪深 300 日线后在键盘上按 3、4 后回车，并选择导出格式为 Excel 格式，保留 A 列（日期）和 E 列（收盘价），去除其他数据。注意，这个时候导出的日期并非数字型，而是前面带空格的字符型，需要用 trim（日期）+0 的公式去掉空格并转化为数字型。

（2）如图 13－28 所示，C 这一列是计算 MA，要注意，MA 不能用常量计算，要用 I2 中的变量计算，这样才方便下一步的优化。offset 函数已经在前面介绍过了，这里的意思是以 B2 为原点，往上取数，当然会出错，所以用了出错处理函数 iferror，后面的值就是出错后显示的值，确保即使最前面一行都不会出错。

（3）D3 = if（B3 > C3,"买","卖"），也就是说收盘在 MA 线上买入，线下卖出。如图 13－29 所示。

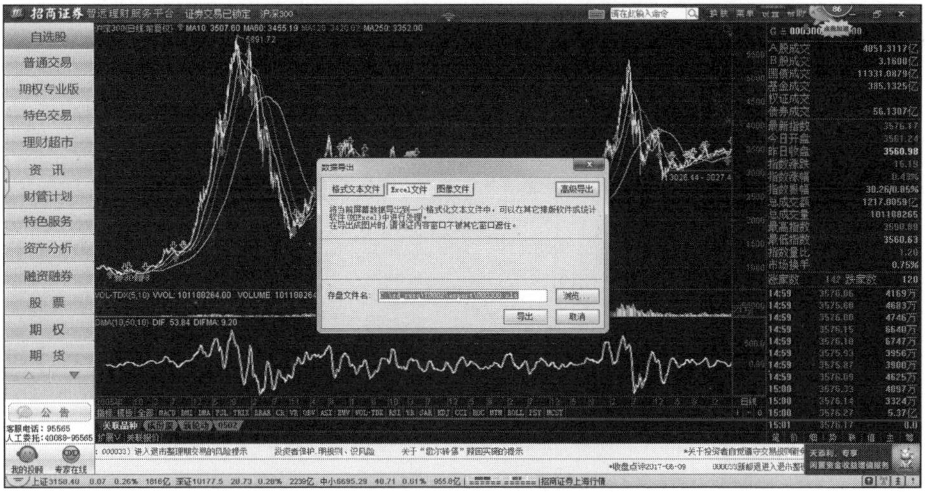

图 13－27　下载沪深 300 日线

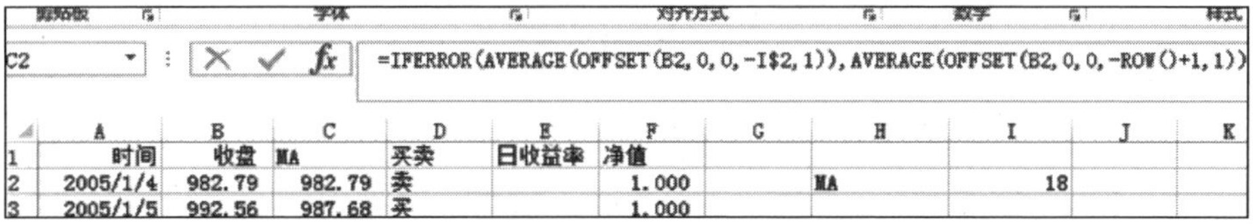

C2 =IFERROR(AVERAGE(OFFSET(B2,0,0,-I$2,1)),AVERAGE(OFFSET(B2,0,0,-ROW()+1,1)))

	A	B	C	D	E	F	G	H	I	J	K
1	时间	收盘	MA	买卖	日收益率	净值					
2	2005/1/4	982.79	982.79	卖		1.000		MA	18		
3	2005/1/5	992.56	987.68	买		1.000					

图 13－28　MA 公式

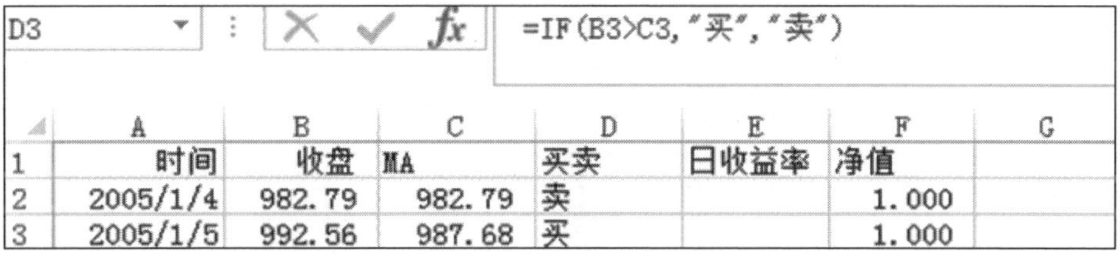

D3 =IF(B3>C3,"买","卖")

	A	B	C	D	E	F	G
1	时间	收盘	MA	买卖	日收益率	净值	
2	2005/1/4	982.79	982.79	卖		1.000	
3	2005/1/5	992.56	987.68	买		1.000	

图 13－29　买卖公式

（4）E3 = if（D2 ="买"，B3/B2 - 1，""），也就是说，当昨天的标志是“买”时，当天的收益率就是沪深 300 的收益率，否则就是空。

（5）F3 = IFERROR（F2 ＊（1 + E3），F2），也就是说，F 这一列计算净值，本日净值等于上一日净值乘上（1 + 当日收益率）。如果为空（出错），就直接等于昨天的净值。

E3 =IF(D2="买",B3/B2-1,"")

	A	B	C	D	E	F	G
1	时间	收盘	MA	买卖	日收益率	净值	
2	2005/1/4	982.79	982.79	卖		1.000	
3	2005/1/5	992.56	987.68	买		1.000	
4	2005/1/6	983.17	986.17	卖	-0.95%	0.991	

图 13－30　日收益率计算

F3 =IFERROR(F2*(1+E3),F2)

	A	B	C	D	E	F	G
1	时间	收盘	MA	买卖	日收益率	净值	
2	2005/1/4	982.79	982.79	卖		1.000	
3	2005/1/5	992.56	987.68	买		1.000	

图 13－31　净值计算

（6）计算出每年沪深300的收益率和MA择时的收益率，变动I2这个天数时，表格的所有计算结果都会自动变化，这样很快就找到最佳值20天了。

表 13－1　沪深 300 择时优化

	沪深 300	择时策略	18 天	19 天	20 天	21 天	22 天
2005－12－30	－6. 04%	3. 80%	3. 80%	2. 42%	3. 60%	0. 64%	－0. 78%
2006－12－29	121. 02%	118. 32%	118. 32%	123. 17%	118. 48%	118. 48%	122. 32%
2007－12－28	161. 55%	113. 67%	113. 67%	124. 72%	115. 39%	102. 48%	108. 99%
2008－12－31	－65. 95%	－20. 25%	－20. 25%	－13. 21%	－10. 00%	－16. 81%	－17. 60%
2009－12－31	96. 71%	67. 03%	67. 03%	65. 48%	75. 37%	80. 72%	80. 72%
2010－12－31	－12. 51%	－9. 24%	－9. 24%	－7. 98%	－8. 37%	－4. 38%	－5. 77%
2011－12－30	－25. 01%	1. 41%	1. 41%	－1. 43%	－1. 43%	－2. 43%	1. 05%
2012－12－31	7. 55%	15. 74%	15. 74%	12. 63%	10. 12%	8. 02%	7. 83%
2013－12－31	－7. 65%	－11. 62%	－11. 62%	－8. 64%	－6. 76%	－4. 04%	－2. 89%
2014－12－31	51. 66%	42. 97%	42. 97%	45. 91%	46. 89%	45. 70%	44. 51%
2015－12－31	5. 58%	11. 70%	11. 70%	11. 70%	10. 13%	5. 70%	4. 02%
2016－12－30	－11. 28%	－3. 38%	－3. 38%	－2. 33%	－3. 32%	－4. 01%	－3. 84%
总收益率	236. 80%	836. 82%	836. 82%	996. 05%	1016. 06%	857. 00%	889. 42%
年化收益率	10. 65%	20. 50%	20. 50%	22. 08%	22. 27%	20. 71%	21. 05%

以上仅是一个最简单的案例，也还没有考虑佣金、费用等细节问题。即便如此，读者也可以从中体会到，合理利用 vlookup、row、average、offset 等函数，可以提高量化策略的优化效率。

| 第十四章 |

实战量化轮动

第一节　美林时钟

2004年，美林证券根据1973—2004年美国完整的超过30年的资产和行业回报率数据，提出了投资时钟概念，将经济周期分成衰退、复苏、过热、滞胀四个周期（图14－1）：（1）衰退期，最佳品种是债券；（2）复苏期，最佳品种是股票；（3）过热期，最佳品种是商品；（4）滞涨期，最佳品种是现金。

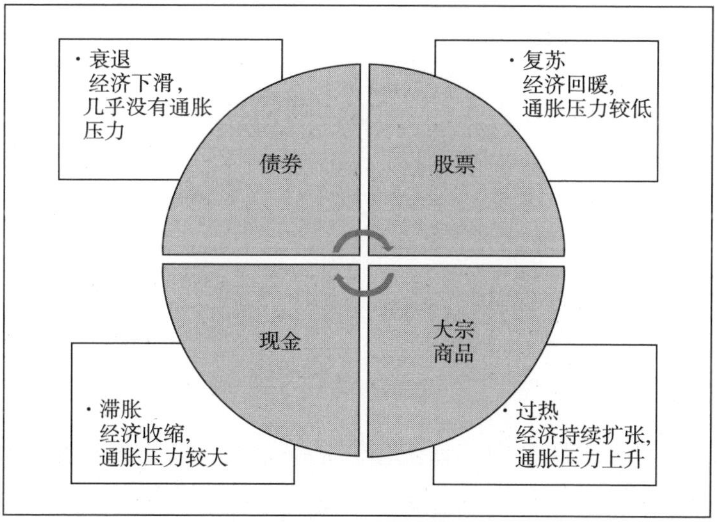

图14－1　美林时钟

在衰退期用全价企债指数、复苏期用上证指数、过热期用波罗的海运价指数、滞胀期用国债逆回购，统计 2009—2016 年，发现 8 年中，除了国债逆回购，企债有 3 年最佳，上证指数有 2 年最佳，代表商品的波罗的海运价指数有 3 年最佳，如表 14 – 1 所示，这说明美林时钟是有意义的。但笔者还发现一个问题，实际年度最强指数，并不是完全和美林时钟一样运转，如经过 2000、2001、2002 这三年债券最强的衰退期后，按照美林时钟的理论，应该要进入复苏期，但实际上，并没有看到代表复苏期的股票在 2013 年大涨，而是直接跳到了过热期，导致波罗的海运价指数大涨了 225. 29% 。

表 14 – 1　美林时钟轮动回测

	衰退期（企债全价）	复苏期（上证指数）	过热期（波罗的海运价指数）	滞胀期（国债逆回购）
2009/12/24	0. 68%	79. 98%	288. 24%	1. 05%
2010/12/24	7. 42%	– 14. 31%	– 41. 00%	1. 57%
2011/12/26	3. 50%	– 21. 68%	– 1. 97%	2. 00%
2012/12/31	7. 50%	3. 17%	– 59. 72%	2. 58%
2013/12/24	4. 36%	– 6. 75%	225. 29%	3. 21%
2014/12/24	8. 73%	52. 87%	– 65. 66%	3. 32%
2015/12/24	8. 85%	9. 41%	– 38. 87%	1. 72%
2016/12/23	6. 04%	– 12. 31%	101. 05%	2. 02%

但是，我们不能因此而否认美林时钟的指导意义。从美林时钟理论可知，不管经济如何跌宕起伏，在每个时间段总有最合适的品种。实盘操作中的满仓轮动就是这样来的。

第二节　满仓轮动

在传统的投资理论中，仓位控制是一个非常重要的因素，因为中国股市牛短熊长。但在传统的观点中，仓位控制通常是一部分仓位持股，另一部分仓位持币。其实，有很多除了股票的投资品种，如分级 A、债券、逆回购等，走势和股票迥异。例如，2008 年的大熊市，亏损 20%

多的华夏大盘，已经算是非常牛了，但很多人不知道，这一年如果满仓债券，即使按照000013这个全价企债指数计算，也大涨了17.10%，反而是2007年的大牛市，这个指数跌了5.48%，在股市的大牛市中创下了债券历史上最大跌幅。债券和股票这样走势相反的特性，正好可以被用来做满仓轮动，即使不考虑商品和现金，仅仅用股票（或者股票基金）和债券就能构成一对有效的轮动品种。

例如，典型的小市值轮动，2007—2016年整整十年，用最简单的择时技术指标MA，调整天数，结果如表14－2所示。

表14－2　小市值轮动回测（MA）

2007/1/5	不择时	10	20	30	40	50	60	15
2007/12/28	245.24%	271.18%	291.34%	247.26%	246.76%	182.52%	171.40%	307.50%
2008/12/31	−60.86%	4.19%	22.07%	−26.00%	−23.64%	−21.41%	−10.01%	15.52%
2009/12/31	217.30%	85.77%	109.04%	146.53%	146.56%	189.72%	171.54%	127.04%
2010/12/31	50.77%	45.46%	23.35%	28.29%	32.31%	48.69%	46.26%	35.25%
2011/12/30	−6.41%	20.62%	9.44%	15.31%	1.07%	−6.57%	−4.23%	4.57%
2012/12/31	11.62%	−6.47%	−21.56%	−17.45%	−20.56%	−22.41%	−25.93%	−5.19%
2013/12/31	90.12%	39.09%	68.84%	73.10%	56.56%	69.65%	68.21%	62.76%
2014/12/31	101.69%	77.13%	69.56%	68.60%	82.63%	85.92%	101.70%	57.12%
2015/12/31	301.28%	417.34%	438.68%	404.57%	293.88%	310.98%	311.90%	447.72%
2016/12/30	40.63%	44.53%	42.72%	38.13%	54.23%	26.40%	29.44%	52.01%
2017/1/17	−10.00%	0.77%	−3.58%	−11.97%	−11.97%	−11.97%	−12.23%	−2.88%
总收益率	13051.31%	21787.74%	22341.31%	13752.51%	10505.64%	9902.57%	10824.23%	29536.88%
年化收益率	63.01%	71.54%	71.97%	63.86%	59.54%	58.60%	60.01%	76.83%
最大回撤	73.42%	33.51%	43.41%	40.21%	40.69%	46.45%	49.02%	37.53%
夏普比例	1.57	2.48	2.50	2.14	1.99	1.94	1.98	2.67
年平均交易次数		29.64	20.63	15.22	14.42	12.62	10.52	23.23
满仓天数		1596	1636	1649	1657	1682	1708	1620
空仓天数		846	806	793	785	760	734	822
满仓比		65.36%	66.99%	67.53%	67.85%	68.88%	69.94%	66.34%

设想一下，在超过30%空仓的时候，如果用债券去替代，会出现什么情况呢？回测结果如表14－3所示。

表14－3　小市值与债券轮动回测1（MA）

项目	模式	10	20	30	40	50	60	15
总收益率	空仓	21787.74%	22341.31%	13752.51%	10505.64%	9902.57%	10824.23%	29536.88%
	债券	27760.81%	28919.66%	17646.96%	13549.52%	12600.53%	13657.98%	37351.11%
年化收益率	空仓	71.54%	71.97%	63.86%	59.54%	58.60%	60.01%	76.83%
	债券	75.74%	76.46%	67.98%	63.62%	62.44%	63.75%	81.02%
最大回撤	空仓	33.51%	43.41%	40.21%	40.69%	46.45%	49.02%	37.53%
	债券	31.45%	40.48%	38.30%	37.41%	43.45%	46.34%	34.30%
夏普比例	空仓	2.48	2.50	2.14	1.99	1.94	1.98	2.67
	债券	2.63	2.67	2.28	2.14	2.07	2.11	2.82

从表14－3的对比可以清晰地看出，不管MA用什么天数，总收益

率、年化收益率、最大回撤、夏普比例等100%得到了明显改善。这说明利用强互补性的债券等品种和股票做满仓轮动是完全可行的。

那么，如果空仓不完全用债券去替代，部分用股票、部分用债券，结果会如何呢？还是以15天均线为例，空仓从100%债券到100%股票，计算结果如表14－4所示。

表14－4　小市值债券轮动回测2（MA）

空仓选择	0%股票	10%股票	20%股票	30%股票	40%股票	50%股票	60%股票	70%股票	80%股票	90%股票	100%股票
总收益率	60166.45%	53302.84%	46897.21%	40975.65%	35552.23%	30630.05%	26202.55%	22254.95%	18765.71%	15708.03%	13051.31%
年化收益率	89.86%	87.57%	85.19%	82.71%	80.13%	77.47%	74.73%	71.91%	69.01%	66.04%	63.01%
最大回撤	27.15%	27.54%	29.75%	37.36%	44.25%	50.50%	56.13%	61.19%	65.73%	69.79%	73.42%
夏普比例	3.20	3.10	2.97	2.82	2.65	2.47	2.28	2.09	1.91	1.74	1.57

从表14－4可以清晰地看出，空仓时用100%债券，不管年化收益率还是最大回撤、夏普比率，都处于一个相对不错的位置。从这个案例也可以看出，即使用最简单的择时，通过股债满仓轮动，都能获得收益和风险的双丰收。

第三节　轮动月择时

小市值轮动月择时

上面的案例虽然是小市值月轮动，但择时却是每天在轮动，如果把择时也改成每月只有一次机会，虽然反应延迟了，但会不会更好呢？笔者分别计算了MA＝15、30、60、120、250、240、260、270等，发现虽然用15的效果每月择时不如每天择时，但如果用了250的年线后，年化收益率达到了73.29%，而最大回撤不到40%，最可喜的是，择时操作平均一年才一次，大大降低了成本和操作压力。计算结果如表14－5所示。

表 14-5　小市值轮动回测（MA）

	15	30	60	120	250	240	260	270
2007/12/28	121.39%	136.03%	92.66%	179.09%	179.09%	179.09%	179.09%	179.09%
2008/12/31	-55.25%	-30.03%	3.41%	3.62%	-8.86%	-8.86%	-8.86%	-8.86%
2009/12/31	81.72%	81.72%	160.83%	171.67%	105.23%	105.23%	105.23%	105.23%
2010/12/31	7.32%	23.16%	44.13%	34.10%	50.77%	50.77%	50.77%	50.77%
2011/12/30	1.52%	-2.99%	-6.36%	18.35%	17.66%	17.66%	17.66%	-6.41%
2012/12/31	2.12%	-19.95%	-19.95%	-10.46%	7.28%	7.28%	7.28%	7.28%
2013/12/31	57.63%	41.22%	41.22%	90.12%	90.12%	90.12%	90.12%	90.12%
2014/12/31	84.83%	87.02%	101.69%	101.69%	101.69%	101.69%	101.69%	101.69%
2015/12/31	405.35%	405.35%	195.16%	196.50%	401.73%	401.73%	401.73%	401.73%
2016/12/30	-11.74%	-7.58%	19.42%	19.42%	40.63%	17.68%	40.63%	40.63%
2017/1/17	-9.91%	-9.91%	-9.91%	-9.91%	-9.91%	-9.91%	-9.91%	-9.91%
总收益率	2244.95%	3089.75%	4977.80%	13553.71%	24114.42%	20163.03%	24114.42%	19159.74%
年化收益率	37.16%	41.45%	48.19%	63.62%	73.29%	70.22%	73.29%	69.36%
最大回撤	65.90%	48.24%	46.41%	51.88%	39.87%	39.87%	39.87%	39.87%
夏普比例	116.99%	130.60%	154.24%	195.26%	226.83%	218.33%	226.83%	212.38%
年平均交易次数	7	5	3	1	1	1	1	1
满仓天数	1472	1547	1603	1831	1879	1856	1879	1901
空仓天数	973	898	842	614	566	589	566	544
满仓比	60.20%	63.27%	65.56%	74.89%	76.85%	75.91%	76.85%	77.75%

轮动是否有效

仍以小市值策略为例，从 2007 年初总市值最小的 10 只股票平均为 5.82 亿元到 2016 年底的 32.47 亿元，平均每年扩大 18.76%，但每个月轮动的策略，也是平均持有 10 只股票，只不过每次轮动一次，年化的收益率高达 64.62%，超额了 45.86%，10 年里只有 2008 年策略跑输了最小十个总市值的平均值，说明了收益并不完全是靠最小市值的升高，一部分收益是来自于我们的有效轮动。回测结果如表 14-6 所示。

表 14-6　10 只最小市值股票轮动回测

年	最小市值	最小 10 只股票	每月轮动策略	差异
2007	10.03	72.34%	245.24%	172.90%
2008	5.14	-48.75%	-60.86%	-12.10%
2009	10.17	97.86%	217.30%	119.44%
2010	12.21	20.06%	50.77%	30.71%
2011	10.06	-17.61%	-6.41%	11.20%
2012	8.24	-18.09%	11.62%	29.71%
2013	10.58	28.40%	90.12%	61.72%

续表

年	最小市值	最小10只股票	每月轮动策略	差异
2014	10.92	3.21%	101.69%	98.47%
2015	31.70	190.29%	301.28%	110.99%
2016	32.47	2.43%	40.63%	38.20%
总收益率		457.90%	14513.25%	14055.35%
年化收益率		18.76%	64.62%	45.86%

第四节　为什么不止盈止损

笔者的观点是：杜绝止盈止损！有人会坚决不赞同。百度百科中如是说："无论是从实践中总结经验教训还是翻阅大师们的著作，大家一致认为，在证券、期货交易过程中，应该坚持一个重要的原则——握住盈利的头寸，让盈利的头寸放开去盈，对错误的头寸要及时止损。对止损的重要性，也显而易见。"

先不要着急下结论，首先请思考三个问题。

第一个问题：你买入股票，是不是判断这只股票未来会涨？卖出股票，是不是判断未来会跌？相信绝大多少人的回答都是肯定的。

第二个问题：你觉得股票的涨跌和你持有这只股票的成本有关系吗？绝大多数理智的人肯定会说：没关系。如果你是大户，是机构，那么股票的涨跌和你的平均持仓成本可能有关系，但"小散"因为持有的比例在整个大盘中微不足道，所以理智的回答肯定是无关的。

第三个问题：既然你觉得股票未来的涨跌和你的成本无关，你买卖股票又是基于对未来这只股票涨跌的判断，那为什么还要干所谓的止盈止损、被套了补仓降低成本这样的事情呢？

有人又要问了，你主张不止盈止损，那你怎么买卖股票呢？

我们采用的是量化投资，满仓轮动的方式。什么叫满仓轮动呢？举一个生活中的例子，我们对一个女孩的美貌的评价标准是很难绝对量化的，同样，对同一个女孩，有人说漂亮，也有人说不漂亮。但如果我们把两个女孩做个对比，大部分人肯定会选出一个相对漂亮的女孩。满仓轮动就是这样一个概念，我们承认很难判别一只股票或者基金的好坏，也无法预测它们未来的涨跌（放弃了贝塔收益，即随大盘上涨的收益），但判断股票池（基金池）里的几十只股票（基金）的相对排名则相对容易。我们买入的永远是相对排名在前面的，卖出永远是在后面的。这样，我们取得的是相对收益（阿尔法收益，即超越大盘的收益）。假设我们每天的贝塔收益率是 0.2%，一年平均 242 个交易日，那么一年的复利就是 62%。即使每天的贝塔收益率是 0.1%，一年的复利也有 27%。也就是说，大盘一年不涨不跌，我们也有 27% 到 62% 的收益率，年收益率 27% 意味着三年资产翻番，可以超过巴菲特。

有人可能又要问了，如果大熊市，你还是满仓轮动吗？回答是肯定的，只不过我会在品种里加入对冲资产进行大轮动。笔者用 Excel 里的 correl 函数来判别对冲资产，correl 函数范围为 -100% ~100%，100% 说明两个品种完全一样，-100% 说明两个品种的走势完全相反，负数说明至少是负相关的，如分级 A、债券等品种和权益类的银行、小盘股等都是负相关的。一个股票（基金、债券）池里必须有负相关品种，方才可以通过轮动不止盈止损。

曾有网友质疑这是偷换概念，认为这种方法是天天在止盈止损。其实，叫什么真的不要紧，我们来这个市场是为了赚钱，而不是做学术讨论。通过满仓轮动不断抛弃相对不良资产（注意这是相对这个阶段的价格，一定是相对的），轮入相对优质资产，而不是只看过去的成本操作，效果比止盈止损要好很多。

还有人质疑，你既然能判断牛熊，不会做空吗？当然，做空更好，但很多“小散”因为现在的政策是没资格做空的。在大类资产进行大轮动时，加入负相关品种满仓轮动，不看成本只看将来，一般的“小散”确实很难修炼到这种程度，但不能否认这是一种比较好的方法。修炼到家后，你真的会忘记每个品种的成本，只看全局的胜负。

第五节　股债平衡

除了用技术指标去轮动股票和债券，还可以用一种股债平衡的方法。例如，可以在每个月换股的时候，按照一定的比例持有小市值股票和债券，这里还是以 000013 全价企债指数为例，从 0% 债券轮动到 100% 持有债券。即使 100% 的债券，2007 年也亏了 5. 59%，反而是 80% 债券、20% 股票，年最大亏损下降到 2. 15%，而年化收益率达到了 17. 77%，最近 10 年，这个业绩可以战胜绝大部分投资者和基金，回测结果如表 14 –7 所示。

表 14 –7　股债平衡回测 1

	0%	10%	20%	30%	40%	50%	60%	70%	80%	90%	100%
2007/12/28	245. 24%	208. 49%	174. 71%	143. 75%	115. 49%	89. 78%	66. 47%	45. 42%	26. 49%	9. 54%	-5. 59%
2008/12/31	-60. 86%	-55. 21%	-49. 09%	-42. 47%	-35. 36%	-27. 77%	-19. 69%	-11. 15%	-2. 15%	7. 27%	17. 10%
2009/12/31	217. 30%	185. 01%	155. 61%	128. 88%	104. 62%	82. 62%	62. 71%	44. 71%	28. 47%	13. 84%	0. 68%
2010/12/31	50. 77%	46. 38%	41. 98%	37. 58%	33. 20%	28. 83%	24. 48%	20. 16%	15. 87%	11. 63%	7. 42%
2011/12/30	-6. 41%	-4. 94%	-3. 58%	-2. 32%	-1. 16%	-0. 11%	0. 83%	1. 67%	2. 39%	3. 00%	3. 50%
2012/12/31	11. 62%	11. 74%	11. 75%	11. 64%	11. 41%	11. 06%	10. 58%	9. 99%	9. 28%	8. 45%	7. 50%
2013/12/31	90. 12%	80. 12%	70. 43%	61. 06%	52. 00%	43. 26%	34. 85%	26. 75%	18. 97%	11. 51%	4. 36%
2014/12/31	101. 69%	90. 50%	79. 76%	69. 45%	59. 57%	50. 11%	41. 06%	32. 40%	24. 14%	16. 25%	8. 73%
2015/12/31	301. 28%	259. 41%	220. 56%	184. 69%	151. 72%	121. 58%	94. 14%	69. 28%	46. 88%	26. 78%	8. 85%
2016/12/30	40. 63%	38. 70%	36. 29%	33. 46%	30. 26%	26. 75%	22. 97%	18. 97%	14. 79%	10. 47%	6. 04%
总收益率	14513. 25%	10372. 92%	7221. 15%	4893. 95%	3224. 88%	2060. 91%	1271. 02%	749. 13%	413. 30%	202. 78%	74. 22%
年化收益率	64. 62%	59. 22%	53. 62%	47. 86%	41. 96%	35. 98%	29. 93%	23. 85%	17. 77%	11. 72%	5. 71%
最大回撤	72. 39%	67. 57%	62. 13%	56. 03%	49. 21%	41. 62%	33. 20%	23. 89%	13. 65%	4. 88%	6. 50%

如果再用上月择时，250 天 MA，结果则更好，回测结果如表 14 –8 所示。

表 14 - 8　股债平衡回测 2（250 天 MA）

	0%	10%	20%	30%	40%	50%	60%	70%	80%	90%	100%
2007/12/28	179.09%	154.25%	130.92%	109.07%	88.66%	69.67%	52.06%	35.77%	20.77%	7.00%	-5.59%
2008/12/31	-8.86%	-6.29%	-3.71%	-1.12%	1.48%	4.08%	6.68%	9.29%	11.89%	14.50%	17.10%
2009/12/31	105.23%	91.97%	79.40%	67.49%	56.23%	45.57%	35.51%	26.01%	17.06%	8.62%	0.68%
2010/12/31	50.77%	46.38%	41.98%	37.58%	33.20%	28.83%	24.48%	20.16%	15.87%	11.63%	7.42%
2011/12/30	-6.41%	-4.94%	-3.58%	-2.32%	-1.16%	-0.11%	0.83%	1.67%	2.39%	3.00%	3.50%
2012/12/31	7.28%	7.30%	7.32%	7.35%	7.37%	7.39%	7.41%	7.43%	7.45%	7.47%	7.50%
2013/12/31	90.12%	80.12%	70.43%	61.06%	52.00%	43.26%	34.85%	26.75%	18.97%	11.51%	4.36%
2014/12/31	101.69%	90.50%	79.76%	69.45%	59.57%	50.11%	41.06%	32.40%	24.14%	16.25%	8.73%
2015/12/31	401.73%	337.85%	280.86%	230.16%	185.19%	145.44%	110.40%	79.64%	52.71%	29.23%	8.85%
2016/12/30	40.63%	38.70%	36.29%	33.46%	30.26%	26.75%	22.97%	18.97%	14.79%	10.47%	6.04%
总收益率	21279.32%	14130.45%	9220.75%	5907.37%	3709.66%	2276.80%	1358.53%	780.12%	422.07%	204.31%	74.22%
年化收益率	71.00%	64.18%	57.38%	50.62%	43.91%	37.28%	30.73%	24.30%	17.97%	11.77%	5.71%
最大回撤	35.93%	32.25%	28.56%	24.86%	21.15%	17.43%	13.69%	10.07%	6.45%	2.84%	6.50%

从表 14 - 8 可以看出，选择每月轮动一次，每月择时一次，每月再平衡一次，股债 50%∶50%，年化收益率可以达到 37.28%，最大回撤 17.43%，最大亏损年是 2011 年，仅亏损了 0.11%。当然，你也可以选择股债比例 40%∶60% 等更加安全的策略，代价是年化收益率略有下降。

第六节　如何开始轮动

如何开始

单独谈这个问题，是因为大部分投资者都是根据某个策略最近的表现而不是整体的历史数据决定投资，而现实往往很残酷。月圆则亏，水满则溢。往往当你看到某个策略非常有效，决定效仿时，很可能策略很快就失效了，跟进没过多久就被套，从而丧失信心。如果要跟踪入市，最好的时机是在策略处在一段特别无效的日子里。回首看，确实每次策略特别无效的时候，就是入市最好的时间。但实战中又有几个人会看到策略特别无效时跟进呢？

退而求其次，即使你看好某个策略，也不要一下子全仓进去，而是分期分批逐步进去，从而降低突然暴跌的风险。

如何换股

有人说，换股简单，既然是每月满仓换一次，那到了时间就换。实践中笔者发现，不少投资者的换股成本远远不止0.2%，究其原因，和换股选择时机有相当大的关系。一般来说，股市上涨时，投资者交易欲望强烈，而股市下跌时，投资者交易欲望不强。但是，满仓轮动换股最好的时机是股市下跌的时候。因为在股市上涨的时候，你卖出股票固然容易，但等你卖出A股票再要买入B股票时，可能在A股票卖出的同时，B股票的价格你已经买不进了，需要付出更多的成本才能买入B，从而大大提升了换股成本。但在股市下跌的时候，虽然卖出A不容易，但卖出A后大盘还是在继续下跌，买入B就非常容易，甚至低挂很多也能买进B。在下跌中换股，不仅不会增加换股成本，甚至还能吃到更多的阿尔法超额收益。

例如，2017年1月16日大盘暴跌时用东华测试换华虹计通，在1月20日大盘上涨时用华虹计通换回东华测试，查看当时的分时图，就会很清楚地看到，在1月16日卖出华东测试后，因为华虹计通在不断下跌，所以可以很容易用比在卖出东华测试时华虹计通更低的价格买入。但反过来，在1月20日卖出华虹计通后，再要买到当时价格的东华测试，就根本没有机会了，从而大大增加了换股成本。如果是一个月换一次，影响还不是那么大，但很多投资者无法抑制交易的欲望，三天两头交易，这个影响就很大。

总结一下：选择股债再平衡，每月轮动一次，每月择时一次，每月股债再平衡一次，不要在大盘走强时入市、换股，而要在大盘走弱时入市、换股。

第七节　打新如何配置沪深股票比例

从2016年初开始，打新不需要冻结资金，这对“小散”来说是一个非常不错的政策红利。按照统计，从2016年初—2017年3月28日，开板的新股一共有322只，平均中一签的收益是32219元，如果用10万元资金打新，满仓沪市理论收益是23233元，年化收益率是18.19%；满仓深市理论收益是24941元，年化收益率是19.50%。如果资金到了50万元，那么沪市年化收益率就只有8.81%了，而深市则下跌至5.72%。所以，能多开账户的尽可能多开账户。资金量大了，如果没有那么多账户分户，只能在沪市适当多配置些。

表14-9　打新收益统计

沪市：

时间＼金额(万元)	5	10	15	20	25	30	35	40	45	50	55	60	65	70	75	80	85	90
2016/01	122	243	365	365	365	365	365	365	365	365	365	365	365	365	365	365	365	365
2016/02	214	428	642	816	980	1119	1222	1325	1428	1531	1531	1531	1531	1531	1531	1531	1531	1531
2016/03	442	884	1163	1301	1395	1434	1434	1434	1434	1434	1434	1434	1434	1434	1434	1434	1434	1434
2016/04	608	1176	1593	1864	1906	1906	1906	1906	1906	1906	1906	1906	1906	1906	1906	1906	1906	1906
2016/05	944	1887	2429	2952	3259	3533	3806	4080	4353	4626	4900	5173	5446	5720	5993	6266	6540	6813
2016/06	743	1486	2083	2603	3034	3442	3850	4258	4539	4735	4931	5127	5127	5127	5127	5127	5127	5127
2016/07	483	965	1412	1805	2086	2303	2431	2560	2688	2816	2944	3073	3201	3329	3458	3586	3714	3842
2016/08	1597	3193	4209	5030	5768	6494	7172	7781	8345	8908	9472	10036	10599	11163	11726	12290	12854	13417
2016/09	1234	2449	3423	4041	4517	4780	5044	5308	5571	5835	6070	6241	6279	6287	6287	6287	6287	6287
2016/10	870	1720	2371	2891	3096	3178	3260	3342	3424	3506	3588	3671	3753	3835	3917	3966	3966	3966
2016/11	1539	2934	4121	5260	5859	6253	6633	6928	7181	7434	7686	7939	8192	8444	8697	8950	9202	9455
2016/12	1142	2266	3089	3676	4016	4236	4430	4556	4668	4780	4892	5005	5096	5156	5215	5275	5335	5395
2017/01	1058	2075	2940	3523	3705	3825	3909	3987	4041	4096	4150	4204	4259	4313	4367	4421	4476	4530
2017/02	623	1217	1695	2048	2330	2558	2762	2929	3095	3262	3417	3526	3635	3744	3853	3962	4071	4180
2017/03	155	309	398	398	398	398	398	398	398	398	398	398	398	398	398	398	398	398
总盈利	11772	23233	31932	38573	42715	45826	48623	51157	53438	55634	57687	59629	61222	62753	64276	65766	67208	68649
总收益率	23.54%	23.23%	21.29%	19.29%	17.09%	15.28%	13.89%	12.79%	11.88%	11.13%	10.49%	9.94%	9.42%	8.96%	8.57%	8.22%	7.91%	7.63%
年化	18.43%	18.19%	16.70%	15.15%	13.45%	12.04%	10.97%	10.11%	9.39%	8.81%	8.31%	7.87%	7.47%	7.11%	6.80%	6.52%	6.28%	6.06%

深市：

时间＼金额(万元)	5	10	15	20	25	30	35	40	45	50	55	60	65	70	75	80	85	90
2016/01	202	403	576	595	595	595	595	595	595	595	595	595	595	595	595	595	595	595
2016/02	222	443	628	700	700	700	700	700	700	700	700	700	700	700	700	700	700	700
2016/03	890	1740	2205	2276	2291	2291	2291	2291	2291	2291	2291	2291	2291	2291	2291	2291	2291	2291
2016/04	580	1019	1261	1369	1369	1369	1369	1369	1369	1369	1369	1369	1369	1369	1369	1369	1369	1369
2016/05	1015	1996	2522	2778	2864	2950	3037	3123	3209	3295	3382	3468	3554	3563	3563	3563	3563	3563
2016/06	1192	2280	2681	2897	2897	2897	2897	2897	2897	2897	2897	2897	2897	2897	2897	2897	2897	2897
2016/07	1141	2203	2955	3547	3765	3983	4115	4115	4115	4115	4115	4115	4115	4115	4115	4115	4115	4115
2016/08	1103	2119	2593	2803	2859	2915	2971	3027	3083	3139	3195	3239	3239	3239	3239	3239	3239	3239
2016/09	1037	1968	2496	2621	2621	2621	2621	2621	2621	2621	2621	2621	2621	2621	2621	2621	2621	2621
2016/10	993	1961	2451	2657	2657	2657	2657	2657	2657	2657	2657	2657	2657	2657	2657	2657	2657	2657
2016/11	1243	2436	3144	3416	3466	3516	3516	3516	3516	3516	3516	3516	3516	3516	3516	3516	3516	3516
2016/12	879	1738	2189	2466	2492	2492	2492	2492	2492	2492	2492	2492	2492	2492	2492	2492	2492	2492
2017/01	1228	2393	2952	3208	3295	3350	3367	3384	3401	3418	3431	3431	3431	3431	3431	3431	3431	3431
2017/02	1030	2017	2490	2675	2675	2675	2675	2675	2675	2675	2675	2675	2675	2675	2675	2675	2675	2675
2017/03	112	223	223	223	223	223	223	223	223	223	223	223	223	223	223	223	223	223
总盈利	12865	24941	31366	34232	34770	35235	35526	35685	35844	36003	36159	36289	36376	36384	36384	36384	36384	36384

续表

金额(万元) 时间	5	10	15	20	25	30	35	40	45	50	55	60	65	70	75	80	85	90
总收益率	25.73%	24.94%	20.91%	17.12%	13.91%	11.74%	10.15%	8.92%	7.97%	7.20%	6.57%	6.05%	5.60%	5.20%	4.85%	4.55%	4.28%	4.04%
年化	20.10%	19.50%	16.41%	13.47%	10.98%	9.29%	8.04%	7.08%	6.32%	5.72%	5.23%	4.81%	4.45%	4.14%	3.86%	3.62%	3.41%	3.22%

那么问题来了，到底配多少资金合适？笔者做了一个量化的模板，具体看四个案例，分别是30万元、40万元、50万元、100万元资金，如何配置打新收益率最高。

通过计算可以看到，30万元资金，沪深资金最佳比例大概是67:33，对应年化收益率16.61%；如果是40万元资金，那么最佳比例大概是75:25，对应年化收益率14.56%；如果是50万元资金，那么最佳比例大概是60:40，对应的年化收益率12.62%；如果是100万元资金，那么最佳比例大概是80:20，对应的年化收益率只有7.92%了。从这里也可以看出，因为申购有上限，所以资金量越大，再优化配置的年化收益率也会越来越低。

当然这只是基于过去的规则和数据计算出来的结果，5万元一档也略显粗，读者可以下载详细数据核对。

表14－10　打新资金分配对比

投入30万元	10/20	15/15	20/10	25/5
总盈利（元）	57464.86	63298.50	63513.68	55580.37
沪市盈利（元）	23233.12	31932.27	38573.08	42715.36
深市盈利（元）	34231.75	31366.23	24940.60	12865.01
总收益率	19.15%	21.10%	21.17%	18.53%
年化收益率	15.05%	16.55%	16.61%	14.57%

投入40万元	10/30	15/25	20/20	25/15	30/10
总盈利（元）	43137.99	66702.11	72804.82	74081.59	70766.43
沪市盈利（元）	11771.76	31932.27	38573.08	42715.36	45825.83
深市盈利（元）	31366.23	34769.84	34231.75	31366.23	24940.60
总收益率	10.78%	16.68%	18.20%	18.52%	17.69%
年化收益率	8.54%	13.13%	14.31%	14.56%	13.92%

投入50万元	10/40	20/30	25/25	30/20	35/15	40/10
总盈利（元）	58917.93	73807.89	77485.20	80057.58	79989.65	76097.58
沪市盈利（元）	23233.12	38573.08	42715.36	45825.83	48623.42	51156.98
深市盈利（元）	35684.81	35234.81	34769.84	34231.75	31366.23	24940.60
总收益率	11.78%	14.76%	15.50%	16.01%	16.00%	15.22%
年化收益率	9.32%	11.64%	12.22%	12.62%	12.61%	12.00%

投入100万元	30/70	40/60	50/50	60/40	70/30	75/15	80/20	85/15	90/10
总盈利（元）	82210.18	87446.48	91636.64	95313.57	97987.76	99045.98	99998.24	98573.80	93589.26
沪市盈利（元）	45825.83	51156.98	55633.76	59628.76	62752.95	64276.14	65766.49	67207.57	68648.66
深市盈利（元）	36384.35	36289.50	36002.88	35684.81	35234.81	34769.84	34231.75	31366.23	24940.60
总收益率	8.22%	8.74%	9.16%	9.53%	9.80%	9.90%	10.00%	9.86%	9.36%
年化收益率	6.52%	6.94%	7.27%	7.56%	7.77%	7.85%	7.92%	7.81%	7.42%

第八节 寻找成长股

价值和成长是投资中的永恒话题。在成长股中，我们一般用归属母公司所有者的净利润（以下简称“利润”）的年增长率作为其中的关键指标，如果一家公司能每年稳定增长，那么业绩也不会差到哪里去。闲话少说，我们还是上数据，下表纵向是连续增长年数，横向是每年利润的增长率，对应的是下一年的业绩平均同比增长率，而整个市场这几年的平均增长率大概是7%左右，远远超过平均值，说明好企业下一年继续好的概率还是很大的。

表14－11 企业增速对比

第二年同比	15%	20%	25%	30%
4年增速	16.92%	17.83%	18.91%	18.68%
5年增速	17.59%	16.48%	19.33%	20.38%
6年增速	21.86%	19.64%	24.83%	24.42%
7年增速	20.54%	19.73%	27.48%	21.76%

我们再来做个复盘，把时间回到2016年4月29日，这一天2015年的年报已经出了，从2009年到2015年连续7年，选出每年利润增长超过25%的股票（表14－12），一共有以下11只股票：海康威视、康得新、老板电器、索菲亚、瑞康医药、星辉娱乐、乐视网、捷成股份、迪安诊断、尔康制药、掌趣科技。截至2017年5月5日，5只股票跌、6只股票涨，整体涨幅为7.46%，而同期沪深300涨幅为7.15%，而且像乐视网等几只股票还在停牌，复牌后免不了还要补跌，显然“无脑

操作”是有问题的。

表 14－12　2009—2015 年利润增长连续超过 25%的股票

	行业分类	计算机	化工	家用电器	轻工制造	医药生物	传媒	传媒	计算机	医药生物	医药生物	传媒
	股票名	海康威视	康得新	老板电器	索菲亚	瑞康医疗	星辉娱乐	乐视网	捷成股份	迪安诊所	尔康制药	掌趣科技
	股票代码	002415	002450	002508	002572	002589	300043	300104	300182	300244	300267	300315
利润同比	2009 年	29%	60%	51%	107%	53%	54%	47%	79%	161%	110%	429%
	2010 年	49%	52%	64%	98%	39%	43%	58%	61%	89%	192%	201%
	2011 年	41%	87%	39%	45%	35%	45%	87%	54%	30%	77%	35%
	2012 年	44%	223%	43%	29%	32%	32%	48%	39%	43%	29%	48%
	2013 年	44%	56%	44%	41%	30%	25%	31%	40%	43%	27%	87%
	2014 年	52%	52%	49%	34%	26%	91%	43%	31%	45%	49%	115%
	2015 年	26%	43%	45%	40%	30%	31%	57%	103%	40%	110%	42%
	2016 年	26%	36%	45%	45%	150%	30%	-3%	80%	50%	70%	8%
	2017 年	29%	31%	54%	47%	242%	-47%	9%	9%	41%	30%	-27%
复权价	2016/4/29	19. 88	16. 95	33. 90	24. 52	32. 58	14. 17	52. 91	11. 12	31. 44	14. 79	11. 25
	2017/5/5	37. 00	18. 98	55. 05	35. 99	38. 90	8. 12	30. 68	9. 38	28. 27	12. 90	8. 84
	收益率	86. 12%	11. 98%	62. 39%	46. 78%	19. 40%	-44. 00%	-42. 01%	-15. 65%	-10. 08%	-12. 78%	-21. 42%
PE	2016/4/29	21	36	29	46	67	41	184	49	92	45	51
	2017/5/5	29	32	31	48	32	28	108	25	56	25	55
	增加	9	-4	2	2	-35	-12	-76	-24	-36	-20	4
PB	2016/4/29	6. 1	5. 7	7. 4	10. 2	5. 5	8. 6	26. 8	3. 2	8. 8	7. 0	3. 9
	2017/5/5	8. 8	4. 2	9. 1	8. 4	3. 6	4. 1	4. 5	2. 6	7. 7	4. 9	2. 9
	增加	2. 8	-1. 5	1. 7	-1. 8	-1. 9	-4. 5	-22. 3	-0. 6	-1. 1	-2. 1	-1. 0

再仔观察，发现前五只涨幅的股票和后面六只跌的股票有个显著的差别——PE，前五只平均 PE 才 40，而后 5 只的 PE 高达 75，再加上乐视网、掌趣科技等 2016 年利润增速大幅度滑坡，戴维斯双杀是难免的。所以即使业绩好，但太高估后，一旦业绩增速放慢，就可能遇到戴维斯双杀，这是我们特别要注意的。

笔者列出 2010 年开始到 2017 年 Q1 同比增速大于 25% 的股票（表 14－13），一共有 9 只，除了上表中的海康威视等七只股票外，增加了东方网力和华夏幸福，其中华夏幸福还是雄安概念股，PE、PB 也不高。读者可以继续跟踪半年报，检验我们的判断。

表 14－13　2010—2017 年 Q1 利润同比增速大于 25%的股票

行业分类	计算机	化工	家用电器	轻工制造	医药生物	医药生物	医药生物	计算机	房地产
股票名	海康威视	康得新	老板电器	索菲亚	瑞康医药	迪安诊断	尔康制药	东方网力	华夏幸福
股票代码	002415	002450	002508	002572	002589	300244	300267	300367	600340
2010 年	49. 07%	51. 51%	64. 17%	98. 31%	38. 77%	88. 78%	192. 14%	57. 97%	5489. 15%
2011 年	40. 81%	86. 56%	39. 19%	44. 88%	35. 34%	30. 23%	77. 26%	51. 64%	225. 46%
2012 年	44. 28%	223. 49%	43. 34%	28. 55%	31. 64%	42. 60%	28. 94%	44. 00%	31. 34%
2013 年	43. 51%	55. 70%	43. 87%	41. 37%	29. 74%	43. 04%	27. 01%	30. 25%	52. 21%
2014 年	52. 13%	52. 25%	48. 95%	33. 51%	26. 07%	44. 71%	49. 43%	33. 30%	30. 30%
2015 年	25. 80%	43. 46%	44. 58%	40. 42%	30. 36%	40. 30%	109. 71%	83. 00%	35. 71%
2016 年	26. 46%	36. 45%	45. 32%	44. 66%	150. 39%	50. 33%	69. 78%	34. 69%	35. 22%
2017 年 Q1	29. 49%	31. 07%	54. 28%	46. 75%	241. 72%	41. 14%	30. 36%	59. 71%	35. 06%
市盈率	29. 34	32. 03	31. 02	48. 26	31. 92	55. 82	24. 67	48. 39	15. 13
市净率	8. 82	4. 15	9. 13	8. 38	3. 55	7. 72	4. 92	5. 24	3. 38

当然，这些股票部分 PE、PB 过高，而且尔康制药可能涉嫌虚假问

题而停牌，这里笔者只是给出一个思路，真正实战尚需细化。

第九节　散户靠什么战胜基金经理

今天不管是在哪个行业，专业化是一个必然的趋势，在投资市场也是这样。整体对比，非专业的“小散”，投资成绩不如专业的基金经理，也是一个必然的趋势。那么，“小散”是否真的需要“缴枪”，委托专业的基金经理投资呢？非也。首先，我们假设这些基金经理都是勤勉尽职，当然不排斥个别人的“老鼠仓”等不法行为。即使在这种情况下，“小散”依然有机会战胜基金经理。

第一，“小散”的资金量小，是战胜基金经理的一个非常重要的因素。我们先来看看股神巴菲特的历史业绩。

青年时期（13 年：1956—1969 年/合伙企业）：年均 29.5%；

中年时期（29 年：1970—1998 年/伯克希尔）：年均 26.2%；

晚年时期（15 年：1999—2013 年/伯克希尔）：年均 8.4%。

为什么巴菲特越来越出名，投资手段越来越成熟，实际业绩却每况愈下呢？最主要的原因，就是资金量越来越大——很多机会无法容纳较大的资金量。

我们先看一个简单的策略，每年持有市值最小的 10 只股票，第二年再换入市值最小的 10 只股票，2007—2017 年 2 月 27 日，年化收益率高达 46.43%，远远超过了沪深 300 的 5.13%。

有人会说，将来随着注册制的实施，壳资源就越来越不值钱，策略自然就无效。那我们再看一个 300 等权重指数（000984）同期和沪深 300 的对比，从表 14－14 中可以看出，完全一样的成分股，只是把按照市值加权改成等权重，年化收益率就从 5.13% 上升到 9.00%，其他如中证500等也有类似的结果。

表14-14 小市值策略与300等权重策略对比

年份	沪深300	小市值策略	300等权重
2007	157.53%	222.12%	195.81%
2008	-65.85%	-55.40%	-63.69%
2009	96.70%	212.41%	118.14%
2010	-12.51%	42.49%	-4.58%
2011	-25.02%	-15.54%	-29.04%
2012	7.53%	20.68%	1.47%
2013	-7.65%	50.85%	-3.47%
2014	51.65%	69.10%	43.47%
2015	5.59%	148.91%	22.28%
2016	-11.27%	12.94%	-15.36%
2017	4.11%	2.66%	3.93%
累计	66.22%	4698.60%	139.79%
年化	5.13%	46.43%	9.00%

为什么绝大部分指数的设计都是按照总市值或者流通市值设计的呢？那是因为考虑指数要反映整个标的的整体涨跌，如在上证指数中，“两桶油”和银行的权重就非常大，导致影响上证指数的涨跌也非常大。而同样的道理，基金经理动辄上亿元的操作，使得他选股时更注重流动性因素。而即使将来小市值因子完全失效，同样业绩的股票，就成长性来说，市值大的一般不如市值小的。这不仅是中国而且是世界股票市场的普遍现象。尤金·法玛获得诺贝尔经济学奖的法玛三因子，其中一个有效因子就是小市值。从1926年7月到2013年8月，整整87年，小盘价值股是美股中回报最高的板块，年回报率14.98%，与之对比，大盘价值股只有11.93%的年回报率。而恰恰因为基金经理操作的资金量大，使得他们无法买卖同样业绩的小盘股。

其实不仅小盘股，很多机会都是因为资金量太大，导致基金经理明明知道是机会也无法操作，如当年日成交额只有1000万元左右的封闭基金，跌到100元以下的可转债，2015年上半年的分级B，2015年下半年的分级A等，都是资金容量不大的机会。这些机会对于“小散”来说无疑是一道道美味了。

第二，基金经理的很多纪律，一方面降低了基金的风险，另一方面也制约了基金经理的操作。如限止股票型基金的股票最低仓位制度，导致基金经理们在2008年明显的熊市，都只能“死扛”。投资品种的限定，又使得基金经理错失了很多机会。如2011年“9·30惨案”后债券的机会，2015年市场暴跌后分级A出现了大批低折机会等。作为委托理财，考虑到风险，是不可能不对基金经理有所限制的，但这些限制也必然会付出代价，错失很多机会。

第三，政策性的倾斜，如2016年开始的打新“新政”，是最有利于“小散”的一项政策。平均持有10万～20万元股票市值，在2016年平均打新收益就高达10%～20%。如果委托基金理财，这些政策红利就没有了。

正因为“小散”有这些优势，所以我们也会看到大量“牛散”做了私募基金后，业绩远远不如“小散”时期。

当然，不是说“小散”有了这些有利因素就可以战胜基金经理，战胜基金经理的“小散”还是其中的一小部分，绝大部分“小散”们都是跑输大盘和基金经理的，这其中的原因很多，主要原因还是没有建立并坚决实施一套行之有效的策略。虽然笔者是靠着量化投资，10年赚了10倍，远远跑赢了99.99%的基金经理，但条条大路通罗马，只要“小散”们能清晰地认识自我，认识这个市场，扬长避短，跑赢基金经理并不是难事。

| 第十五章 |

我为什么会做量化？

偏爱数学的我

我大概是一个天生的左脑型，从小对数学感兴趣。很小的时候，就把那本黑色封面的《十万个为什么·数学册》看得滚瓜烂熟。可惜读书不到两年就遇到了“文化大革命”，学校停课，一直到1976年粉碎“四人帮”，我也在混乱中中学毕业了。

1978年是个转折点，在这一年不仅有真理问题的大讨论，还有全国科学大会的召开——代表着科学的春天来到了。这一年，著名作家徐迟的《哥德巴赫猜想》在年初发表了。直到今天，我都能背诵其中充满浪漫和诱惑几句话：“自然科学的皇后是数学。数学的皇冠是数论。哥德巴赫猜想，则是皇冠上的明珠。”在这样的大背景下，陈景润成为我们那一代青年的偶像。刚刚踏上工作岗位的我，出于对偶像的崇敬和体内荷尔蒙的刺激，甚至买了看不懂的数论方面的图书，开始研究起1+2了。

1980年，在读职工大学期间，由于对数学的热爱，我做完了厚厚的一本吉米多维奇的《高等数学习题集》，然后高等数学都免修了。但回到现实社会中发现，这个数学好像很难直接变成钱。后来，我又自学了计算机软件，通过给外单位做一个工资软件赚了1000元，才真正感觉到知识的力量。

初识量化

1986年结婚后，遇到了一个现实问题：谁来做菜？因为都不会做菜，我们就买了一本菜谱开始学习。记得当年最大的困惑就是菜谱里出现的盐少许、味精少许、爆炒片刻，这个“少许”“片刻”到底是多少？经过了无数次失败后，我才慢慢理解了这个“少许”“片刻”。

1995 年，我进入了联想，从基层的工程师开始，一直到管理全国的服务渠道，当时遇到的问题是对遍布全国 1000 多个城市的 1 万多名工程师行为的管理，不用量化的严格管理，现在回想起来简直是一场灾难。

如果没有生活和工作的积累，没有对数学的热爱，我不可能一进入股市就采用了后来被人们称为“量化投资”的方法。其实，我当时根本不知道这就叫“量化投资”。

与“小散”类似的开端

48 岁我才步入股市，这是相当晚的。我的投资从认购证开始。大约在 1992 年，那时工资才 100 多元，一张认购证要 30 元，还不知道能不能中签，中了后市场价格到底是多少？这一切都是一个谜。在这种情况下，要拿出三分之一的工资买一张可能是废纸的东西，确实很难下定决心。好不容易说服自己，去银行买一张认购证，结果接待我的银行员工说让我等等。遇此挫折，原本就犹豫不决，最后干脆走人。结果大家都知道了，和 10000 元失之交臂。

第二次买认购证的时候还是没钱，于是和同事一起合起来买，但非常不幸，中了一个上海石化，5 元的认购证成本，加上 3 元的价格，一共是 8 元的总成本。从 1993 年上市一直到 2007 年的大牛市，整整 14 年，也没到过成本价，一气之下，“割肉”后再也没碰过股市了。

到了 2005 年，股市已经连续跌了好几年，都说股市快要见底了。有一天，我路过徐家汇的招商银行，就稀里糊涂地去开了户。对方问我是否要开深圳的，我想我在上海，开什么深圳的？当时可以说什么都不懂!

因为不懂，所以开户了一直没做过交易。到了 2006 年，轰轰烈烈的大牛市来了，我也随着投资大军一起投资了基金。当时我的想法很简单，与其到证券公司、银行去买基金公司的基金，还不如直接去基金公司买基金。2006 年 9 月，我陆续买了招商成长、摩根中国优势等当时的牛基，当然现在这两只基金的业绩是惨不忍睹。

2006 年底，一个偶然的机会，我看到了媒体上“封基教主”胡立峰介绍封基（封闭式基金）的情况，当时很多封基都是打了对折在卖。年底好不容买了 100 股基金景阳，但还一直担心能否顺利卖出，钱能否顺利到账，所以没多久就又卖出了。对于封基，当时的我可谓一无所知，只知道买打折的便宜。

第一个模型

2007 年初，轰轰烈烈的牛市终于来了。刚好，1999 年上海楼市不景气，政府出台了买房退 5 年所得税的政策。利用政策利好，当时我多买了一套房子，于是准备卖掉房子，作为入市的启动资金。一介书生，对市场一无所知，唯一的办法就是加强学习。主要从和讯论坛、东方财富网及各大网站获取资料，慢慢地，知道了“封基教主”胡立峰；知道了封基的净值是一周公布一次，平时看到的是市价；知道了影响价格的因素有净值的增长、折价率、分红比例、到期年化收益率等。有一天，我突发奇想，能不能建个模型，预测动态的净值，然后根据这些因子构建出一个综合分，再回算历史数据，使历史上这样的加权分对应的综合分最高时，收益率也最高?

2007 年，我建立了封基量化模型，而这完全得益于我的工作。当年我是联想华东区的服务总监，管理着上海、安徽、江苏、江西、浙江、福建五省一市的服务，大部分服务站和工程师都不在上海，即使出差也很难时刻在现场，所以我们在评价一个服务站和一个工程师的时候，建立了一套评价体系。而我做封基量化模型，就是受到这个模型的启发。

封基的涨跌和净值的涨跌、折价率、到期年化收益率、分红比例等密切相关，假设：

X1 = 当天净值涨幅

X2 = 周净值涨幅

X3 = 月净值涨幅

X4 = 季净值涨幅

X5 = 折价率

X6 = 到期年化收益

X7 = 分红比例

那么，综合分 $Y = A1 \times X1 + A2 \times X2 + A3 \times X3 + A4 \times X4 + A5 \times X5 + A6 \times X6 + A7 \times X7$

建立至少三年封基数据的模型，使得收益率动态地和 Y 相关，然后调节权重 A1、A2、A3、A4、A5、A6、A7，使得目标值最佳。所谓最佳，不一定是收益率最高，可能还要加上回撤最小，收益率最稳定（如三年不出现忽高忽低的情况）。当然，现在有很多先进的工具，可惜我还是用最土的办法——Excel。自己写语句，一句一句地调试，到后来因为做得多了，速度甚至能和专用的工具媲美。缺点就是会漏掉最佳点。但对大部分“小散”来说，已经足够了。

当时我还不知道，其实这样的做法就是量化投资的雏形。因为当时做封基的人还很弱，不少人还是看着上周五的净值在做，净值预测非常少而且不准，所以我基本每周五下午换基，周一总是大获全胜。工作和投资上的双赢使我这个早就过了不惑之年的人有点飘飘然了，以为天下没有我解决不了的问题。

2007 年可以说是最好的时光，我赚了整整 180%，获得了人生意义上的第一桶金。但古人说得好，“月圆则亏，水满则溢”，乐极生悲，悲剧终于拉开序幕了。

涉足债券

大盘在 2007 年的 10 月到了高点，但封基和小盘其实在 2008 年的 1 月才到达高点。当时我已经意识到了风险，但觉得还有那么多的分红，安全垫足够厚。当时，我还在东财网发表了文章，详细计算了这些分红和对应的折价能够抗多少暴跌。1 月 21 日暴跌 5 个多点，1 月 22 日暴跌 7 个多点，1 月 28 日又是暴跌 7 个多点，一直扛到 3 月 18 日，在看不到未来的悲观情绪的驱动下，我终于把所有的封基清仓了。

当时的情绪沮丧到了极点，但后来大盘继续下探，人的这种幸灾乐祸的劣根性反而使我的心情好了点。当时大盘虽然暴跌，但有一个品种却逆势而涨，这就是债券。于是，我开始从头学习债券的所有知识，包括看似简单其实复杂的 YTM 的各种算法，也结识了不少好友，包括现在还在一个群里的“退休的老马”等。当时做债券，我建立了按照 YTM 轮动的模型，买了 08 青啤债、08 康美债以及 08 新湖债（08 新湖债当时被诟病甚多，但后来却给我带了巨大的财富）。

2008 年，中国可谓是悲喜交加的一年。股市跌到 3000 点以下、金融危机、汶川地震……但很多人仍天真地认为，国家不可能在奥运会期间让股市继续暴跌。然而，8 月 8 日星期五当天，大盘暴跌 4.47%，到了周一，大部分人觉得国家要出手护盘了，谁知暴跌更加厉害，整整跌了 5.31%。于是我忍痛清仓封基，继续做债券。2008 年靠债券勉强减少了不少亏损，但还是亏了 20%，这也是我 10 年的投资历史上唯一亏损的一年。

这时，我发现了一个规律（后来才知道这叫近因效应），人总是从最近一次的行为中吸取教训，而很少理性地思考这次行为的得失的真正原因是什么？例如，靠杠杆赚了钱，就加杠杆，靠债券赚了钱了，就死守债券。2009 年，我错失大牛市，就是因为这个规律。2008 年债券给我留下了太多美好的回忆，而股票却几次抄底失败，所以错过了 2009 年的大牛市，做了整整一年的债券。虽然也获得了 18% 的收益率，但和大盘比，是我 10 年投资中唯一一次跑输大盘的。

2010 年开始，我又重新回到了满仓封基轮动模式。当时我想了很多办法，不停地优化封基量化模型，当年取得了 29% 的收益率，虽然不高，但和大盘下跌 14% 比，还是跑赢了整整 43% 。

当我像风华正茂的年轻人一样踌躇满志的时候，终于遇到了真正的高手——Flitter——一位结识于网络的量化投资者。他使我真正认识到什么叫山外有山，天外有天。他对模型量化的精细程度，及最终结果的有效性，使我找到了一位赶超的目标。今天，Flitter 依然在集思录的银行轮动中大显神威。直到 2016 年，我到他的家乡旅游，我才知道他当年是动用了四台服务器，用了遍历的算法，才找到最佳值。

接下来的 2011 年依然是个大熊市，跌幅超过 21% ，很多高手都出现亏损。9 月，甚至出现了债券因为信用问题而暴跌——一天跌幅高达 5% ，而且连续多天，到了 9 月 30 日，很多用高杠杆做正回购的投资者开始出现爆仓。凭借之前做债券积累的经验，9 月 30 日暴跌的最后一天，我满仓抄底债券——买了当时跌幅最大、YTM 最高的 10 红谷滩、10 红投 02 等。30 日当天就出现了强烈反弹，在度过愉快的国庆假日后，10 月 8 日开盘后，10 红谷滩、10 红投 02 等竟然像股票那样一天涨了 2 ~ 3 个点，当时心花怒放，无以言表。这一年大盘跌了近 22% ，但因为我满仓抄底债券，不仅挽回了损失，还盈利了 5% 之多。但我知道，没有之前专研债券的过程，是不可能有那次成功的抄底，机会只给有准备的人。

现在的债券，流动性不能和当时比，而机会不能和 A 股比，虽然我还有少量仓位，但总觉得有点鸡肋了。

ETF 轮动

2012 年，我的封基模型已经很成熟了，但投资的敌人出现了——一个叫贪婪，一个叫恐惧。我总想把模型优化再优化，拼命修改各项参数，想得到更高的收益率，结果模型越改越复杂，回算的收益率越改越高，但实盘表现却差强人意。后来我才知道，自己犯了过度优化的错误。当目标没达到时，大盘一个暴跌，恐惧心理又占了上风，匆忙给模型加上了跌破某数值就清仓的条件，结果弄巧成拙，2012、2013 两年虽然战胜了大盘，但收益率都在 10% 以内。我感到很迷惑，模型从 2007 年到 2013 年，可谓千锤百炼，应该成熟了。仔细想想，主要是心魔在作怪，贪婪和恐惧一直在影响着我。

2014 年，我开始重点研究 ETF 的轮动，选用了 bias 指标，并把指标做了修正。bias 是所有指标中一个相对冷门的指标，经过我的修正，变成了三线四区域的指标。三线是：逃顶线、持有线、抄底线。

四个区域分别对应四句话。

（1）强者恒强区：在持有线和逃顶线之间，持有。

（2）弱者恒弱区：在持有线和抄底线之间，空仓。

（3）过强变弱区：在逃顶线上，逃顶空仓。

（4）过弱变强区：在抄底线下，抄底满仓。

我在网络上公开了所有的源程序，引起了热烈的讨论。

人生低谷

我是一个喜欢折腾的人，2014 年末，突发奇想，我统计了所有打新资金释放的情况，发现了一个规律：历史上的数据表明，凡是打新资金释放超过3000亿元的，当天必定大涨，无一例外。我当时异常兴奋，一直在数日子，终于等到了释放的前一天，我清仓了所有的品种，为了防止风险，我买了不少分级基金B，到了第二天早上，开盘果然大涨，又一次成功了！

祸兮福所倚，福兮祸所伏。第二次，同样打新资金释放超过3000亿元，我采用了相同的手法，然而"黑天鹅"来了，当天不仅没有大涨，反而下跌了，于是痛下决定：全部"割肉"！悲惨的是，"割肉"没多久，神奇的大盘开始慢慢上涨，收盘居然大涨收红了！但我已经全部"割肉"，无法挽回了。这就好像做了一场梦，一笔巨额财产，得而复失。

这是我量化历史上最大的一次打击！明明历史的数据那么多，没有一次不涨的，为什么轮到我就开始跌了呢？我反复反思这个问题。很久，我才彻底想明白，这就是概率，小概率的"黑天鹅"事件总是存在，我们永远要做好两手准备。

也是在此时，我的身体出现了问题！长期以来，我大概1/3时间在北京办公，1/3在上海办公，1/3时间在出差的路上。巨大的工作压力加上长期疲劳，导致我患上甲状腺癌。我就像一个高速运转的机器，突然之间停了下来。手术非常成功，而且甲状腺癌在癌症的大家庭中算是轻症，手术后也不需要进一步治疗，但我仍然感到压力巨大，开始失眠，甚至出现了抑郁症的症状。整整半年，我无法静心去做任何事，包括投资，甚至坚持了很多年的定投中证500都被我清仓了。

涅槃重生

好在我的夫人和家人、朋友，甚至素不相识的网友，给了我很多支持。不少朋友甚至专程到上海来看望我，安慰我。我也因为生病办理了提前退休的手续。慢慢地，身体在好转，有一次晚上忘记吃安眠药，居然也能睡着了。同时，我开始投入到分级A的轮动、套利中，其中不少网友特别是@涛出心里所想，给了我最大的帮助，在此深表感谢!

2015 年 7 月，我已经基本恢复了健康。身体恢复，加上退休后有大量的时间，我开始在雪球和集思录写帖子。2015 年底，我在集思录发表了第一个收费产品：分级 A 混合轮动策略。在雪球、长投网等媒体论坛上发表演讲、进行培训等，仅仅一年，就在雪球上收获了 47000 多个粉丝。也是在这个时候，开始写作我人生中的第一本书。我感觉退休不是职业生涯的结束，而是一个新的职业的起航。

结识果仁网

2015 年下半年，我第一次使用果仁网选股平台，开始了真正的量化选股之路。过去，因为数据缺乏以及处理能力弱，一直没用量化选股。2016 年，借助果仁平台，我开始多策略轮动，保证了收益率的平滑和超越平均值。A 股有超过 3000 只股票，依靠传统的选股方法，不管是看基本面还是看技术面，股票池里最多也不会超过 300 只；而量化选股则能找到更多的机会，可以从 3000 只股票里捕捉机会，不管是模拟盘还是实盘，都完胜传统方法。

量化之路是永远不会停止的，因为市场变化和对手盘变化永远不会停止。这个世界上找不到圣杯，如果说一定会有，那就是不断探索，不断进取，不断改进!

投资观点

之所以乐于在网络上公布自己的投资细节，一方面是想回报社会，另一方面是出于私心，因为公开了我的方案和细节，总会引来不少人评头论足，这些评论促使我带着问题进一步寻找答案，探索量化投资的奥妙，从而帮助我成长。

关于投资，我的观点可以概括为以下四点。

（1）中国股市，大部分投资者是输家。如果你的观点、方法和大部分人一样，那么大概率也是输家！例如，喜欢打听小道消息；喜欢猜明天的涨跌；一赚钱就认为自己的操作方法正确，就加仓；一输钱就否认自己的操作方法，从来没有从概率的角度思考问题。

（2）对于胜率超过50%的赌局，尽可能每次小仓位参加，积少成多。一天赚0.2%，一年至少240个交易日，不算复利，就是48%，两年不到就能使资金翻番。要把输也作为一次正常的结果，充分利用概率的威力！

（3）不要迷信任何专家，任何理论。再牛的理论，都是归纳法得到的，无法像数学物理学公式那样可以推导。任何专家举出一个正面的例子来证明他的理论，我永远可以在股市实战中找到一个相反的例子。如果真的有一个理论百战百胜，大家都相信它，我要问了：对手盘哪里来呢?

（4）忘记成本！大部分中国股民都对成本念念不忘，看着自己的成本操作。所有补仓、止盈、止损等和过去成本相关的操作，都不是正确的做法。该怎么操作？我的回答很简单，我卖出一只基金或者股票的唯一理由，就是找到了一个更好的品种去取代它；同样，我买入一只基金或者股票的唯一理由，就是将来它涨的概率会大于跌的概率，或者说，在我的排行榜里，它排名在前。

做人要有情有义，做投资要无情无义，甚至绝情绝义！

最后，分享一下我的偶像——詹姆斯·西蒙斯在《数学、常识和运气》的演讲中提到的成功投资的几大秘诀：一是要用跟常人不同的方法去思考；二是要跟优秀的人在一起；三是要用正确的方法做正确的事；四是要胸怀美丽的志愿。

这四大秘诀，不仅对做投资，在生活中、职场上，也同样适用。

祝读者们工作、生活、投资，三足鼎立，三箭齐发。

后　记

2016年初，我已经提前退休了，而且身体也完全康复了。我启用了很早就注册的雪球账户，发表了一大堆有关量化投资的帖子。当时可能量化投资也不是一个热门的方法，我自己又做过近10年的量化投资，所以一开始就得到了很多雪球网友和雪球编辑的关注，大部分我写的帖子，雪球编辑会马上推送到“今日话题”。因此，也得到了中国经济出版社编辑燕丽丽博士的关注，主动找我约稿，并在2016年5月和中国经济出版社签订图书出版合同，然后就开始了半年多的写作过程。

虽然在职场上打拼了近40年，但真正写书还是第一次。这半年多写书的过程也是一个再学习的过程，不像过去写帖子，是随性而至，直到2017年的春节才完成了初稿。

我过去既不是学量化，也不是学财务，更不是学IT的。很多新知识的学习，都是来自于这个伟大的互联网。对我影响很大的@Flitter、@David自由之路等网友，也是最近一两年里才见面。

没有这一切，别说这本书的问世，连我的十年十倍都很难达到。

量化投资是目前还在高速发展的学科，以我的背景和专业来写这本书确实有点班门弄斧。书中没有涉及量化投资中很高深的理论，也没涉及对冲、高频交易等策略。只是想用最简单的数学工具，给广大非专业量化投资者一点帮助。

在本书即将出版之时，感谢我夫人肖卫琳女士30多年来的支持！

感谢@ Flitter、@ David自由之路、@小白同学等广大朋友、网友的支持和鼓励！

感谢曾经工作了20年的联想对我的培养！

感谢燕丽丽博士对本书的编辑！

最后要感谢我们这个伟大的互联网时代！

我怀着感恩的心，期待着这本小书能给初学量化的“小散”们一点帮助。

金伟民

2017年6月于上海

雪球投资经典　　和聪明的投资者一起学习投资

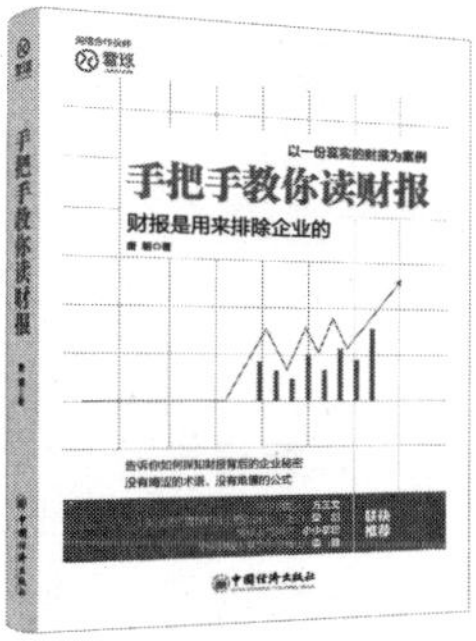

手把手教你读财报

唐朝　著

财报是用来排除企业的。

以一份真实的财报为案例，告诉你如何探知财报背后的企业秘密。

低风险投资之路 2

徐大为　刘　颖　著

投资不是生活的全部。

通过投资实现财务自由，享受生活才是重点。

穿过迷雾:巴菲特投资与经营思想之我见

任俊杰　著

系统归类整理巴菲特的投资与经营思想，投资者、经营者、企业主，都将从中获益。

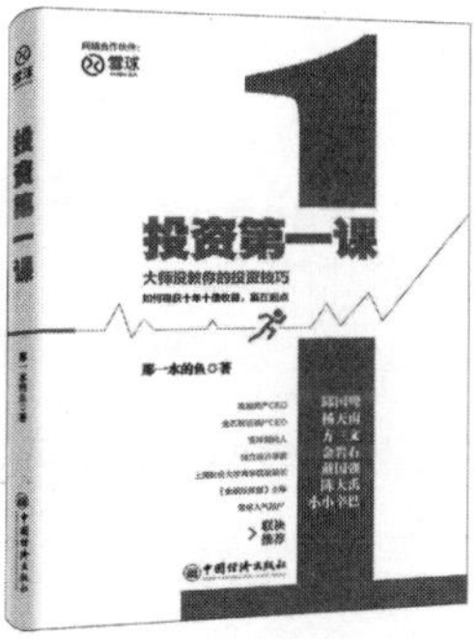

投资第一课

那一水的鱼　著

大师没教你的投资技巧，投资必读“防雷”指南。

告诉你如何稳获十年十倍收益，赢在起点。

理财不用懂太多

那一水的鱼　著

你的一个决定，等于人生一半的努力！

富在思维，对穷忙说 NO！

读懂银行股

那一水的鱼　著

价值投资无法忽视的领域！

详解银行股背后的投资逻辑。

专注投资：迈向安心投资之路

西点老 A　著

投资自己不了解的公司就是赌博。

股市生存的核心是建立自己的能力圈，不懂不做，不熟不做。

投资的本源：稳健均衡投资策略

宋　军　著

优质公司的股权是世界上最好的投资品种。

我们的目标是找到它们，用合理的价格买入，并长期持有。

超越专业投资：

一位业余投资者的股市获利之道

臧　蔚　著

以“专业化”对抗“情绪化”，详解套利、动态再平衡和配对等专业手段。

分享获取长期30%年化收益率的方法。

手把手教你读财报2：

18节课看透银行业

唐朝　著

一学就会的银行股财报阅读指南。

将银行股纳入能力圈的绝佳助手。

格雷厄姆之道：

如何在中国实践价值投资

姜开舰（Passion启航）　著

轻松版的《证券分析》。

结合中国投资市场实践，易懂易学。

九位投资大师联手教你格雷厄姆式价值投资。

港股滚雪球：

交易策略、风险应对与案例解析

杨饭　著

不同的市场，不同的风险，不同的风格。

洞察港股市场特色，规避风险，建立正确的交易理念。